新一代信息通信技术对数字经济产业化的影响

殷　鹏　周　斌　王　咏　张海峰　等编著

东南大学出版社
SOUTHEAST UNIVERSITY PRESS
·南京·

内容提要

本书简要介绍了科技革命背景下的新一代信息技术与数字经济的发展演进，着重分析新一代信息技术对数字经济产业化的影响路径，并提出数字经济发展指标体系和新一代信息技术发展指数体系，以及讨论两者关系，在此基础上，从实践举措和政策支持维度提出未来展望和发展建议。

本书提出的指标及指数体系为各地地方政府、科研院所和高新技术企业提供了发展新思路；为信息化设备制造商、信息化解决方案提供商、数字经济咨询从业人员，以及关注数字经济和信息技术发展的相关人士了解数字经济的发展趋势提供资讯。

图书在版编目(CIP)数据

新一代信息通信技术对数字经济产业化的影响/殷鹏等编著. —南京：东南大学出版社，2023.9
ISBN 978-7-5766-0872-4

Ⅰ. ①新… Ⅱ. ①殷… Ⅲ. ①信息技术—通信技术—影响—信息经济—经济发展—研究—中国 Ⅳ. ①F492

中国国家版本馆 CIP 数据核字(2023)第 179254 号

责任编辑：魏晓平　责任校对：韩小亮　封面设计：王　玥　责任印制：周荣虎

新一代信息通信技术对数字经济产业化的影响

编　　著：殷鹏　周斌　王咏　张海峰 等
出版发行：东南大学出版社
出 版 人：白云飞
社　　址：南京四牌楼 2 号　邮编：210096
网　　址：http://www.seupress.com
电子邮件：press@seupress.com
经　　销：全国各地新华书店
印　　刷：广东虎彩云印刷有限公司
开　　本：787 mm×980 mm　1/16
印　　张：15.5
字　　数：340 千字
版　　次：2023 年 9 月第 1 版
印　　次：2023 年 9 月第 1 次印刷
书　　号：ISBN 978-7-5766-0872-4
定　　价：62.00 元

《新一代信息通信技术对数字经济产业化的影响》编撰委员会

编审委员会委员

朱晨鸣　孙　健　李　卫　张　骏　魏贤虎　周　旭

编写委员会委员

主 任 委 员：殷　鹏　周　斌　王　咏　张海峰

副主任委员：顾　颖　宋城旭　周　祥　王江涛

参 编 委 员：殷　鹏　周　斌　王　咏　张海峰　顾　颖
宋城旭　周　祥　王江涛　张梦娇　朱剑宇

序

习近平总书记指出："发展数字经济意义重大，是把握新一轮科技革命和产业变革新机遇的战略选择。"党的二十大报告提出："加快发展数字经济，促进数字经济和实体经济深度融合，打造具有国际竞争力的数字产业集群。"一系列顶层设计与高规格表态表明，数字经济正在成为我国当前和未来经济工作的重要着力点，推进数字经济与实体经济深度融合，不仅是实现我国产业基础高级化与产业链现代化的重要途径，也是我国"十四五"时期及中长期经济实现高质量发展的必然选择。

《"十四五"数字经济发展规划》指出，"数字经济是继农业经济、工业经济之后的主要经济形态，是以数据资源为关键要素，以现代信息网络为主要载体，以信息通信技术融合应用、全要素数字化转型为重要推动力，促进公平与效率更加统一的新经济形态"，并提出"十四五"时期，我国数字经济转向深化应用、规范发展、普惠共享的新阶段。与传统经济相比，数字经济是一个年轻的产业。世界上第一台通用计算机出现于 1946 年，若以此作为信息通信技术（information and communications technology，ICT）发展的开端，该技术至今只有 77 年的历史。按照技术—经济范式变迁（techno - economic paradigm shift）逻辑，ICT 驱动的产业革命在经历了以 2000 年互联网泡沫为代表的狂热阶段后，目前正逐步进入以产业互联网发展为代表的协同阶段。当前，数实融合已经从新兴概念快速演变为普遍共识，趋势持续强劲，ICT 与实体经济融合的方法，以及推动产业升级的路径正在发生颠覆性的改变。

人工智能、轨道卫星、自动驾驶等新一代信息通信技术（简称：新 ICT）构成了当前数字经济的基础核心，新 ICT 产业的创新对数字经济的推动作用至关重要，也是国家产业升级和推动企业发展的重要基石。智能制造、5G 通信、物联网、边缘计算、云计算、智慧城市、自动驾驶等技术加速融合发展，共同促进生产生活方式的转型升级、创新变革。与此同时，新 ICT 产品也加速智能化，深度学习算法、生成对抗网络、大模型等人工智能算法的成熟应用，图形处理器（graphic processing unit，GPU）等人工智能专用芯片计算能力的提升，以及云计算、边缘计算等技术的支撑为人工智能（artificial intelligence，AI），应用提供了条件。新 ICT 与传统产业深度融合，社会影响力日益广泛。在社会层面，新技术、新应用为增加国民收入、提升生活幸福感和便利度发挥了巨大作用。在企业层面，更多的企业愿意用数字技术“度量”与“优化”生产流程，降本提质增效；用数字化工具“连接”产业链上下游，以大数据洞察机会，以人工智能改造生产模式，捕捉和挖掘市场需求。

随着《数字中国建设整体布局规划》的出台、国家数据局的组建以及代表性数字平台的组织架构调整，我国数字经济发展的制度架构和管理体制日趋完备。在新 ICT 以及数据和算法的持续赋能下，各行各业将在充满不确定性的世界中建立更强的适应力，通过数据分析和预测模型，更有能力应对突如其来的扰动，以保证业务连续性并发现新的市场机遇。而具备先发优势的行业领军者、锐意进取的平台型企业，则再次肩负起践行数字变革、加速数实融合和引领行业升级的重任。

2023 年年初，我参加了江苏省数字经济学会主办，中通服设计院（中通服咨询设计研究院有限公司）承办的江苏省数字经济（智慧城市）发展论坛，现场围绕新 ICT 在基层治理、乡村振兴、城市安全等领域的数字应用和解决方案展开了热烈讨论。在江苏通服（江苏省通信服务有限公司），我们看到新 ICT 应用正在渐次落地，创新场景正在纵深演进，聚焦智慧城市、云计算、数据中心、“双碳”、医疗、教育等行业的数字化解决方案在各级政府和企业落地应用和迭代演进。作为数字中国建设的国家队，创新与变革一直是江苏通服高质量发展的基因。江苏通服的数字化转型之路，也印证了新 ICT 的产业价值。如果把数字化企业视作一个有机生命体，那么新 ICT 始终是牵引肌体有效运转的神经中枢，支撑肌体向前行走的坚实骨架。

江苏通服旗下专业子公司中通服设计院的技术专家，认真研究国内外与新 ICT、数字经济有关的政策与案例，结合公司自身数字化转型的实践和赋能各行各业数字化建设的经验，形成了这本著作。本书以数实融合背景下的数字经济产业化发展为出发点，对数字经济发展所必需的各项新 ICT 进行了深入的理论认知分析、影响路径探讨，构建了基于“三力一体”的数字经济综合评价指标模型，提出了基于“三层嵌入理论”的新 ICT 创新对数字经济的影响框架，并结合理论研究和面板数据进行了深入分析和探讨。

本书内容全面，既分析发展机遇，也提出风险挑战，国际视野与中国特色兼备，理论研究与现实问题结合，对于在数字经济领域大显身手的企业家、专业技术人员、学术研究者、青年学子，具有重要的指导和参考意义。更难得可贵的是，本书不仅提出了问题，还给出了应对之策，结合中通服设计院的技术实战和创新应用经验，梳理和总结了对新 ICT 和数字经济未来发展的策略建议，对于正在数字化浪潮中激流勇进的企业，都具有很好的借鉴意义。在此，我很高兴能将本书推荐给大家，希望大家开卷有益，从中汲取到各自所需的“真经”。

南京大学商学院教授、经济增长研究院院长
教育部长江学者特聘教授
江苏省数字经济学会理事长
沈坤荣

2023 年 9 月于南京

前　言

以物联网、云计算、大数据为代表的新一代信息通信技术创新活跃、发展迅猛，从技术领域拓展到经济、社会、文化等各领域，成为重塑经济模式、社会治理模式甚至国际竞争格局的结构性力量。党中央、国务院高度重视新一代信息技术产业发展。党的十八大以来，在以习近平同志为核心的党中央坚强领导下，我国新一代信息技术产业规模效益稳步增长，创新能力持续增强，企业实力不断提升，行业应用持续深入，为经济社会发展提供了重要保障。党的二十大报告强调，建设现代化产业体系，构建新一代信息技术、人工智能等一批新的增长引擎，加快发展数字经济，促进数字经济和实体经济深度融合，打造具有国际竞争力的数字产业集群。数字技术与产业深度融合是未来中国经济发展的大趋势，二者通过深度融合形成合力，不仅为我国加快推进制造强国、网络强国和数字中国建设提供了坚实有力的支撑，更通过数字化转型，促进百行千业升级蝶变，成为推动我国经济高质量发展的新动能。

数字经济是全球经济发展中必不可少的助推力和新引擎。数字经济对于未来产业形态的影响主要在于数字技术对传统产业的升级改造，伴随数字技术的深度应用产生新业态、新模式，为我国的社会、经济、城市转型升级探索新的路径。然而，基于理论的数字技术发展及其与数字经济相关的研究基本上还处于探索甚至空白阶段。无论是从建立方法论的理论需求，还是从确保数字经济可持续长期健康发展的实践需求出发，新一代信息技术发展对数字经济产业化的内在影响路径目前很少研究。在目前缺乏完整理论指导的情况下，众多数字经济和新一代信息技术领域的参与主体只有通过大量投资及实践试错来逐步推进相关进程。

本书从嵌入性视角出发，研究新一代信息技术对数字经济的创新驱动力，研究创新技术的嵌入性特征带来的变化如何以最优的影响路径和最低的社会成本实现技术与经济、社会、城市建设发展的有效结合，进而对新技术发展以及数字经济产业化提供技术路线和模式路径建议。本书基于环境型技术、动力型技术和保障型技术的产业新技术分类，以及基于“三力一体”的数字经济综合评价指标模型，提出了基于“三层嵌入理论”的新技术创新对数字经济的影响框架，形成包括基础环境指数、产业发展指数、企业能力指数在内的新技术指数体系，并结合理论研究和面板数据进行了深入分析和探讨。

本书对新一代信息技术和数字经济的研究总体概念突出、内容清晰，具有前瞻性、专业性和理论性，旨在通过对数字化融合技术、新基建、数字政府、智慧城市、区块链等新技术产业化以及嵌入性推进的研究，能够对数字经济、新一代信息技术行业相关人员提供实践参考。

本书由殷鹏、周斌、王咏和张海峰策划和主编，负责全书的结构和内容的掌握和控制。殷鹏、周斌、王咏、张海峰、顾颖、宋城旭、周祥、王江涛、张梦娇、朱剑宇等人参与了全书内容的撰写。

书中不当之处，恳请读者批评指正。

编委会

2023 年 1 月于南京

目　录

第 1 章　研究背景、目的及意义

1.1　研究背景

近年来，国际环境发生着复杂而深刻的变化，一场始于数字化信息科技革命的时代变革正在从技术领域拓展到经济、社会、文化等各领域，成为重塑经济模式、社会治理模式甚至国际竞争格局的结构性力量。这股力量引导着世界进入以“新一代信息通信技术”（或简称：新 ICT）为主导的经济发展时期，数字经济逐渐成为全球经济发展中必不可少的助推力和新引擎。

以物联网、云计算、大数据为代表的新一代信息通信技术创新活跃、发展迅猛，与经济社会各领域、各行业的跨界融合不断深化。如同百年前的电力革命，新一代信息通信技术正在深刻改变过去的生产生活、经济运行、社会管理和公共服务。

数字经济是以数字化的知识和信息作为关键生产要素，以数字技术为核心驱动力量，以现代信息网络为重要载体，通过数字技术与实体经济深度融合，不断提高经济社会的数字化、网络化、智能化水平，加速重构经济发展与治理模式的新型经济形态。国家“十四五”规划纲要中明确提出“加快数字化发展，建设数字中国”，国家已将数字化建设作为推动经济发展的重要战略手段，第一次将数字化作为专篇进行重点部署、第一次明确数字经济体系内容、第一次将数字产业和数字化场景作为发展重要抓手设置专栏、第一次明确强调数据要素的重要作用。

数字技术与产业深度融合是未来中国经济发展的大趋势，二者通过深度融合形成合力，将会成为中国经济高质量发展的新动能。数字经济对于未来产业形态的影响主要在于数字技术对传统产业的升级改造，随着数字技术深度应用产生新业态、新模式。数字技术的深度应用，为我国的城市、社会、经济转型升级探索新的路径，引起了社会各界高度关注、广泛讨论，但基于理论的数字技术发展及其与数字经济关系的研究基本上还处于探索甚至空白阶段。无论是从建立方法论的理论需求，还是从确保数字经济可持续长期健康发展的实践需求出发，数字技术发展对数字经济产业化的内在影响路径一直少有甚至没有研究。因此，在目前缺乏完整理论指导的情况下，众多参与主体只有通过大量投资及经验试错来逐步推进相关进程。

根据社会嵌入理论的研究来看，科技革命引发的创新及其作用能否充分发挥，就是看新兴技术是否将社会中的制度、资源、智力等关键要素在原有的经济社会中进行创新性的有效嵌入，从而通过重组、震荡、调整等实现新的平衡过程，而结果是要让同等投入创造更大价值或者较小投入创造同等价值，而更重要的不能带来"创新性破坏"或颠覆社会及经济的发展而带来危机或不确定性。数字经济或智慧城市是多技术融合，对社会、经济以及城市建设带来深远影响，而区块链等新 ICT 在其中最主要的作用就是建设技术融合的基础，解决安全以及与此相关的诚信、信任问题，所以研究区块链技术等新 ICT 对智慧城市或数字经济的影响就是要研究这种创新技术的特征带来的变化如何以最优的影响路径和最低的社会成本实现技术与社会、城市建设的有效结合。卡尔·波兰尼（Karl Polanyi）1944 年首次提出"嵌入性"理论，经过众多学者教授的持续研究，形成了初步的理论体系，在社会网络、组织发展尤其战略联盟网络等新经济社会学等领域得到了较好发展[1]；杨玉波、李备友、李守伟等从普遍联系角度，通过分析嵌入性内涵的演变、环境影响、网络视角下的结构与关系嵌入性、组织间和双边嵌入性的层次分布，以及虚拟联系下的政治、文化和认知嵌入性，认为嵌入性理论本质在于组织经济行为与社会体系间的相互引导、促进和限制的复杂联系[2]。

1.1.1 智慧城市及影响因素文献综述

作为智慧地球的提出者，IBM 认为智慧城市就是能够充分利用物质基础设施、IT 基础设施、社会基础设施和商业基础设施互通互联产生集体智慧的城市，它认为智慧城市强调的重点是"三融合、三实现"，即：虚拟网络与四大基础设施深度融合，实现全面感知；四大基础设施之间深度融合，实现互联互通；实时数据之间深度融合，实现智慧化。欧洲智慧城市组织（Smart Cities）在智慧城市领域更关注自然享赋、自我决定活动、公民意识的融合。自然资源保护委员会（Natural Resources Defense Council，NRDC）强调以信息通信技术与城市基础设施融合为手段，提高政治和经济效率，实现城市环境的可持续发展[3]。Hollands 认为在城市背景下，智慧城市不仅仅是基于信息通信技术的创新活动，同时也可以包括"电子治理""社区学习""社会和环境可持续发展"，甚至指代"知识经济""创意城市"等[4]。陈涛、马敏、徐晓林以智慧城市信息资源共享概念框架为基础，将智慧城市的本质抽象为人、技术和组织三种要素的有机结合体，在此基础上探讨了区块链在改善信任、明确产权、提升政府智慧化水平等方面的应用，同时分析了区块链在共识机制、加密算法、智能合约、匿名性和权限控制等方面对信息共享的安全保障作用。研究认为，区块链技术能有效促进智慧城市信息共享与利用，同时，区块链技术在保障智慧城市信息共享安全性方面具有诸多优势[5]。满青珊、孙亭提出新型智慧城市相对传统智慧城市来说，是智慧城市建设的新阶段，更强调信息技术在城市建设中的整体效能，是现代信息技术和城市、社会、经济发展深度融合的产物[6]。

1.1.2　数字经济及影响因素文献综述

数字经济随着数字技术的发展及数字化的推进引起广泛的关注，其内涵及边界引起广泛的研究。Don Tapscott 是最早提出"数字经济"概念的学者，他将数字经济时代称为"网络化智能的时代"，认为数字经济不仅是有关技术、智能机器的网络系统，更是人类基于数字化技术构建的网络系统，将智能技术、知识及创新行动联系起来，以促进财富积累及社会发展的创造性突破发展[7]。Margherio L. 等被认为是首次明确数字经济组成部分的学者，提出数字经济包括网络构建、电子商务、货物和服务的数字交付和有形数字货物的销售[8]。

随后，众多学者对数字经济的概念和内涵进行多视角的研究讨论。Kling R. 和 Lamb R. 认为，信息技术产品及服务、电信是数字经济的重要组成部分，指出数字经济是指高度依赖数字技术进行生产、销售及发展、供给的货物和服务[9]。Mesenbourg T. L. 则认为，数字经济以电子商务作为核心，包含电子商务基础设施、电子业务和电子商务三个基本部分[10]。也有学者认为，数字经济不只是一个名词性的概念，更多的是一种行为和举动。Elmasry T. 等指出，数字经济是一种行为方式，为经济社会的最新前沿创造价值作出贡献，从客户体验的角度优化流程，构建支持整个世界经济体系转变发展方式的基本能力[11]。Rouse M. 指出，数字经济是以信息通信技术为基础、在全球范围内开展的经济活动网络[12]。

众多学者对数字经济的量化测度提出讨论，认为数字经济是经济中由"数字"投入驱动的部分。Brynjolfsson E. 和 Kahin B. 提出了数字经济的测度维度，包括：①IT 基础设施，包括信息经济的硬件和软件；②电子商务（Electronic Business），包括 B2B 和 B2C；③企业及行业结构，即软件、信息通信技术及网络的发展对市场结构和企业发展的影响；

④人口/劳动力特征，通过比较数字经济及传统经济的劳动力市场特征差异体现数字经济的作用；⑤市场价格，以调整价格缩减指数来反映信息技术发展和应用引起的市场质量变化[13]。然而，虽然各界对数字经济核心部分的理解逐渐统一，但在具体的发展水平测度上仍存在诸多困难。

ODECG(Oxford Digital Economy Collaboration Group，牛津数字经济合作小组）提出数字经济的三个核心维度，包括基础设施部分，含硬件、软件、电信、网络等；电子业务部分，指一个组织通过计算机网络开展的业务流程；电子商务部分，即在线交易。数字经济难以量化测度，主要有以下三方面原因：一是数字经济是一个不断发展变化的经济形态，其内涵和外延也在不断变化；二是数字经济属于融合经济，融合边界是难以严格清晰描绘的；三是数字经济的测度还包括数字经济发展衍生出的影响，如效率提高、结构性失业等，这部分效应是难以准确测度的[14]。然而，全球的数字经济专家和研究机构仍在尝试通过可获取的数据，以多样化视角对数字经济进行测度，试图量化数字经济的发展。2010 年，经济学家智库（Economist Intelligence Unit，EIU）从市场营商环境、社会及文化环境、法律环境、政府政策环境及愿景、消费者及企业应用、技术基础设施等六个方面，对全球各经济体的数字经济发展环境进行评价和排名。中国信息通信研究院（China Academy of Information and Communications Technology，CAICT）则提出数字经济包括基础部分和融合部分，其中基础部分包括电子信息制造业、基础电信业、互联网行业、软件服务业等数字产业部门的增加值；融合部分指国民经济其他非数字产业部门使用数字技术和数字产品带来的产出增加和效率提升。世界经济论坛（World Economic Forum，WEF)为了将互联网推动成为真实的、开放的平台，成为经济发展及社会进步的重要载体，在 2001 年构建了网络就绪指数（Networked Readiness Index，NRI)，包括“发展环境”“就绪程度”“使用情况”和“发展影响”四个维度，用来衡量一个国家利用信息通信技术来增强国家综合竞争力和提高社会幸福感的能力，并反映近几年的技术创新发展趋势[15]。国际电信联盟（International Telecommunication Union，ITU）自 2009 年开始每年发布《信息社会测度报告》，以信息通信技术的发展进程为基础，从 ICTs 就绪化即基础设施的完备程度、ICTs 密度即 ICTs 的应用程度和 ICTs 能力即 ICTs 技能这三个层面形成 11 个测度指标，构建全球各国 ICT 技术发展水平核心指数（Information Development Index，IDI)，并进行全球排名。

1.1.3 互联网、区块链等新技术及影响因素文献综述

从互联网信息技术广泛传播，到“互联网 + ”成为国家战略，“互联网 + ”对经济增长影

响就成为很多学者研究的热点。在实证研究方面，Czernich 等利用 1996—2007 年 OECD（Organization for Economic Coperation and Development，经济合作与发展组织）的面板数据，通过把互联网因素引入到生产函数中，研究发现宽带渗透率对经济发展有显著的正向关系，宽带渗透率每提高 10%，可以带动人均 GDP 增长 0.9%～1.5%[16]。李立威、景峰对互联网扩散与经济增长的关系开展实证研究，根据 2003—2011 年中国部分(31 个)省(市)的互联网普及率和人均实际 GDP 等数据，研究发现互联网发展对我国经济增长具有正向促进作用，并在 2007 年以后更加显著：互联网普及率每提高 10%，人均实际 GDP 提高约 1.38%[17]。

区块链技术的创新与影响不在于技术本身的先进，而在于技术所包含的理念，针对技术发展过程中一直未解决的“信任”机制给予创新应用，并能与科技革命与经济创新有效的结合[18, 19]。Harvey 通过研究比特币的运行机制，指出比特币就是借助加密算法实现在去中心化条件下的所有权认证与交易，它是加密金融在数字加密货币上的一项成功应用[20]。Christidis 和 Devetsikiotis 区块链技术就是通过一定算法和信息安全技术构建信任机制，使得各个孤立的智能设备能够有效相连并提供服务，区块链技术与物联网技术的有效结合的典范就是智能合约，但目前还存在用户隐私保护及法律授权的问题还需进一步解决[21]。张苑认为传统金融中心化的方式限制了金融资产的高效流动，并且存在人为操纵的风险，而区块链技术的独有的去中心化属性，则能够帮助新兴市场的国家以新技术实现金融业在安全性和高效性上的“双提升”[22]。

王玲、李倩、王金晓从智慧城市信息资源共享角度将智慧城市的本质有机结合为人、技术和组织 3 种要素，分析区块链在共识机制、匿名性和权限控制、加密算法、智能合约等方面的安全作用，从而探讨区块链在明确产权、改善信任、提升政府智慧化水平等方面的应用，研究认为区块链技术对于信息资源共享方面具备较多优势[23]。

1.1.4　新 ICT 对产业影响研究

汤萱、汤颖蕾、谢梦园提出新一代技术产业创新绩效与企业研发费用投入、专利数、流通股等呈负相关关系，与企业总资产及企业技术人员投入呈正相关关系[24]。朱伟珠、李春发在构建综合评价指标体系基础上，利用全局时序主成分分析法，借助 GeoDa 空间分析软件和协调度评价模型对区域技术创新能力和新一代信息技术产业的协调发展关系、时空演变特征进行实证研究，认为两者协调发展具有重要意义[25]。张永安、张瑜筱丹提出新一代信息技术企业外部资源获取、内部创新投入对企业经济绩效存在滞后效应，积极搭建社会关系网络，注重对各方资源的获取与整合，引导外部资源向创新活动集聚，提高资源利用效率，加大创新投入水平和力度，提升企业内部的核心技术实力优势，为促进经济绩效整体提升、保持行业竞争优势提供长效持续的活力源泉[26]。杨伟、张璐、杜伟锦等人提出基于试探性治理理论，构建包括治理利基、治理范围、治理过程、治理目标、治理时间和治理主体六要素的分析框架，对 2011—2019 年的新一代信息技术产业政策试探性程度的演化特征进行分析[27]。

1.2 研究路径、目的及意义

1.2.1 研究路径

研究报告整体包括七章，其中第 1 章“研究背景、目的及意义”，主要介绍报告的研究背景，从宏观层面进行简要概括和分析，得出研究主题，并说明研究理论和方法；第 2 章“新一代信息通信技术数字化研究”，对新技术革命以及路径发展、新技术产业化等予以阐述；第 3 章“新 ICT 发展指数测算体系”，从指标选取与分析，并从新 ICT 不同发展水平予以分析；第 4 章“数字经济发展及演进”，分析其对内涵特征、发展阶段以及未来展望；第 5 章“数字经济指数测算体系”，分析数字经济指数模型、指标模型以及基于不同维度分析数字经济发展水平；第 6 章“新 ICT 对数字经济产业化路径研究”，对影响程度以及影响路径进行分析；第 7 章为未来发展趋势及对政府、行业发展建议，对实践提出相应的建议。

1.2.2 目的及意义

近几年来，新技术的出现层出不穷，其对经济及社会的影响日益加大，数字中国也成为国家建设城市的重点战略之一，并在党的十九大、二十大报告以及国务院多部委文件中多次强调，但无论智慧城市还是数字经济领域，基于理论的研究基本上还处于探索甚至空白阶段。无论从理论研究需要建立一套方法论来看，还是从实践角度确保智慧城市及数字经济可持续长期健康发展的需要来看，智慧城市及数字经济自身内在发展的影响因素都一直少有甚至没有研究。在目前缺乏完整理论指导的情况下，众多参与主体只有通过大量投资及经验试错来逐步推进相关进程。选其作为本书的研究方向，一方面是研究团队作为国内最早从事智慧城市从业者，对于多年的实践结果希望有个较为体系化的总结，并使其所编制的报告能够扩大对外品牌影响力，对项目实践提供有效的建议；另一方面是从智慧城市以及数字经济未来发展来说，研究其内在新技术的发展规律以及对经济、社会的发展影响同样重要，尤其技术与经济融合而产生的共享经济、分享经济以及新经济，研究之对于未来智慧城市及数字经济的产业化发展方向具有较好的实践指导意义。

1.3　研究理论

1.3.1　传统经济发展产业化影响要素相关理论

一直以来，高新技术产业发展及相关影响因素是各国学者热议的话题。在近现代的经济文献中，产业发展主要是指产业的产生、成长和进化过程，是指一个国家或者地区在一定时期内由于某些原因使其经济、产业规模等整体增加。产业经济的发展理论经历了漫长的历史历程。

1.3.1.1　产业发展理论

产业发展主要是指从产业的萌芽到产生，再到成长、进化成熟的一个过程。产业发展理论就是研究分析产业从产生到成熟的进程中的发展规律、周期、资源配置等宏观问题，主要包括三种经济发展模式理论：二元经济发展模式论、经济发展阶段论、平衡增长理论与不平衡增长理论。

(1) 二元经济发展模式论

著名经济学家刘易斯(W. A. Lewis)在 1954 年发表了《劳动无限供给下的经济发展》，文章中首次提出了二元经济发展模式。该模式把经济发展过程分为两个阶段：第一阶段，由于工业资本不多，无力吸收全部剩余劳动力，因此无论劳动力需求如何扩大，总能在不变的低工资水平上源源不断地得到劳动力供给，出现一个资本加速积累和迅速吸收农业剩余劳动力的增长时期，直至剩余劳动力被吸纳完毕。进入第二阶段，由于劳动力成为稀缺资源，劳动力工资水平也变得不是固定不变，经济发展的成果、利益开始在两个部门之间以及资本家和工人之间进行分配。

费景汉(John C. H. Fei)和拉尼斯(Gustav Ranis)两人后来对该发展模式进行了修正，提出“刘易斯-费-拉尼斯模式”。该模式是以刘易斯模式为基础，把二元结构的演变分为三个阶段：第一个阶段与刘易斯模式基本一样，在第二、第三阶段，农业部门也逐渐出现了剩余产品，以便满足非农业生产部门的消费，进而有助于劳动力由农业向工业领域的转移。从这个模式研究的结果看，农业对工业发展的促进作用，不仅是消极地向工业部门输送劳动力，而且还积极地为工业部门的扩大生产提供必不可少的农产品。

（2）经济发展阶段论

1960年，美国经济学家W. 罗斯托发表《经济成长的阶段》一书，提出了经济成长阶段论（the theory of stage of economic growth），从世界经济发展史和时间进展的角度，把人类社会发展划分为六个阶段，包括传统社会、为起飞创造前提的阶段、起飞阶段、成熟阶段、高额群众消费阶段以及追求生活质量阶段。罗斯托认为，起飞能够突破经济的传统停滞状态，是一个社会历史中具有决定性意义的关键时期，是近代社会生活中的重大分水岭。

经济增长中的六个阶段往往会出现依次更替情况，其原因主要是经济发展的“主导部门”不断更替，以及“人类欲望”的不断变化。主导部门能够起到明显的带动作用，不仅能够实现自身的高速增长，还能够把这种增长传导到其他的产业部门中去，进而对其他产业部门产生一定的影响。由于主导部门并不是一成不变的，而是在不同的发展阶段和条件下产生不断的演变和更替，正是这种演变更替推动了经济增长阶段的变化。再进一步考虑主导部门不断更替的深层次原因，一方面是人的欲望正在不断变化，但更主要的是技术的不断创新突破以及新技术的采纳应用，因此，技术进步就成为经济繁荣发展的重要源泉。

（3）平衡增长理论与不平衡增长理论

“平衡增长理论”形成于20世纪40年代，其核心主张是，发展中国家为了摆脱贫困，应在各个工业部门或国民经济各部门全面地、大规模地投资，使各部门按同一比率或不同比率全面增长，以此来实现工业化，推进国民经济的发展。①极端的平衡增长理论主要代表人物是罗森斯坦·罗丹（Paul Rosentstein-Rodan），他们认为必须采取“大推进”战略，在各工业部门同时并按同一投资率进行大量投资。②温和的平衡增长理论代表人物是纳克斯（R. Nurkse），他认为只有进行全面的大规模投资，使国民经济各部门同时扩大和全面增长，发展中国家才能摆脱贫困的恶性循环这一困境。③完善的平衡增长理论是一种综合了前两种理论特点的理论，其代表人物是保罗·斯特里顿（Paul Streton）。主张依据各产业的产品需求收入弹性来确定不同的投资比率和增长比率，以个别部门的优先增长来克服经济发展中的梗阻问题，最终达到各部门的平衡增长。

1958年，阿尔伯特·赫希曼（Albert Otto）出版了《经济发展战略》一书，提出了“不平衡增长理论”。该理论认为，发展中国家应集中有限的资本与资源，重点发展一部分产业，并以此逐步扩大其他产业的投资，带动其他产业的发展。①“引致投资最大化”原理。赫希曼将投资分为“社会分摊资本”和“直接生产性活动”两大类，应集中投资于直接生产性部门，待这些部门发展且收入增加后，再利用其中一部分收入投资于基础设施部门，以带动其增长，优选能产生最大引致投资的部门。②"联系效应"理论。赫希曼认为，某产业产品的价格与收入弹性大，表明该产业联系效应大，反之则小。在选择优先投资项目时，应选有联系效应的产业，进而又应选联系效应大的产业。③优先发展"进口替代工业"原则。发展中国家可通过发展进口替代工业发展到一定程度后，逐步由生产工业消费品为主转向生产资本品为主，进而完全取代工业投入的进口，建立起民族工业体系，最终实现工业化。

1.3.1.2 产业结构理论

产业结构是产业间的技术经济联系与联系方式，从质的角度动态地揭示产业间技术经济联系与联系方式不断发展变化的趋势，揭示经济发展过程的国民经济各产业部门中，起主导或支柱作用的产业部门的不断替代的规律及其相应的"结构"效益。

20世纪五六十年代产业结构理论兴起。华西里·里昂惕夫(Wassily W. Leontief)在原来研究基础上对产业结构进行了更加深入的研究，分别出版了《美国经济结构研究》和《投入产出经济学》，建立了投入产出分析体系，并出版《现代经济增长》等重要论著论述经济增长与产业结构的关系。阿瑟·刘易斯(William Arthur Lewis)于1954年提出了用以解释发展中国家经济问题的理论模型——二元经济结构模型，并于1958年出版《经济增长理论》一书，全面分析了影响经济发展的经济因素和非经济因素。产业结构演变与经济增长具有内在联系。产业结构的高变换率会导致经济总量的高增长率，而经济总量的高增长率也会导致产业结构的高变换率[28]。

1.3.1.3 内生增长理论

20世纪80年代中期产生了内生增长理论，它是西方宏观经济理论的一个分支，其核心思想主要为经济增长可以不依赖外力推动，重要决定因素为内生的技术进步。将技术变迁引入到内生增长模型当中，是对新古典经济增长理论的突破，如果把技术变迁融入新古典框架，会产生与假设相矛盾的问题。因为知识的进步或新观念的提出会促进技术进步，而知识作为一种公共品与新古典模型中完全竞争的假设前提有所矛盾。内生经济增长理论认为要解释经济的长期持续增长，就要用技术进步的收益递增来消除新古典模型中的收益递减，即强调不完全竞争和收益递增。

经过经济学家们200多年的讨论，对于驱动经济增长的因素最终形成了比较一致的观点，即在一段时间里，一地区的经济增长主要受以下三个要素的影响：①生产性要素积累；②资源储备量的使用效率；③技术进步。在柯布-道格拉斯生产模型中，将技术进步作为外生因素来解释经济增长，因此就有投入要素收益递减时长期经济增长停止的结论。但内生增长理论认为，经济增长是由内生因素解释的，在劳动要素投入中包含着因培训或教育等形成的人力资本投入，在资本要素投入中包含着因科技研究与开发等形成的科学技术进步，因此就有科学技术进步经济增长的结论，将技术进步作为内生因素解释经济增长。

技术进步内生化的模型可大致分为：AK 模型、“干中学”模型、人力资本模型和包含 R&D 投入的模型。AK 模型对新古典增长模型中的技术因子作了修正，它被视为内生的经济变量，而且其构造的生产函数并不是报酬递减的，Jones 和 Rebel 等人就论证了规模收益不变的生产技术足以实现经济内生增长。Arrow 提出“干模型”，他认为知识促进技术进步，人们不断地学习和积累经验创造了新知识，强调了经验积累对技术进步的重要性。当这种经验通过外溢被其他生产者或企业所学习和吸收，对于整个社会来讲将会产生递增的收益，带来经济的增长。Romer 于 1983 年将人力资本投入引进内生增长模型，并且认为资本、非技术劳动力、人力资本和新知识新思想将对经济增长产生重要的影响作用。随着人力资本和知识的不断积累，生产率也会随之提高，并且在积累过程中通过外溢扩散进而产生正的外部效应，其积累过程包括培训、学校教育等。他认为知识对经济增长具有重要作用主要体现为三点：①投资效益的提高源于知识的促进作用；②作为经济增长的重要促进因素，知识本身也需要进行投资；③投资对于知识具有重要的积极作用，同时知识对于投资也具有同样的正向作用。包含 R&D 投入的内生增长理论认为，技术进步是在研发活动中产生，而研发活动是企业有目的的行为，企业追求垄断利润等激励使得技术进步，而且对于这种非竞争性的知识进步，是可以促进经济持续增长的。

1.3.2 影响因素分析[29]

表 1-1 总体因素视图

<table>
<tr><td rowspan="2">自然因素</td><td>自然条件</td><td rowspan="6">新因素</td><td>经济全球化</td></tr>
<tr><td>自然资源</td><td>资本因素</td></tr>
<tr><td rowspan="5">经济社会因素</td><td>劳动力数量</td><td>科学技术</td></tr>
<tr><td>劳动力质量</td><td>信息因素</td></tr>
<tr><td>市场因素</td><td>制度因素</td></tr>
<tr><td>基础设施条件</td><td>社会文化</td></tr>
<tr><td>集聚效应</td><td rowspan="3">特定因素</td><td>政策</td></tr>
<tr><td></td><td></td><td>历史与路径依赖</td></tr>
<tr><td></td><td></td><td>企业家偏好</td></tr>
</table>

1.3.2.1 自然因素对产业活动的基础性作用

自然因素包括自然条件和自然资源两个方面。自然条件是指人类赖以生存并对人类的生产活动起巨大影响作用的自然环境，如大气圈、水圈、生物圈等。自然条件既包含未经人类改造和利用的原始自然环境，也包含被人类活动改造后的自然环境，如防护林、水库等。自然条件的各个要素如地质、地貌、气候、水源、土壤、生物等相互联系、相互作用而形成的自然综合体对产业的发展和布局具有很大的影响。自然资源是指自然条件中能够被人类利用的部分，如土地资源、水资源、矿产资源等。

自然因素对高新技术产业的影响主要在于环境质量。芯片制造、电子元件、高新材料等产业对水质、空气质量、气候等自然条件以及生态环境有很高的要求。因此，在考虑高新技术产业的空间布局时，除去社会经济发展条件是很重要的影响因素外，自然因素也会对其布局起到一定的限制作用。

自然条件和自然资源作为客观的环境因素，在农业社会和工业化前期对产业的发展和布局具有决定性的作用。农业、采掘业和以农产品为加工对象的轻工业都会根据自然条件以及资源的赋存状况选择区位和发展模式，进而影响原材料工业和某些制造业。

随着产业结构的升级，农业和轻工业的比重不断下降，且由于技术、交通等经济社会条件的进步，自然因素对于产业发展和布局的影响力度逐渐弱化。在同样的自然条件和资源状况下，农业可以借助技术进步而实现发展模式和空间布局的微调，而某些工业则可能摆脱自然因素的束缚，在更广的地域空间进行布局，并实现生产规模的提升。此外，虽然自然因素对重化工产业及高新技术产业的影响很小，但由于这些产业的某些特性，自然因素仍会对其发展规模和空间布局起到一定的作用。

1.3.2.2 经济社会发展等因素的影响作用

自然条件和自然资源会对农业的发展和布局产生基础性的影响和制约作用。随着经济社会的发展和进步，农业在三次产业中的比重不断降低，工业和第三产业的主导地位不断加强，因而自然因素对产业的影响力度在逐渐减小，而劳动力、市场、基础设施等经济社会因素对产业发展和布局的影响力度不断增强。

1）劳动力因素的影响作用

（1）劳动力数量是产业发展的基础

劳动力是保障产业活动持续发展的一个重要因素，因而劳动力在不同地域空间的数量对产业的发展和布局会产生显著的影响。特别是在工业化前期，制造业主要是劳动密集型的产业，因而其主要在劳动力富集的地区布局。例如，我国东部沿海属于人口稠密的地区，加上政策、交通、市场等其他的影响因素，吸纳了大量来自内陆的劳动力，从而极大地促进了当地制造业的发展。而西北部地区的劳动力稀少而分散，这在一定程度上限制了当地制造业的发展。

（2）劳动力质量对产业发展的影响力度不断加强

随着产业结构的调整和升级，劳动力的数量逐渐成为影响产业发展和布局的一般性因素，而劳动力的质量则成为更重要的影响因素。劳动力的质量既表现为劳动力对生产工艺和技术的把握，也表现为劳动力自身的知识技能和创新能力，从这一角度看，劳动力不仅仅是一个参与产业活动的生产要素，还是对产业的优化升级有重要影响的人力资本。

随着工业化进入中后期阶段，现代制造业和高新技术产业得到迅速发展。这类产业以深加工化、高技术化为特点，对劳动力的数量要求较低，而对高素质的劳动力的需求较高。因此，集聚大量高质量劳动力的区域就成为最适合现代制造业和高新技术产业发展和布局的区域。例如，我国的珠三角一直以发展外向型的劳动密集型加工业为主导，对一般劳动力形成了巨大的需求。随着产业结构的升级，现代制造业对高素质劳动力的需求迅速上升，结果就出现了一般性劳动力找不到工作，而大量企业又无法雇用到高质量劳动力的局面。

另外，虽然服务业对一般劳动力具有巨大的吸纳能力，但这往往限于餐饮、商业等生活性服务业，金融、物流、会展、咨询等生产性服务业对劳动力的质量也有很高的要求。一般的，都市圈或城市群赋存有大量的高素质劳动力，因此这些地区往往发展成为现代制造业和生产性服务业发展和布局的区域。

（3）劳动力成本在产业发展的不同阶段有不同的影响力度

韦伯在构筑其工业区位论的研究框架时，即把劳动力成本作为影响工业布局的重要因素之一。韦伯指出，工业区位的选择首先会考虑使运输费用最小化，若某些产业的劳动费指数较高（如纺织业），则靠近劳动力集聚地带来的成本降低会高于运费的增加，那么，工业区位会向劳动力成本低的区域转移。

对于劳动密集型产业而言，劳动力成本在总的生产成本中所占的比重较高，因而劳动力成本是影响这类产业布局的重要因素。这可以解释发达国家的劳动密集型产业向我国沿海转移，进而转向中西部地区布局的产业转移模式。

对于现代制造业和生产性服务业而言，虽然其劳动力成本较高，但劳动力成本占总成本的比重较小，并且这些产业的单位劳动力的产出也较高，因而成本的影响作用较小，而劳动力的质量对这类产业的布局具有重要的影响作用。

2）市场因素的影响作用

（1）市场需求与市场范围对产业发展和布局的影响

这里的市场可以等同于需求，其内涵既可以指需求量，也可以指需求在地域空间上的分布范围，市场的需求规模会对产业活动的发展设定一个门槛值，即某一产业在某一区域的需求规模必须要达到一个最小值，否则该产业就无法实现经济收益；同时，市场需求还会直接影响产业活动的持续发展和扩张，在达到门槛值以后，市场需求的进一步增加有助于该产业实现规模经济，促进该产业的持续发展。此外，市场利润也会对产业的布局形成一定的影响。能获得最大市场需求的地区往往不是市场利润最高的地区。廖什在论述其市场区位理论时即指出，产业活动的最佳区位应当是能获得最大利润的地点。而能够获得最大市场需求和最大市场利润的区位往往并不重合，因而决定了不同企业的区位选择。

市场的地域范围大小会对产业活动的类型和发展规模形成直接的影响。克里斯塔勒的中心地理论考察了商品的属性及其销售范围。他指出，最高等级的中心地（表现为城市中心）具有最高的中心性，其市场的地域范围最大，包括其下几个等级的中心地的市场范围。因此，在高级中心地布局的商品销售业通常是名牌服装、珠宝等行业，而在低级中心地布局的通常是食品、小百货等行业。

（2）市场结构和市场秩序对产业发展的影响

市场结构、市场竞争以及市场体制和秩序等因素都会对产业发展和布局产生一定的影响。一方面，市场结构和竞争会对某产业的大、中、小企业的配置产生影响。例如，对于零售业等高度竞争的产业，大、中、小企业的数量都很多，不同规模的企业按照其职能和市场范围展开竞争；而对于钢铁、石油等高度垄断性产业，几家超大型的集团就占据了该产业绝大部分的比重，其发展策略是通过兼并做大做强，而中小企业则只能选择专业化的生产策略，并寻求与大型集团的合作。另一方面，市场机制和秩序对产业的影响作用也很大。现代经济和产业的发展要求市场机制自由、健全，并要求较少的政府干预和完善的法制管理体制。例如，一个政府过度干预、市场无序竞争的环境就很难促进产业的持续法制，而一个有较好竞争秩序并重视法制管理的市场则可能极大地促进高新技术产业的发展，并吸引各种产业的集聚。

3）基础设施的影响作用

（1）一般性基础设施对产业发展起支撑作用

一般性基础设施包括供水、供电以及交通运输设施等，这些基础设施是区域产业发展的基础性条件，对产业的发展起基础性的支撑作用。水、电成本虽然在工业生产中的比重很小，但却是一个重要的制约因素。例如，长江三角洲经济区虽然拥有各种优良的发展条件，但由于土地资源和电力的紧缺，某些产业的持续发展和生产规模的扩张都受到了很大程度的制约，导致这些产业开始向用地、用水、供电有充分保障的区位转移。

交通运输设施也会对产业布局产生一定的影响，引导产业向综合交通运输条件优越的地区集聚。随着交通运输条件的升级，产业布局在地域空间的选择范围更大。另外，产业发展对运输快捷性、高效性的要求促使众多产业都选择沿交通干线布局，由此形成了交通产业经济带。此外，主要交通运输方式的演变也会对产业布局产生很大的影响。例如，苏北的运河沿线曾经是各种产业高度发展和集聚的区域，但由于公路和铁路运输的迅速发展，运河运输的主导地位被取代，导致该区域的产业逐渐衰退和转移。

（2）高级基础设施日益成为促进产业集聚的重要因素

高级基础设施包括现代化的高速交通以及网络和通信设施等。随着科学技术的发展，交通运输条件日益高速化。高速公路、城际铁路、现代化的空港和海港等高级交通设施不仅对产业的发展具有很大的推动作用，其本身也成为一个吸引产业布局的重要因素，促进各种产业沿高速公路的出入口或临港布局。事实上，国内大多数工业园区和物流园区都选择在高速公路沿线出入口或港口附近布局。

此外，随着科学技术、信息等因素对产业活动的影响力度不断加强，网络和通信设施等高级基础设施也成为一个影响产业发展和布局的重要因素。拥有这些高级基础设施的区域逐渐成为物流、人流、资本流、技术流与信息流共同集聚的区位，对产业发展产生了巨大的推动力，并对各种产业形成极强的吸引力，引导产业在这类区位集聚。

4）产业集聚效应的正外部性影响

产业集聚是指某一产业或多个产业的众多企业在一定的地域空间范围内集聚。产业的集聚是产业发展过程中的普遍规律。韦伯在其工业区位论中即指出，促成工业点从运费指向布局或劳动费指向布局再次转移的即是集聚指向。关联产业的集聚会增强某一区位的产业配套能力，提高生产要素的配置效率和资源的利用率；同时，集聚可以促进企业间的协作、分工，从而带来生产成本的下降。此外，集聚还可以形成基础设施共享、劳动力培训、技术合作、信息传递等一系列正外部性，从而对产业的发展形成极大的带动作用。

（1）基础设施共享

产业的集聚有助于共享基础设施，从而减少生产成本。目前，工业集聚的一个主要形式即工业园。各种产业集聚于同一个园区，有助于原料和产品运输的统一调度，有助于供水、供电、污水处理等设施的共建共享，有助于各种资源的循环利用，从而形成巨大的正外部性，降低企业的生产成本，提高经济效益。

(2) 劳动力培训

产业的集聚可以对劳动力的流向起引导作用，从而吸引劳动力的集聚，保证稳定的劳动力供应，同时，各企业可以共同对劳动力进行培训，提高其知识素质和专业技能。此外，劳动力在不同企业间的流动还可以起到技术扩散和信息传播的作用，从而促进各企业的创新，推动产业整体实力的提高。

(3) 企业间的合作

同一产业的企业相互集聚可以有效地促进企业间在技术、信息等方面的合作。目前，众多企业间都追求双赢式的竞争合作，因而都积极地展开技术合作和信息共享。同时，不同产业的企业或是位于同一条产业链的上下游，或是在横向上具有一定的产业关联，这些企业间也都在技术、信息、劳动力等层面进行广泛的合作。企业间的合作有利于获取和利用各种生产要素，可以有效降低企业的生产成本，提高企业的经济效益，进而提高集聚产业的整体实力。

5）小结

劳动力、市场、基础设施等经济社会发展因素并非单独地对产业发展和布局产生影响。事实上，在我国的发达地区，如长三角、珠三角等经济区，这些生产要素往往大量集聚，促进该地区形成比较优势。因此，上文论述的集聚效应还可以看作是这些经济社会发展因素的集聚。正是因为这些生产要素的集聚，提升了这些地区对产业发展的支撑力和产业布局的吸引力。

各种生产要素以及大量产业的集聚会形成巨大的正外部效应，这种通过集聚而成的溢出效应可以节约企业的经济成本、时间成本，加快各企业科技研发和创新的步伐，提高企业的经济效益，增强企业的整体实力，从而形成“马太效应”，使具有比较优势地区的竞争力持续提高。

1.3.2.3　新因素对产业发展和布局的影响

随着我国经济社会的不断发展以及全球化进程的不断深化，自然资源、一般劳动力等传统因素对产业发展和布局的影响力度在不断降低，而全球化、资本、技术、信息等新因素的影响力度不断加强，对产业的发展和布局开始起决定性作用。此外，在高新技术产业和现代服务业逐渐成为主导产业的背景下，环境质量等自然因素也重新成为影响产业发展和布局的因素。

1）经济全球化对产业发展和布局的作用

自实行改革开放政策起，我国的产业发展就开始逐渐融入经济全球化进程中，对全球范围生产要素和市场的依赖性不断加大。由于我国已经形成以出口拉动为主要动力的外向型经济发展模式，制造业的发展受到经济全球化的各要素（如资本、技术、信息等）的影响很大，因此其空间布局通常会选择这些要素大量集聚的区位，从而确保产业充分地融入全球化进程中。

由于经济全球化进程不断深化，资本、人才、技术、产品、信息等生产要素的流动性在不断加剧，这种有形流和无形流的流动和集聚塑造了对于经济发展至关重要的"门户城市"，即各种"流"的集聚地。在全球化趋势下，由"门户城市"及其腹地组成的、具有有机联系的大都市经济区成为全球经济竞争的基本单元，对产业发展具有极强的推动力，诱导各种产业的高度集聚。

经过近 30 年的发展，我国的"T"字形国土开发轴带已经相对成熟。在这两条轴线上，形成了上海、北京等具有国际竞争力的"门户城市"，进而形成了长三角、京津冀、珠三角等经济区。这些地区是我国融入全球化最重要的地区，对于全球性的资本、技术和信息等生产要素具有极强的集聚作用，且这些地区内的资本市场较为完善，科技研发与创新能力较强，经济发展的自我支撑力较好。可以预见，在今后的发展过程中，这些地区将进一步利用经济全球化，引导资本、技术、信息等要素的集聚，进而促进产业特别是高新技术产业和生产性服务业的集聚和优化发展。

2）制度与法规对产业发展的间接影响

一个地区的自然因素、劳动力、市场、科学技术等要素是影响产业发展和布局的基础条件，但是，有效地整合这些要素并最大限度地发挥其对产业发展的促进作用还取决于相应的制度与法规，包括经济体制、法律法规等。

制度与法规并不直接影响产业发展和布局，而是通过影响其他生产要素的配置对产业发展和布局产生间接的影响作用。因此，制度与法规更类似于一个地区的"软实力"，其完善与规范程度越深，对劳动力、资本、市场等生产要素的有效配置能力越强，从而可以高效地利用生产资源，促进产业的优化发展。同时，对制度进行创新，对法规进行完善，有助于弥补某一地区在自然资源、劳动力等方面的不足，并极大地提高该地区对产业的吸引力。例如，我国在改革开放初期设立了经济特区和保税区，利用制度改革极大地推动了这些地区的经济发展。近年来，伴随着经济社会持续优化发展的需要，我国又在多个地区设立了综合配套改革试验区，进一步探索制度创新对经济社会发展的促进作用。

3）社会文化对产业发展和布局的导向性

社会文化通常是指某个地区经历一定时间所形成的独特习俗和传统，它不仅体现在该地区的建筑、服饰等有形的物质上，还体现在该地区群众的思想和行为等方面。社会文化对产业发展和布局并不起决定性的作用，但在人们不断追求个性化的背景下，不同的文化会对创新产生一定的影响，进而影响产业的发展途径。例如，纽约是美国流行文化的主要发生地，因而其成为传媒业、广告业、影视戏剧业等产业的集聚地区，体现出社会文化对于产业特别是现代服务业的集聚和促进作用。

我国幅员辽阔，不同地区有着不同的文化习俗和传统，因而群众的民风和行为也出现了区域性的分异，从而对本地区的产业发展途径形成了独特的导向作用。例如，温州等浙南地区具有重商主义的历史和传统，这种社会文化就促进了当地群众在全国范围内进行商业贸易活动，极大地推动了本地商贸业的发展。此外，本地居民在社会文化上具有相似性，这有助于加强相互间的协作和交流，从而构成一个复杂的本地社会关系网。这种社会根植性会吸引具有相同文化背景的资本、人才的集聚，进而对本地产业的发展产生巨大的推动作用。与此同时，产业在区位选择时也会考虑文化相似性这一因素而倾向于在同一个地区布局。

4）自然因素重要性的重现

在工业化后期和后工业化时期，高新技术产业和现代服务业成为主导产业，其发展和布局不仅受到高级劳动力、技术、信息等因素的影响，自然因素的重要性也开始重现，并在一定程度上决定了这类产业的布局。

随着工业化和城市化进程的不断深化，产业的可持续优化发展逐渐成为关注的焦点。因此，产业发展和布局不仅要考虑经济社会发展因素，还要重视其对自然环境可能产生的影响。在环境容量较大的地区，产业有可能持续发展和进一步集聚；而在环境容量较小、生态脆弱的地区，产业结构则需调整，某些产业则可能向区外转移。

5）小结

在经济全球化背景下，商品、劳动力、资本、技术、信息等有形和无形的要素流在全球范围内快速流动。因此，能够集聚这些生产要素并具备经济社会发展优势的地区就成为产业的主要集聚地。与此同时，在全球化进程不断深化的背景下，各地区的产业发展途径有趋同的走势，而制度、法规、社会文化等因素具有一定的地方性和差异性，从而引导产业的发展模式和空间布局出现区域性的分异，且不同地区的自然因素差异也会对个别产业的发展和布局产生重要的影响。

总体来说，新因素对产业发展和布局的作用在不断加强。但是，劳动力、市场和基础设施等经济社会发展因素对产业的影响并没有减弱。如果说经济社会发展因素是产业发展的“硬环境”，那么新因素则是“软环境”，两者相互影响、相互强化，对产业发展和布局起主导性的决定作用。

1.3.2.4 特定因素对产业发展和布局的影响

产业发展和布局并不一定只受到自然因素、经济社会发展条件等客观因素的影响，特定时期的政策、产业发展历史以及企业家的主观偏好都可能对产业发展和布局形成一定的影响，甚至成为某一时期的主导性因素。

1）政策因素在特定时期具有重要影响

政策对产业发展和布局的影响主要通过直接的指令性政策或间接的诱导性政策发挥作用。政策因素对产业发展和布局的影响在我国体现得很明显。二十世纪六七十年代，我国沿用苏联的产业发展模式，重点发展重工业，同时在备战政策的导向下，我国将大量工业布局在内陆地区。这样的产业政策极大地干扰了市场、技术、产业发展基础等因素对产业的决定性作用，成为当时决定产业发展和布局的主导因素。在改革开放初期，政策向沿海地区倾斜，对经济特区的扶植力度很大，这也是促进产业在这些地区发展和布局的一个重要因素。

现在，我国致力于建设具有社会主义特色的市场经济，政策对产业活动的直接干预已在逐渐减弱。不过，西部大开发、中部崛起等一系列区域发展政策仍会对区域间的产业分工和转移产生一定的诱导作用，而一系列产业政策的出台，则体现出政府对某些具有战略意义的产业进行宏观调控和引导的意愿。

2）产业发展历史与路径依赖效应

（1）产业发展和布局具有历史继承性

一个地区的产业发展历史和已有的发展基础对产业的发展途径具有一定的影响，新产业或者已有产业的升级往往仍然会选择在这些具有一定发展历史的产业区内进行布局，即产业的发展和布局具有一定的历史继承性。德国的鲁尔工业区、美国的底特律、芝加哥地区都是具有悠久历史的工业区，其产业的发展和演化经历了原材料生产业、装备制造业等发展阶段；在我国，中华人民共和国成立后形成了沈阳、上海、武汉、重庆等工业区，经过几十年的发展和建设，这些工业区都具备了很强的产业配套能力以及完善的基础设施，因而对新兴产业具有很强的吸引力。从国内外产业的发展途径看，不同发展阶段的产业在相同的区位形成叠加，并相互促进、相互提高。

（2）路径依赖效应引导产业在同一区位布局

路径依赖（path dependence）效应是关于产业区位选择的时间序列问题，即新的产业在选择区位时总是倾向于在已有的产业区位布局，某一产业的区位选择依赖于相关产业的布局。

路径依赖不仅可以解释产业的布局模式，还可以说明企业的区位选择。在某一区位的原有企业是否赢利，对新企业选择该区位具有重要的影响作用。同时，原有企业的战略选择和发展途径对新企业也会产生一定的影响。

在路径依赖效应的影响下，产业的布局有不断向同一个区位集聚的趋势。例如，在长三角经济区，轻工业、原材料工业、装备制造业、电子通信等产业高度集聚，并促进了金融、物流等生产性服务业的发展，诱导其向该经济区集聚。这些产业相互关联，形成了巨大的溢出效应和吸引力，促使新兴产业沿着这条发展路径继续在该地区布局。

3）企业家决策的影响

从宏观和中观尺度看，产业作为一个整体，其发展和布局主要受到来自不同区域的自然、经济和社会因素的影响。而从微观尺度上看，产业是所有企业的集合，因而分析企业的发展和布局，也会对产业发展和布局的影响因素具有一定的借鉴意义。

影响企业发展和布局的一个重要因素是企业家。作为决策者，企业家的决策对企业的发展战略和区位选择具有很强的影响作用。当然，企业家在进行决策时会考虑各种经济社会因素，但是，企业家自身的偏好和决策能力也会对企业的发展和布局产生重要的影响。

（1）企业家的“满意人”假定

传统的经济区位论如韦伯的工业区位论和克里斯塔勒的中心地理论均假设从事产业活动的主体——人完全掌握了一切信息，并能理性地作出分析和判断，从而选择最优的区位。这种“经济人”假定在现实中往往难以实现，作为产业发展和布局的决策者，企业家往往扮演“满意人”的角色，即通过掌握的信息，并结合自身的能力和偏好，选择让自己最满意的产业区位。

（2）企业家的偏好干扰其他影响因素

作为决策者，企业家对产业布局的确定具有最终的决定作用。在“满意人”假定下，企业家并不一定完全理性地对已掌握的信息进行分析，而会结合自身的主观偏好，对决策进行适当的微调，这就促使产业布局会在最佳区位点上形成一定的偏移。

此外,企业家的偏好还会对企业的发展途径产生一定的影响。一般情况下,企业的扩张策略是在水平方向上进行生产规模的扩大或是沿垂直方向往上下游产业进行延伸。而某些企业家可能由于自身的偏好,选择跨行业的发展策略,促使企业的发展途径受到一定的人为干预。

(3) 普雷德的行为矩阵对企业区位的解释

赫伯特·普雷德(Herbert A. Simon)认为,企业家在选择产业布局的区位时,要结合其所能获得的信息,并根据自身的判断和分析能力作出最终的区位决策。因此,合理的决策取决于两个因素,即信息的占有量和企业家自身利用信息的能力。这就构成了普雷德的行为矩阵的核心思想。

行为矩阵由信息的占有量和利用信息的能力构成。在矩阵中企业家占有的信息量越多,利用和处理信息的能力越强,则该企业家作出的区位决策越靠近最优区位。

4) 小结

特定因素对产业的发展模式和空间布局的影响作用并不居于主导地位。目前,政策因素对产业的直接干预力度已经越来越小,它往往是通过影响市场、劳动力、制度等要素对产业的发展和布局进行间接性的引导;与此同时,随着新因素的影响力度不断加强,产业的发展模式和空间布局可以脱离原来的发展路径,而在某些地区实现跨越式的发展。除此之外,在信息化社会,企业家拥有更多的获得信息的机会,区位选择的主要影响因素还是市场、资本、劳动力等客观条件,企业家的主观偏好对企业的区位选择的影响有限。

1.3.2.5 各种因素在产业发展的不同阶段所起的作用

随着经济社会的发展,产业结构也在不断地升级和演化。一个国家或地区的产业发展会经历农业化、工业化以及后工业化等阶段,相应的三次产业结构也会不断地调整和升级。在不同的产业发展阶段有不同的主导产业,因而各种因素对产业发展和布局的影响力度也会不同(表 1-2)。

表 1-2 各种因素在各阶段对产业发展和布局的影响

影响因素	产业发展不同阶段及特征	农业化阶段	工业化初期	工业化中期	工业化后期	后工业化时期
		农业主导	轻工业主导	重工业主导	高新技术产业主导	服务业主导
自然因素	自然条件	+ + + +	+ + +	+ +	+ + +	+ + +
	自然资源	+ + + +	+ + +	+ + +	+ +	+ +

（续表）

影响因素	产业发展不同阶段及特征	农业化阶段	工业化初期	工业化中期	工业化后期	后工业化时期
		农业主导	轻工业主导	重工业主导	高新技术产业主导	服务业主导
经济社会因素	劳动力数量	+ + +	+ + +	+ +	+ +	+ +
	劳动力质量	+ +	+ +	+ + +	+ + +	+ + +
	市场因素	+ +	+ + +	+ + +	+ + +	+ + +
	基础设施条件	+ +	+ +	+ + +	+ + +	+ + +
	集聚效应	+ +	+ +	+ + + +	+ + + +	+ + + +
新因素	经济全球化	+ +	+ +	+ + +	+ + + +	+ + + +
	资本因素	+ +	+ +	+ + +	+ + +	+ + +
	科学技术	+ +	+ +	+ + +	+ + + +	+ + +
	信息因素	+ + +	+ + +	+ + +	+ + +	+ + +
	制度因素	+ +	+ +	+ + +	+ + +	+ + +
	社会文化	+ +	+ +	+ +	+ + +	+ + +
特定因素	政策	+ +	+ +	+ +	+ +	+ +
	历史与路径依赖	+ +	+ +	+ + +	+ + +	+ + +
	企业家偏好	+ +	+ +	+ + +	+ + +	+ + +
产业布局特征		分 散	趋于集聚	高度集聚	集聚与分散并存	趋于集聚

注："+ + + +"表示决定因素，"+ + +"表示重要因素，"+ +"表示一般因素。

1）自然因素在农业社会和工业化初期具有主导作用

在农业化社会亦即工业化前期，农业是主导产业。由于农业直接作用于自然环境，其发展和布局直接受到自然条件和自然资源的支配作用。在这个时期，自然因素对产业的发展和布局具有主导作用。同时，劳动力、交通运输条件也会对农业的发展和布局产生一定的影响。

随着产业发展进入工业化初期，农业在三次产业中的比重开始减少，轻工业开始发展。在这一阶段，自然因素的影响作用开始弱化，但由于食品加工、纺织等产业以农产品为主要原料，这些产业也会受到自然因素的间接影响，自然因素对产业的主导作用依然存在。此外，由于轻工业属于劳动密集型产业，且其对交通运输条件、市场需求等经济社会条件有较高的要求，轻工业还会受到劳动力、交通、市场等因素的影响。

2）经济社会因素在工业化中期的影响作用加强

随着产业发展进入工业化中期，农业和轻工业在产业结构中的比重进一步下降，重工业和精深加工业的比重开始上升，成为三次产业中的主导产业。按照生产要素的密集性程度，工业化中期的产业以资本密集型和技术密集型为主。因此，在这个阶段，影响产业发展和布局的主要因素是市场需求、交通运输、资本、技术、关联产业等经济社会因素。此外，掌握现代技术和专业技能的高素质劳动力也是一个影响产业活动的重要因素。

3）在工业化后期和后工业化时期各因素的影响

在工业化后期，产业结构再次出现轻型化，即高新技术产业的比重不断上升，并逐渐取代重工业的主导地位。高新技术产业属于技术密集型的产业，受劳动力质量、科学技术、制度等因素的影响极大，因而往往布局于都市圈或城市群地区，以充分利用其集聚效应和知识溢出效应。

此外，一些高新技术产业对环境质量有很高的需求，所以自然因素反倒成为影响其布局的一个主导因素。由于都市圈或城市群的产业高度集聚带来了环境污染等负外部效应，经常会出现一些高新技术产业远离大都市圈，而选择在中小城市或城郊布局的现象。

在工业化后期，服务业成为三次产业中比重最大的产业。服务业的发展伴随着工业化进程的完成以及城市化的成熟，对市场、信息等因素具有很高的要求，因而服务业通常在城市中心布局。餐饮、商贸等生活性服务业通常按照其服务范围在城市内部分散布局，而金融、保险、咨询等生产性服务业则通常在城市中心布局，并表现出集聚的趋势。

1.3.3　技术对产业发展的影响路径

1.3.3.1　影响特点

技术对产业发展的影响力主要体现在它对已存在相关产业的改造方面，当然也有形成一个新产业的可能性，但在更多情况下新兴技术并不一定对应着一种全新的产品，更多的是对已有产品的性能进行改善，因此新兴技术对产业未来影响作用分析考虑更多的是新兴技术对相关产业发展带来的综合影响力，即新兴技术对相关产业未来的持续发展、产品升级、市场效用以及政策与环境等的作用与改变能力[30]。

由此可见，及早地对能够给相关产业带来较大影响作用的新兴技术进行研发和产业布局，将有助于政府与企业把握住科技发展的方向和抓住良好的历史发展机遇，从而在世界激烈的科技和经济竞争中立于不败之地。准确评价新兴技术的未来产业影响力，需要深入分析探讨新兴技术对产业未来影响作用的机理研究，为评价工作奠定理论基础和依据。

新兴技术的创新性是非常巨大的，对相关产业会产生重要的影响作用。产业是一个庞大而复杂的事物，通常都会涉及社会中的方方面面，这就使得新兴技术对未来产业的影响力也非常复杂而多样。从新兴技术的内涵出发，分析总结出其两大主要特征。

（1）辐射面广

任何事物都不是孤立存在的，新兴技术在变革一个旧产业时，会不可避免地与其他很多产业建立起千丝万缕的联系，从而会对这些产业的发展产生一些直接或间接的影响，甚至还会推动个别行业的深层改革。因而，新兴技术对未来产业的影响往往具有较为宽广的辐射面。

（2）不确定性高

以往的很多案例表明，技术的先进与否并不是其能否走向成功的唯一标准，它将涉及包括市场、技术自身的研发以及管控体系等很多方面。这些方面往往都具有很大的不确定性，如市场的需求和偏好是无法准确评估的，技术的研发结果、研发进程以及它未来的发展潜能与效果都是不能准确预知的，对新事物的合理管控体系的探索是一个渐进的过程等。由此可见，不确定性是新兴技术对未来产业影响力的一个显著特征。

1.3.3.2　影响因素

新兴技术对未来产业影响力的内涵表明，新兴技术发展的可持续性、产品的独特优越性、市场潜力和外部发展环境这四个方面将对其能否走向成功有着重要作用。因而，这四个方面也可被看作是新兴技术对未来产业产生影响的四个主要因素。

1）新兴技术发展的可持续性

新兴技术发展的可持续性不仅能保障其具备长期生存和对相关产业影响的能力，而且也能更充分地利用和发挥那些投入该技术发展中的大量社会资源，为其进一步的开发和发展提供了可能性。

2）新兴技术产品的独特优越性

新兴技术衍生出的产品不仅需要在现阶段能得到用户的认可，而且还需要在未来很长一段时间都能保持绝对优势，只有这样才值得在前期对其进行巨大的投入。为此，就需要使基于新兴技术的产品具备一些独特而显著的优势，并且这些优势会在一段较长时期内很难再被新的产品超越或替代，从而可以保证该产品优势地位不会轻易受到威胁。

3）新兴技术的市场潜力

市场是考验新兴技术生存能力的一种有效的手段，也是检验其能否最终成功走向影响产业的最关键的一环。良好的市场潜力是对新兴技术进行进一步研发和投入的根本驱动力，它决定了新兴技术未来发展的空间大小，直接影响到基于新兴技术的相关产业能否获得预期收益，是投资人或决策者做出重大抉择时的一个重要的参考依据。因而，良好的市场潜力是新兴技术走向成功的坚强后盾和保障。

4）新兴技术的外部发展环境

外部发展环境对于新兴技术的发展而言就如同沃土与种子之间的关系，其重要性不言而喻。一颗种子哪怕具有再强的内在生命力，如果将其植入一片贫瘠的土地之上，也是很难茁壮成长的。新兴技术的发展在很多关键环节都要严重受制于相关的经济和产业等政策，合适的政策环境将对新兴技术的发展推波助澜，成为其快速发展的顺风车；反之，不合时宜的政策不仅会严重阻碍新兴技术的发展，甚至还可能直接将其扼杀。

新兴技术未来产业影响力的四个要素之间是相辅相成的，并具有同等重要的地位。技术发展的可持续性是对其进行必要投入的前提，产品的独特优越性是其在未来保持强力竞争的基础，良好的市场潜力是其走向产业化成功之路的根本保证，合适的外部发展环境则是其赖以生存的基石。可见，这四个要素对于新兴技术未来产业影响力而言是缺一不可的。

1.3.3.3 影响路径

新兴技术的最显著优势就是其具有很强的创新性，这也是一个技术被称为新兴技术的先决条件。新兴技术的创新主要体现在技术创新、产品创新、市场创新以及产业融合 4 个方面，在这些不同方面的创新的共同推动下，新兴技术的发展充满活力和优势，进而成功实现产业创新的重要目标。因而，创新既是新兴技术实现产业创新的先决条件，也是其对未来产业产生影响的核心动力。以新兴技术为核心动力的产业创新过程包括技术创新、产品创新、市场创新和产业融合等 4 个阶段。

1）技术创新阶段

这一环节主要是技术研发的过程，包括基础研究和技术开发。基础研究即理论研究阶段，主要是开展有关技术理论基础的研究，包括新观点和新构想的提出，以及从理论的角度对技术研发成功的可能性、未来发展的可行性和可用性进行探讨。技术开发是从理论创新出发，在理论研究的基础上完成技术的基础研发和改进工作，这一阶段的工作主要是在实验室里完成的。

技术创新的目的是使新兴技术具备可持续发展的能力，因而在分析如何评价和增强新兴技术的创新能力时，需要从那些可能会对新兴技术可持续发展能力有重要影响的方面来展开综合考虑。从以往的一些相关研究中可以发现，技术的成熟度、适用性、先进性和集中性与新兴技术发展的可持续性之间有着密切联系。其中，对技术成熟度的研究表明，技术的成熟度越低，其对产业发展产生影响力的可能性就越小，反之亦然。技术的适用性体现的是其应用领域面的宽窄，该面越宽则社会对技术的需求就越多，技术涉及的产业也越多，从而可增强其对相关产业的影响力；技术的先进性越高则其在应用领域中所处的地位就越有利，从而为技术的后续发展带来更多的机遇和优势；技术的集中性的已有研究表明，企业在一个技术领域拥有的专利技术越多，即技术的集中性越高，则新兴技术就越有可能对产业产生较大的影响作用。

2）产品创新阶段

技术产品化是技术创新的延续，是指在生产条件下对技术研发成果的可生产性进行检验，由技术向产品转化的过程。研发成功的技术需要经过适应各种环境、工艺条件的大量中试试验和实际生产过程的检验，从而形成新产品或新服务，投入市场进行批量生产和商业化推广。经过技术产品化阶段，有较好市场前景的新产品将会继续进军市场，初步形成试点生产能力，同时开展市场需求的预测和销售网络的建立。产品商业化是检测产品的市场接受程度、盈利能力以及把有市场潜力的产品转化为大批量生产供给的过程。这个环节是产业创新的一个重要环节。

产品创新的目的是提升产品或服务的性能，使得新兴技术产品具有独特的优越性，促进商业化进程。已有研究表明，技术的产品地位和产品能耗效率对于提升产品或服务性能有重要作用。新兴技术在产品构成中的关键程度越高，为产品带来的性能上的提升就越多，同时技术本身也会受到更多的重视和得到更多的研发投入。产品能耗效率的已有研究表明，能耗效率高的产品会带来使用成本的降低和产品寿命的延长，因此更受用户的欢迎，能够提升产品的服务质量和社会认可度，从而形成较强的竞争力，有利于其商业化进程。

3）市场创新阶段

这一环节是把产品成功投向市场，进行创新扩散，形成生产新产品的企业群或行业群的过程。如果产业创新只是在部分企业或产业发展的某个环节上进行，没有一定的市场规模，是不能完全实现产业创新的。因此只有通过市场创新，开拓出一定的市场规模，才能实现产业创新。市场创新通过新产品或技术的扩散形成相关的企业群，通过充分发挥其市场潜力，不断开辟新市场，向产业创新的实现推进。

市场创新的目的是变革旧的行业或是催生新的行业。新兴技术只有拥有坚实的市场基础，具有为市场带来效用的能力，才能够对已有产业进行改造。从以往的一些相关研究中可以发现，新兴技术的市场兼容性和市场容量对新兴技术的市场有重要影响，而这些方面也构成市场创新的主要方向。新兴技术在替代旧技术的时候，对其他相关联技术的兼容性越好，市场发展条件就越有利，取得成功的可能性也越大。已有研究表明，如果新兴技术产品的市场容量越大，即需求量足够大和稳定，就能够为企业带来利润，这样企业就会愿意更多地投入，为新兴技术带来更大的发展空间，市场可持续发展能力就越强。

4）产业融合阶段

随着市场的稳定和饱和，产业呈现结构化的趋势，技术开始向其他相关产业进行扩散和渗透，依托新兴技术的产品渗透到其他产业，实现大面积推广应用，逐渐开始进行产业的融合。新兴技术向其他产业的扩散和渗透过程也是产业创新的重要环节，一个产业的主导技术如果与其他产业有较强的关联性的话，就表明其所在产业与其他产业融合的程度就会比较高，产业创新也会有较大的空间，产业就具有较好的可持续发展能力。比如技术创新发展迅速的信息技术产业、新材料产业和新能源产业，由于具有较强的产业关联度，因此成为各国政府重点关注和扶持的战略性产业。

产业融合的目的是将新兴技术实行更大范围的推广，让其渗透到其他的产业中，以充分发挥出新兴技术对相关产业的影响作用。从以往的一些相关研究中可以发现，新兴技术的技术适用性以及它与政策环境、资源环境、自然环境之间的相互影响作用与产业融合之间有着密切联系。一方面新兴技术的技术适用性越广，能关联的产业就越多，产业融合程度就越高，发展前景就更为广阔；另一方面，新兴技术如果能够凭借自身技术优势获得国家政策性扶持，与国家资源问题的解决途径相适应，对自然环境能够起到改善作用，它所获得的政策支持力度就越大，相关政策的扶持将会提供良好的发展环境，从而推进产业之间的融合。

综上所述，新兴技术构成了经济发展和产业成长的主要动因和催化剂，新兴技术的研发和应用能够给相关产业的发展带来一定的影响作用。新兴技术能够提高产业的生产效率，推动产业的经济增长和产业的快速发展，以及促进产业系统结构的改变。新兴技术还能够引起产业需求结构的变动，从而导致产业的兴起或衰亡，致使产业的系统结构发生变化，推动产业的有序演化。

1.3.4 新 ICT 对数字经济发展总体影响理论

1.3.4.1 新 ICT 对数字经济的影响研究

新一代信息通信技术自身所具有的可持续发展能力，是新技术对数字经济发展产生影响作用的基础条件。从历史情况和各地发展来看，不是所有的新技术都能够在某地区成功地改造旧产业或创立新业态。有些新技术虽然已进入市场，但还是没有企业愿意大力投入和发展，也有些新技术刚出现没多久就被其他技术所替代，究其原因，最根本的在于技术本身是否具备了过硬的可持续发展能力。参考国内外相关研究，新技术对数字经济的影响因素主要包括技术成熟度、技术适用性、技术先进性和技术集中性等几个方面。

1）强调技术成熟度对数字经济的影响

技术成熟度的高低使新技术对数字经济发展起着至关重要的作用，是制约新技术对相关产业产生影响作用的关键因素。新技术的成熟程度越低，进一步转化为产品或服务的难度相对就大，对数字经济发展产生影响力的可能性就越小；反之，如果新技术的成熟程度越高，其转化为产品或服务的难度相对就小，对数字经济发展产生影响力的可能性就越大。由此可见，技术成熟度达到一定程度是新技术对数字经济产生影响作用的基础条件。

2）强调技术适用性对数字经济的影响

一个技术的发展与其广阔的生存空间有着密切联系，生存空间越大，则技术发展的动力和潜力也就越大。新技术的应用领域和应用场景在很大程度上体现了其发展空间的大小。一般说来，新技术的应用领域越广，形成的新产品、新业态、新模式越丰富，则社会（包括政府、企业、公众）对该技术的需求就越多，其所涉及的产业也就越多，产业链就越来越完整，从而增强了新技术对相关产业的影响力，扩展了其生存空间。

3）强调技术先进性对数字经济的影响

技术先进性是新技术对产业产生影响的基础条件。并不是所有的新技术都可以作用于产业，能够对产业产生影响的新技术首先要具有创新性，在其应用领域中应处于领先地位，这样的技术进行大规模生产和应用才能有助于提升企业、产业和地区的竞争力，从而为新技术的后续发展带来更多的机遇和优势。

4）强调技术集中性对数字经济的影响

技术研发一般由企业、大学、科研院所和个人承担。企业是新技术商业化具体实施的执行者，也是将新产品、新业态、新模式推向市场的主体，对新技术的发展起着极为重要的作用。2008 年我国的《国家知识产权战略纲要》中提出要推动企业知识产权的应用和产业化，缩短产业化周期。从这个角度来说，在一个技术领域，企业的研发投入越多、拥有的有效专利成果越多，其商业化的基础就越好，反之则表明其商业化基础比较弱。企业对技术研发越重视，在该技术上的研发投入越多，就表明该技术具有较大商业发展潜力。技术研发成果集中掌握在企业的手里对新技术赋能数字经济发展是很有利的，企业在新技术研发和应用中所占的地位越重要，能够起到的推动作用就会越大，新技术能够带给相关产业的影响力也就越大。

1.3.4.2 基于“三层嵌入理论”的新技术创新对数字经济影响框架

1）嵌入理论的内涵

“嵌入性”理论是新经济社会学研究中的一个核心理论。自嵌入概念提出半个世纪以来，受到越来越多学者的关注。

著名学者 Karl Polanyi 在《大变革》(*The Great Transformation*)一书中首次提出嵌入性(embeddedness)的概念。他认为，在 19 世纪以前，经济行为是嵌入社会关系之中的，经济行为的根源或动机由各种非经济因素促成，而不仅仅是谋取利益；但 19 世纪以后，现代社会的市场交换已发展到足以从社会中分化出来，并且对社会产生日益深刻的影响，经济脱离社会而按照自己的逻辑独自运作，经济不再嵌入社会关系之中。不仅如此，社会甚至反过来隶属于经济，造成“经济逻辑对社会逻辑的殖民”[31]。

M. Granovetter 对嵌入性进行了全新阐述，从而把嵌入性研究推向了新的阶段。他认为，嵌入是普遍的社会现象[32, 33]。现实行为既不是低度社会化的，也不是高度社会化的(即现实行为不是完全脱离社会背景而孤立地行事，也不是完全服从社会共识和社会规范而行事)，而是在具体、动态的社会关系中平衡多方利益关系，进而追求自身多重目标体系的实现。这种观点实质上并不是简单地否定社会化不足(新古典经济学)与社会化过度(传统社会学)的任何一方，而是主张两者之间的相互支持与互相融合。M. Granovetter 的这种思想奠定了新经济社会学的产生。他认为经济活动的“社会嵌入”就是经济因素和非经济因素的互相混合，非经济因素会影响经济活动，经济因素也会影响非经济活动。

Zukin 和 DiMaggio 对嵌入概念进行了拓展，提出组织所融入的网络类型决定了其可能获得的潜在机遇，企业在网络中的位置和其所维系的企业关系决定了企业能否发现和把握住这些机会[34]。Halinen 和 Törnroos 在研究商业网络演化时提出，嵌入是指企业与各种网络建立的关系及其对各种网络的依赖，把嵌入分为时间嵌入、空间嵌入、社会嵌入、市场嵌入、政治嵌入和技术嵌入 6 种，并且认为业务网络也嵌入于自然时间和实体时间以及各种不同的社会时间变量中[35]。Uzzi 在学者们研究的基础上，考察了社会嵌入对企业获得金融资本及其成本的影响，提出了双边关系嵌入，研究结果显示：借款企业通过双边关系嵌入能获得较低的贷款利率[36]。

从上述学者的研究来看，嵌入内涵由早期的经济行为的社会嵌入，逐步丰富和具体化为经济行为的社会关系网络嵌入、政治嵌入、文化嵌入、历史(时间)嵌入、地理(空间)嵌入、市场嵌入、双边关系嵌入等，促进了"经济行为嵌入社会结构"核心命题的深化和扩展，将嵌入内涵的外延推向新的发展阶段，也促进了嵌入理论成为分析社会现象的主要工具之一[37]。

2）嵌入理论文献评述

从 Polanyi 最初嵌入思想的萌芽，到 Granovetter 对嵌入理论的持续完善，以及 Hess、Zukin、DiMaggio、Hagedoorn 等学者的不断补充，使嵌入理论成为新经济社会学的基本理论范式，并成为社会经济行为的重要分析工具。不同学科背景的学者从不同的视角出发，虽然对嵌入理论进行了不同的解释，但对嵌入内核——经济行为嵌入社会结构之中并受到各种社会关系的影响，取得了基本一致的认可。个体行为总是嵌入在特定经济、政治、社会和文化环境之中的，环境的差异造成了不同时空中个体行为的差异。即使在相同环境下个体行为又嵌入在具体的社会结构之中，不同行动者的行为在自身所拥有的网络中所处的位置是不同的，其网络规模和结构也不一样，其拥有的关系资源也不一样。学者们从嵌入客体角度，构建了不同的嵌入理论分析框架，存在不同程度地裁剪、割裂了经济行为的多维和整体嵌入的社会事实。经济行为嵌入的具体客体，通常又是较大客体的组成部分，即经济行为的嵌入关系是一种层层嵌套关系。因此，基于嵌入理论的视角不仅需要关注不同的嵌入客体以及它们对行为后果的影响，还需要关注嵌入客体的层层嵌套关系对行为后果的影响。这种视角不同于孤立地考察行动者主体特性或是嵌入客体特征或是具体的嵌入行为或是嵌入效应的传统视角，而是关注经济行为的多层嵌入性对经济行为后果的影响。

3）新技术对数字经济发展的嵌入性影响

新一代信息技术创新具有开放性与交互式的特点，基于这种技术创新的特点，学者们做了许多关于嵌入性影响经济发展绩效的研究。Shan、Walker 和 Koguy 发现了生物技术产业的新兴公司对外合作与创新产出之间的关联；Powell、Koput 和 Smith-Doerr 调研了生物技术产业的企业间合作情况，并对合作对组织学习与绩效的影响作了评估，表明嵌入性高的企业通常具有更好的创新绩效；Adams、Day 和 Dougherty 通过实证研究发现，对企业外部市场的信息获取、信息分析和信息使用对新产品开发成功和新产品的创新水平具有显著的影响；Ahujia 通过对国际化工产业多家企业自我中心网络的长期研究发现，企业间的直接联结与间接联结都对企业技术创新绩效有正向影响；Rpsenkopf 和 Nerkar 的研究表明，企业跨越组织边界与技术边界来获取知识，往往能在随后的技术演进中取得更好的绩效[38]；Hagedoom 和 Duyster 通过对国际上计算机行业 88 家企业的实证研究表明，企业嵌入在网络中有助于其获取新知识，并且逐步增强技术创新能力[39]。在动态环境下，企业中基于学习的网络行为对其技术绩效有正向影响，而基于效益的网络行为对技术绩效不产生显著影响。Laursen 和 Salter 通过对英国制造业企业的大样本调查发现，许多创新型企业已经改变了原来寻求新创意的方式，而采用了开放式的信息搜索策略，通过广泛利用外部资源来帮助其实现并维持创新，能更广泛、更深入地利用外部资源的公司，通常具有更好的技术创新绩效[40]。

国内也有学者应用嵌入理论对企业创新绩效进行研究。吴晓波和韦影通过对中国医药企业的研究发现，企业网络中的强联结促进了知识转移，并提高了企业的技术创新能力[41]。另外，较长时间的合作能提升相互间的信任、收益、互惠和长期性并积累社会资本，由此强化关系性嵌入对企业技术创新的积极影响。蒋军锋、党兴华和薛伟贤从嵌入性的视角考察了技术创新网络的结构变化，技术创新网络结构演变的不均衡性为技术创新提供了更多机会[42]。许冠南则提出了上游嵌入性和下游嵌入性研究框架，并针对参与全球制造网络的浙江企业进行了实证研究，认为企业与其上游供应商企业以及下游客户企业由于具有共性和互补性而建立起合作关系，形成相应的嵌入特征，从而能够实现专业化经营、市场化联动、社会化协作和规模化效应，这种协作共赢的上游和下游制造网络具有极强的内生发展动力，能给企业带来竞争优势[43]。

新技术嵌入性对数字经济发展影响的相关研究表明，新技术嵌入性对数字经济发展具有重要影响。这种影响是嵌入在各种社会关系之中的，数字经济发展水平深刻地受到各种新技术相关因素共同的影响。当前，此类研究主要集中于单一层次嵌入性对数字经济的影响方面，而关于新技术不同嵌入层次共同影响数字经济发展水平的研究还缺乏系统的研究框架和理论模型。

4）新技术对数字经济发展影响的嵌入层次

为了进一步分析新技术创新不同嵌入层次对数字经济发展水平的影响，有必要对新技术创新的嵌入性研究层次进行划分。一些学者将嵌入层次划分为 3 种：宏观层次、中观层次和微观层次[44]。

（1）宏观层次

从一个国家或是地区整体来把握社会关系对经济行为的影响则是宏观层次的嵌入

关系。Zukin 和 DiMaggio 所定义的文化嵌入和政治嵌入[34]，Hess、Granovetter 所定义的社会嵌入[32, 33, 45]，Hagedoorn 所定义的环境嵌入都属于宏观层次的嵌入[46]。他们强调文化氛围、政策环境等对经济行为的影响。在他们看来，一切经济活动都是在特定的政策环境下发生，必然受到政策制度的影响。同样地，文化氛围通过理念、习惯等规范和引导经济行为。

(2) 中观层次

从产业网络来把握社会关系对经济行为的影响则是中观层次的嵌入关系。Granovetter 分析的社会网络所采用的结构嵌入和关系嵌入[33, 34]，Burt 用"结构洞"理论分析网络位置所定义的结构嵌入[47]，Hess 所定义的社会网络嵌入[23]，Hagedoorn 所定义的组织间嵌入都属于中观层次的嵌入[46]。他们都强调经济行为嵌入的产业网络。在他们看来，一切经济活动都发生在当下的产业网络中，而这当下的产业网络是企业主体与其他组织合作互动的积累，也是企业跨产业达成合作的行为展现。

(3) 微观层次

从具体的企业行为来把握社会关系对经济行为的影响则是微观层次的嵌入关系。Granovetter 表述的经济活动嵌入的、具体的社会关系[33, 34]，Uzzi 及 Hagedoorn 所表述的双边关系嵌入都是微观层次的嵌入关系，他们认为最基本的社会关系嵌入是双边嵌入，他们认为双边关系嵌入是企业行为受到相关企业（包含竞争对手、产业链上下游企业）不断互动的关系影响[36, 46]。

5) 新技术对数字经济发展的三层嵌入影响框架

当前，单单依靠某个企业把技术创新推向市场的情形已经日益减少，取而代之的是相互合作的多方（包括政府、企业、社会组织、公众）通过共同努力，才能获得新产品概念的成功商业化[48]。新的技术产业化模式突出了技术发展过程中合作与互动的作用，以企业为主体的技术创新和应用活动与其客户、供应商及技术生态中的研究机构之间的联系越来越紧密，嵌入在彼此交互的网络中[49]。

就新一代信息技术的创新应用而言，由于技术的不确定性可能导致的高投入和高风险，企业创新资源的局限性以及技术之间的相互依赖和生态效应，使得单个企业难以独自进行有效的创新应用。为了提高创新绩效、共享创新资源、规避风险，企业常根据自身创新能力和创新类型，选择合作创新方式，以提高创新绩效。Hagedoorn 在组织间合作、伙伴关系构建的研究中，提出了嵌入特征直接影响组织间合作关系，把影响组织间合作关系的嵌入特征划分为其所处的环境、网络和双边关系，并表述为"环境嵌入""组织间嵌入"和

"双边嵌入"。

因此，基于新技术创新的开放性与交互式的特点，本书借鉴 Hagedoorn 的观点，把新技术创新对数字经济的影响嵌入层次划分为宏观创新环境嵌入、中观新技术行业嵌入和微观新技术企业嵌入。新技术创新对数字经济影响的创新环境嵌入、新技术行业嵌入和新技术企业嵌入，既为地区数字经济创新发展提供了创新资源，也约束了数字经济创新程度，因而其数字经济创新成效受到了不同层次嵌入关系的影响。本书基于 Hagedoorn 的嵌入理论，以宏观、中观、微观为分析层次，以"创新环境嵌入""新技术行业嵌入"和"新技术企业嵌入"为研究内容，探讨新技术创新所嵌入的宏观、中观及微观因素对数字经济创新成效的影响，进而提出研究的理论框架（图 1-1），并在此基础上建立了新技术对数字经济产业化发展影响指标体系。

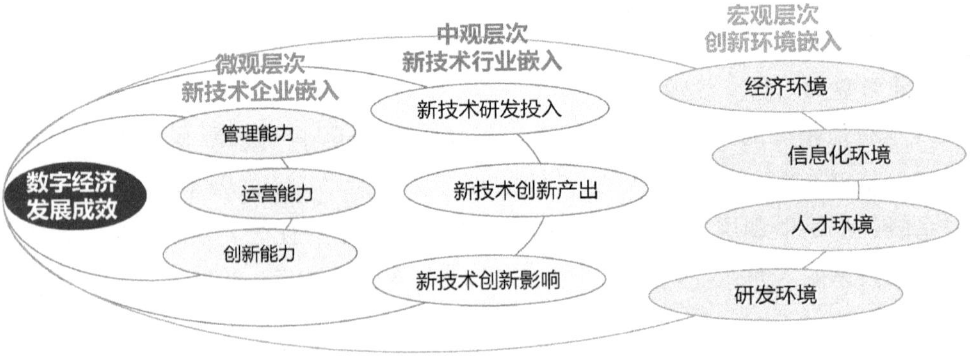

图 1-1　新技术对数字经济产业化影响因素的三层嵌入理论框架

6) 新技术对数字经济发展的影响指标讨论

在上述框架内，新技术对数字经济产业化的影响可由 3 个不同层次但又相互联系的指标类型来表达：创新环境指标反映地区数字经济发展成效受其所处地区总体环境的影响；新技术行业创新效率指标表征指地区数字经济发展成效受其所处地区的新技术行业特性的影响；新技术企业竞争力指标表征地区数字经济发展成效受其所处地区的新技术企业竞争力的影响。该框架从新技术创新与数字经济产业化发展的相互作用与影响出发，对新技术影响数字经济发展的指标维度进行组织分类，具有较强的系统性。

根据数字经济生态系统产生、发展原理和特点，结合社会、经济、产业等情况，在该模型基础上得到如图 1-2 所示影响指标体系。

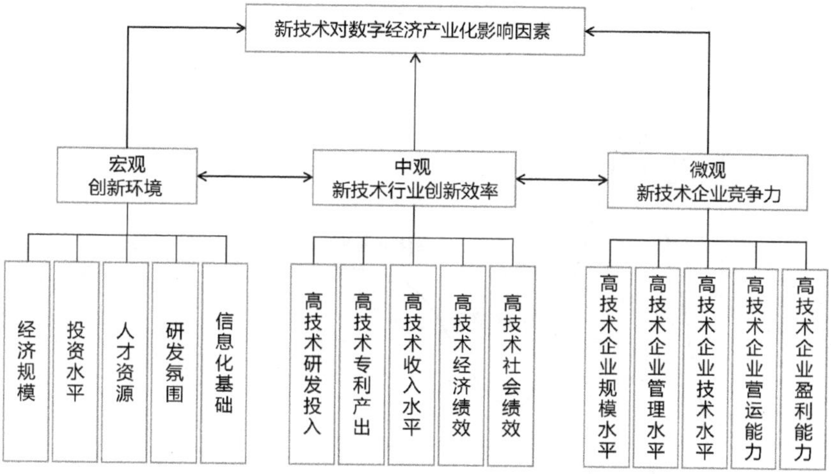

图 1-2　新技术对数字经济产业化影响指标体系

1.3.4.3　新技术影响力曲线

新技术创新应用对数字经济发展的影响效果可能包括 5 个阶段(图 1-3)。

(1) 探索期

技术理论阶段,政府和企业积极探索新技术在数字经济发展中的应用场景,存在潜在的突破,但常常是概念包装和炒作。

(2) 投入期

新技术在数字经济中的应用场景逐步成型,先进地区的政府加大投入,媒体大肆报道,激进公司积极采取行动。

(3) 扩大期

新技术在数字经济发展中的作用得到进一步体现,更多地区开始全面部署落地数字化建设,全社会对数字经济接受度、认可度较高。

(4) 冷静调整期

随着数字经济发展,数据安全、平台治理、机制体制层面的问题暴露,一味地技术堆砌与以人为本的理念相悖,数字经济发展增速减缓,发展较为成功的地区率先在制度层面进行改进并继续发展。

(5) 深化变革期

制度的优化供给使得新技术在数字经济发展过程中的作用进一步激活,可复制、成功的数字经济发展模式出现，各地有了公认的一致评价。

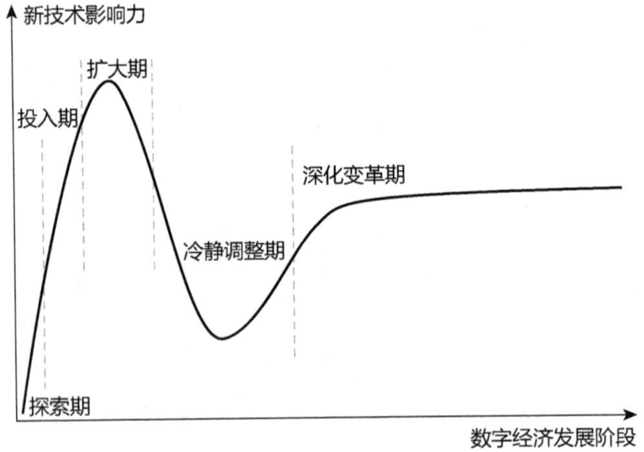

图 1-3　新技术影响力曲线

横轴：数字经济发展阶段（探索期、投入期、扩大期、冷静调整期、深化变革期）
纵轴：数字经济发展水平与新技术投入的比值

1.4　研究方法

1.4.1　研究思路

本书研究思路：首先，通过理论文献综述的方式，了解研究的现状；其次，结合实践，通过数据采集、指数构建以及案例分析等方式，对新技术发展规律、数字经济或智慧城市未来发展进行研究；最后，结合理论研究及实践分析，提出新技术发展对数字经济未来发展的影响路径以及产业化发展建议。

本书研究方法：重点采取理论文献综述研究与实证、案例分析相结合的方法，以项目实践及案例分析为主，以数据及实证分析为辅，形成具备一定理论研究及实践指导作用的研究报告。

1.4.2　指标选择

新技术主要是大数据、区块链、物联网及人工智能的融合技术，单独的一个技术因素不足以代表技术的全部要素，所以对于新技术的指标的选择既考虑融合因素又考虑可得性，主要是科研或科技研发投入，即 ICT 相关科研的数量和质量、ICT 相关专利数量及高引用论文指数、计算机等专业高校本科毕业人数。

数字经济的发展存在理论界与实践界脱节的现象，一定程度上实践快于理论，对于在理论研究尤其涉及数据分析和论证时，基本没有现成数据或研究处于空白状态，所以对于指标以及数据的选择，从研究以及数据的可得性，需要结合实践以及内涵折中综合考虑，并分别以一级指标、二级指标以及三级指标等多指标分解予以明确，确保最终指标体系的丰富性、可得性以及可用性，目前考虑的数据以面板数据为主，选取覆盖全国各省数据，数字或信息基础设施（25%），通信网络投资增长率、网络和移动终端普及率、网速、移动数据和移动终端消费能力；数字公共服务（25%），政府数字技术利用水平、电子政务服务普及率、政府财政支出增长率；数字消费者（25%），数字技术对消费者的渗透程度、社交网络、网购、移动支付普及率；数字产业生态（25%），产业数字化程度以及数字技术对产业的渗透程度、企业新技术应用水平、独角兽数量、数字化产业占比等。其他备选指标，如创新发展指标、行业信息化发展指标等。

1.4.3　综合评价方法的综述

1.4.3.1　权重计算方法

常见的权重方法主要有层次分析法、熵权法和变异系数法等。

1）层次分析法

层次分析法是定性与定量相结合的系统化分析方法，是应用较多的权重算法。它的基本原理是将待评价的问题系统化并划分出各个层次，需要判断每一个层次中指标之间的相对重要性，并且进行定量化的表示，然后依据指标的相对重要性求解其权重。

该方法的主要步骤包括建立层次模型、构造判断矩阵、层次单排序及其一致性检验和层次总排序及其一致性检验。

其优点是实用性较高，在使用的过程中具有较高的灵活性；方法过程简单，容易理解；比较注重系统性和层次性。其缺点也比较明显，包括过于依赖人为判断，具有较强的主观性；判断矩阵一致性检验有一定的难度，尤其是矩阵阶数较大的时候。其优缺点决定了层次分析法适用于指标较少、指标之间相关性较小、评价精度要求不高、评价问题带有较强烈的主观色彩的评价场景。

2）熵权法

在信息论中，信息和熵分别是系统有序和无序程度的度量。应用于评价中，一个指标的熵值越大，说明该指标能提供越大的信息量，该指标就应该被赋予更高权重。

熵权法的步骤为：

设年份有 y 个，评价对象有 n 个，评价指标有 m 个，θ 表示年份（$\theta=1, 2, \cdots, y$），i 表示评价对象（$i=1, 2, \cdots, n$），j 表示指标对象（$j=1, 2, \cdots, m$），使用 $x_{\theta ij}$ 表示标准化以后的指标数值。

（1）计算第 i 个评价对象第 j 个指标值所占比重：

$$p_{\theta ij}=\frac{x_{\theta ij}}{\sum_{\theta=1}^{y}\sum_{i=1}^{n}x_{\theta ij}} \tag{1-1}$$

（2）计算第 j 个指标的熵值 e_j 和效用值 d_j：

$$e_j=-k\sum_{\theta=1}^{y}\sum_{i=1}^{n}p_{\theta ij}\ln(p_{\theta ij})\text{，其中 } k=\ln(yn) \tag{1-2}$$

$$d_j=1-e_j \tag{1-3}$$

（3）计算第 j 个指标的权重 w_j：

$$w_j=\frac{d_j}{\sum_{j=1}^{m}d_j}=\frac{1-e_j}{m-\sum_{j=1}^{m}e_j} \tag{1-4}$$

$\boldsymbol{W}=[w_1, w_2, \cdots, w_m]$ 就是各个指标的最终权重。熵权法属于客观赋权法，对比主观赋权法具有更强的数学理论依据，排除了评价者的主观干扰，更加准确科学。

3）变异系数法

变异系数法是根据指标取值的差异程度来给定权重的算法。变异系数法的原理是在评价指标体系中，指标取值差异越大的指标，也就是越难以实现的指标，这样的指标更能反映被评价单位的差距。

变异系数法的步骤为：

设有 n 个评价对象，m 个评价指标，i 代表评价对象（$i=1, 2, \cdots, n$），j 代表指标（$j=1, 2, \cdots, m$），用 x_{ij} 表示初始值。

$$X=\begin{bmatrix} x_{11} & x_{12} & \cdots & x_{1m} \\ x_{21} & x_{22} & \cdots & x_{2m} \\ \vdots & \vdots & \vdots & \vdots \\ x_{n1} & x_{n2} & \cdots & x_{nm} \end{bmatrix}=(X_1, X_2, \cdots, X_m) \tag{1-5}$$

(1) 计算第 j 个指标的均值：

$$\bar{x}_j=\frac{1}{n}\sum_{i=1}^{n}x_{ij} \tag{1-6}$$

(2) 计算第 j 个指标的标准差：

$$\sigma_j=\sqrt{\frac{1}{n-1}\sum_{i=1}^{n}(x_{ij}-\bar{x}_j)^2} \tag{1-7}$$

(3) 变异系数为：

$$V_j=\frac{\sigma_j}{\bar{x}_j} \tag{1-8}$$

(4) 计算第 j 个指标权重：

$$w_j=\frac{V_j}{\sum_{j=1}^{m}V_j} \quad (j=1, 2, \cdots, m) \tag{1-9}$$

1.4.3.2　多因素评价方法

常见的多因素评价方法有综合评价法、层次分析法、模糊综合评价法等。

1) 综合评价法

综合评价法是将多个指标对于多个需评价的内容进行具体评价的方法，通过确定各指标分值，将多指标同时评价并根据重要性进行加权，评价结果具有相应的分值，可以确定评价对象的优劣顺序，构成综合评价法的主要元素分为评价对象、评价指标、权重系数等。

评价对象是指所评价的最终对象，包含各行各业的各个方面，例如生活质量、综合国力与环境质量等。评价指标是从全方位、多角度反映评价对象，是一个辩证思维的过程，由具体的评价对象到抽象的各个层次再到具体的评价指标，通过评价指标可以对评价对象进行更加深入的了解、完善以得到系统的体系。权重系数用于评价指标的重要程度，可得到评价指标间的相对关系，提高评价结果的可信程度。将各元素相互集合后就得到多指标综合评价模型，根据相应的评价结果，可以得出结论。

综合评价法的主要步骤为：

① 确定综合评价法中不同层次的各项指标，各项指标均从不同角度评价最终目标。

② 收集相关数据，对各项指标进行量化处理，按照指标对应的数据，确定各项指标的分值。

③ 根据指标体系中各项指标的相互重要性，确定权重系数，提高评价结果的准确性。

④ 将处理后的指标权重与各项指标的分值进行加权相乘，计算综合评价的最终分值，公式为：

$$\boldsymbol{B} = \boldsymbol{DG} = \begin{bmatrix} D_1 \\ \vdots \\ D_n \end{bmatrix} \begin{bmatrix} G_1 \\ \vdots \\ G_n \end{bmatrix} = [Grade]$$

式中：$\boldsymbol{D}$ 为指标权重；$\boldsymbol{G}$ 为指标分值。

⑤ 根据不同方案的评价分值进行排序，得出最佳方案。

利用综合评价法可将复杂、定性的问题转化为简单、定量的问题，获得的结果便于比较，是多指标评价方法中最为简单、有效的方法。

2）层次分析法

层次分析法是将处理复杂问题时定性分析的结果转化为定量分析。这种问题是一个由许多相互关联的因素组成的复杂系统，往往缺乏定量的数据。因此，层次分析法提供了一种较为实用的分析方法。

层次分析法的主要步骤有 4 步。

（1）建立层级结构

层次分析法是将问题分解为不同的构成因素，并根据因素之间的相关性和关系形成多层次的分析结构，使问题可以归结为最低权重的相对重要的排序方法以及相对于最高级别的级别。层次分析法解决总目标，需要构造出分层结构模型（图 1-4），在模型中，根据关系形成几个级别，上一级对下一级的元素具有支配作用，这些层次大体可分为三层：

① 最高层：又称为目标层，通常该层中仅包含一个元素，即决策的目的或要解决的问题。

② 中间层：又称为准则层，在这一层中含有诸多元素，且层数可以为多层，主要为决策时需要考虑的因素与决策的准则。

③ 最低层：也称为解决方案层，此层中有可用的选项来确定最终目标。

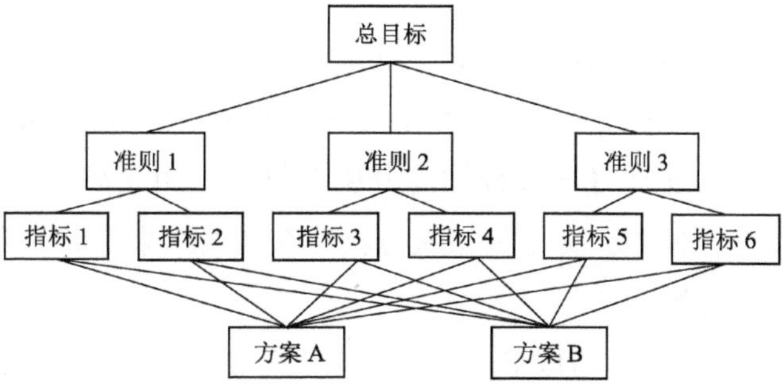

图 1-4 层次分析法模型

(2) 构建层次分析模型

各级之间存在一定的关系,但标准层中的不同元素具有不同的重要程度,并且它们在不同的情况下占据不同的比例,且确定方案时需要考虑的因素较多,因此在确定某元素在该体系中所占有的比重,最主要的是要将各项准则量化,每个层对前一个元素都相对重要。

若"准则 1"与"指标 1""指标 2"有关联,根据"指标 1"与"指标 2"之间的重要程度,构造相对于"准则 1"而言的指标层判断矩阵 $\boldsymbol{B}$。

$$\boldsymbol{B}=\begin{bmatrix} \text{对于准则 1} & \text{指标 1} & \text{指标 2} \\ \text{指标 1} & X_{11} & X_{12} \\ \text{指标 2} & X_{21} & X_{22} \end{bmatrix}$$

为了更简单明了地表征各因素之间的重要程度,通常选用数字 1~9 作为判断矩阵中的各项因素以建立标度,在层次分析法中标度 1~9 的含义通常如表 1-3 所示。

表 1-3 重要性比较标度表

重要性比较标度	定义
1	同样重要
3	稍微重要
5	明显重要
7	重要得多
9	极端重要
2、4、6、8	重要性判断接近
上述各数的倒数	与整数定义相反

（3）构建判断矩阵

当使用层次分析法时，通过计算判断矩阵，得到下层元素到上层元素的优先级向量，特征向量 $\boldsymbol{W}$ 是归一化的判断矩阵的最大特征值对应的向量，其包含的元素代表了不同层元素之间的相对重要性，通常将该过程称为分层单排序。由于判断矩阵是通过比较不同的元素获得的，因此存在偏差。为了使层次分析法获得的结果具有一定的可信度，需要对判断矩阵一致性进行检验。

层次单排序的步骤通常分为以下 4 步：

① 计算判断矩阵每一行的乘积 M_i 与 M_i 的 n 次方根 m_i

$$M_i = \prod_{j=1}^{n} X_{ij} \, (i=1, 2, \cdots, n)$$

$$m_i = \sqrt[n]{M_i}$$

② 处理归一化向量 $\boldsymbol{M} = [m_1, m_2, \cdots, m_n]^{\mathrm{T}}$ 已获得归一化优先级向量 $\boldsymbol{W}$

$$\boldsymbol{W}_i = \frac{m_i}{\sum_{i=1}^{n} m_i}$$

③ 计算判断矩阵的最大特征值 $\lambda_{\max}$

$$\lambda_{\max} = \sum_{i=1}^{n} \frac{(\boldsymbol{BW})_i}{n\boldsymbol{W}_i}$$

④ 当矩阵为一致矩阵（对于矩阵中任意元素均有 $X_{ij} \times X_{jk} = X_{ik}$）时不需要进行一致性检验，当矩阵不是一致矩阵时，通过引入 CR 判断矩阵是否能够应用

$$CI = \frac{\lambda_{\max} - n}{n-1}$$

$$CR = \frac{CI}{RI}$$

式中：CI 为一致性指数；RI 为平均随机一致性指数；CR 为随机一致性比例。

当 CR 越小，则说明判断矩阵具有较好的一致性，计算的结果更加准确。RI 通过查表 1-4 可知。

表 1-4　*RI* 指标表

判断矩阵阶数	*RI*	判断矩阵阶数	*RI*
1	0.00	5	1.12
2	0.00	6	1.24
3	0.58	7	1.32
4	0.90	8	1.41

(4) 层次总排序及一致性检验

分层总排序是指不同级别元素之间的相对重要性或比较优势的排序值。通过一系列计算，进行排序，并且总排名权重对于在单个标准下从上到下的综合权重是重要的。如果标准层具有 m 个元素，则总目标的顺序为：a_1，a_2，…，a_m，因此，可以计算下一个层次的总排名，并且也需要一致性检查。

一层中各因素的层次单排序计算或选用的 CI_j 与 RI_j 来计算层次总排序一致性比率 CR 为：

$$CR = \frac{a_1 CI_1 + a_2 CI_2 + \cdots + a_m CI_m}{a_1 RI_1 + a_2 RI_2 + \cdots + a_m RI_m}$$

当 CR 越小，则说明判断矩阵具有较好的一致性，计算的结果更加准确。

3) 模糊综合评价法

模糊综合评价法是利用模糊数学中的隶属度理论，将较为复杂的问题经过一系列处理，把对事物的定性分析转化为定量评价。它通常是对受许多因素限制、其边界不清晰且难以量化的事物的综合评估。模糊评价的优点在于通过数学手段对需要评价的对象进行更加科学、合理、贴近实际的量化评价，使得到的信息更加丰富，但主观性较强。

模糊综合评价法首先确定要评估的对象的索引集的评估集，并且无论对象所在的集合如何，都顺序地评估每个对象，然后，通过不同的方法确定每个元素的隶属度，从而获得可以定量分析的模糊判断矩阵。为了使模糊评价的最终结果更加科学，有必要通过模糊判断矩阵进行模糊运算。最后从不同对象中将每个对象进行排序，从而确定其中各个对象的重要程度。

模糊综合评价法的主要步骤为 6 步。

(1) 建立因素集

其中包含诸多评价指标，设集合 U 中有若干个因素，为了更好地评价分析，可以按照一定的规则将评价因素分类，而每一个评价因素可以在其下设置更多的因素，依此类推，直到所有因素均在综合分析评价的范围内。

（2）建立评价集

评价集是对评价对象进行评价的集合，通常用适当的语言如强弱、高低、好差等程度表征评价对象，采用模糊的语言以便更好地量化。通常用集合 V 对评价进行区分表示。

$$V=\{v_1,\ v_2,\ \cdots,\ v_n\}$$

（3）确定评价因素的权重向量

为了将模糊评价更好地量化，有必要将各种评估因素改变为向量，并且集合 A 通常用于指示各种评估因素的重要性。

$$A=\{a_1,\ a_2,\ \cdots,\ a_n\}$$

$$a_i>0$$

$$\sum a_i=1$$

由于是将模糊语言量化，因此不同的方法量化的程度不同，量化程度的不同会导致结果大相径庭，而多数方法均较为主观，因此要注重方法的选择。

（4）进行单因素模糊评价

由于模糊评价中需要评估各种因素，因此有必要从最基本的角度对单个因素进行模糊评估，从而可以确定评价集合 V 的隶属度。在确定隶属度之后，需要建立相应的模糊关系矩阵，通常可以用矩阵 $\boldsymbol{R}$ 的形式来表征，其中 $r_{ij}(i=1,\ 2,\ \cdots,\ m;\ j=1,\ 2,\ \cdots,\ n)$ 表示某个被评价对象从因素 v_i 来看对等级模糊子集 V_j 的隶属度。

$$\boldsymbol{R}=\begin{bmatrix} r_{11} & \cdots & r_{1n} \\ \vdots & \ddots & \vdots \\ r_{m1} & \cdots & r_{mn} \end{bmatrix}$$

（5）多指标综合评价

为了更好地评估单因子和多指标，需要组合模糊矢量 $\boldsymbol{A}$ 与关系矩阵 $\boldsymbol{R}$，以获得综合的评价结果。

$$\boldsymbol{B}=\boldsymbol{AR}=[a_1,\ a_2,\ \cdots,\ a_m]\begin{bmatrix} r_{11} & \cdots & r_{1n} \\ \vdots & \ddots & \vdots \\ r_{m1} & \cdots & r_{mn} \end{bmatrix}=[b_1,\ b_2,\ \cdots,\ b_m]$$

(6) 综合分析模糊评价结果

模糊综合评价的结果是被评价对象对各等级模糊子集的隶属度,它一般是一个模糊矢量,而不是一个点值,因而能提供的信息更丰富、完整。将多个对象综合分析,可以通过评价将需要处理问题的各种元素排序并确定重要程度。

1.4.4　指标数据收集与预处理

基于所构建的数字经济水平综合评价指标体系,广泛查阅了全国统计年鉴、内地31个省/市/自治区统计年鉴;中国互联网发展报告、中国互联网络安全报告、中国知识产权统计年报、政府信息公开年报等报告;Wind宏观经济数据库、两化融合公共服务平台等各类统计年鉴、经济数据库、研究报告,选取了31个省/市/自治区2016—2022年的指标数据。

1.4.4.1　缺失值处理

缺失值产生的原因多种多样,主要分为机械原因和人为原因。机械原因是机械问题导致的数据收集或保存的失败造成的数据缺失,比如数据存储的失败、存储器损坏、机械故障导致某段时间数据未能收集(对于定时数据采集而言)等。人为原因是人的主观失误、历史局限或有意隐瞒造成的数据缺失,比如在市场调查中被访人拒绝透露相关问题的答案或者回答的问题是无效的、数据录入人员失误漏录了数据等[47]。

1) 从缺失的分布来看,缺失值的类型

(1) 完全随机丢失(MCAR, missing completely at random)

数据缺失是完全随机的,不依赖于任何其他变量,不影响样本的无偏性(如家庭地址缺失)。

(2) 随机丢失(MAR, missing at random)

数据缺失不是完全随机的,即该类数据的缺失依赖于其他变量(比如财务数据缺失情况与企业大小有关)。

(3) 非随机丢失(MNAR, missing not at random)

有两种可能的情况。缺失值取决于其假设值(例如,高收入人群通常不希望在调查中透露他们的收入);或者,缺失值取决于其他变量值(假设女性通常不想透露她们的年龄,则这里年龄变量缺失值受性别变量影响)。

2) 缺失值的处理方法

(1) 直接删除

优点:简单粗暴,效率高。

缺点：牺牲了大量数据，当缺失数据比例较大时，特别是缺失数据非随机分布时，直接删除可能导致数据分布发生偏离，模型出现偏差。

适用场景：数据集十分大且缺失数据不多。

但是这种情况不多见，更多是缺失数据很多的情况，比如每个变量缺失 30 个，但如果缺失没有重合，只要一个变量缺失，就要删除整条数据，那么 10 个变量就要删除 300 条，所以当缺失变量很多时直接删除会导致样本量大量减少。

（2）填补缺失值

简单填充：均值，中位数，众数填充（数值型变量用平均值或中位数填充，分类型变量用众数填充）。

热卡填充：也叫就近补齐，在完整数据中找一个与含有缺失值的记录最相似的记录进行填充，不过相似的标准很难界定。

聚类填充：聚类后，对一类中的缺失值，使用该类中的样本均值进行填充。能够得到较好的补齐效果，但是，当数据量很大或者遗漏的属性值较多时，其计算的代价很大。

拟合缺失值：利用其他变量做模型的输入，对缺失变量预测。

拟合的方法有：

回归预测：对于包含空值的对象，将已知数据集代入回归方程来估计预测值，并以此预测值来进行填充，但是当变量不是线性相关时则会导致偏差的估计。

期望值最大化方法预测：在不完全数据情况下计算极大似然估计或者后验分布的迭代算法，该方法可能会陷入局部极值，收敛速度也不是很快，并且计算很复杂。

多重插补预测：为每一个缺失值都产生一套可能的插补值，这些值反映了缺失值的不确定性，然后对插补集合根据评分函数进行选择，产生最终的插补值。

虚拟变量：衍生出一个取值为 0、1 的变量，来标记某一变量是否缺失。

（3）不做处理

缺失值不做处理，直接参与建模，有些算法自身可以处理缺失值，可直接在包含空值的数据集上进行建模，比如 XGB、LGB。

1.4.4.2 数据标准化

由于各指标数据具有不同的量纲及数量级，将文中对指标原始数据进行了标准化处理，将原始数据转换为 0～1 之间的数值。标准化方法采用线性最大—最小值标准化。由于指标体系中包含负向指标，所以在进行标准化时要采用不同方式。

设有 y 个年份，n 个评价对象，m 个评价指标，$x_{\theta ij}^{*}$ 表示指标的原始值；使用 $x_{\theta xj}$ 表示标准化以后的指标数值；$x_{\theta ij}^{\max}$ 表示在所有 y 年第 n 个评价对象中第 j 个指标最大值；$x_{\theta ij}^{\min}$ 表示在全部 y 年第 n 个评价对象中第 j 个指标最小值[其中 θ 表示年份（$\theta=1, 2, \cdots, y$），i 表示评价对象（$i=1, 2, \cdots, n$），j 表示评价指标（$j=1, 2,\cdots, m$）]。

$$x_j^{\max}=\max(x_{\theta ij}^{*} \mid 1 \leqslant \theta \leqslant y, 1 \leqslant i \leqslant n \mid)$$
$$x_j^{\min}=\min(x_{\theta ij}^{*} \mid 1 \leqslant \theta \leqslant y, 1 \leqslant i \leqslant n \mid)$$

（1）正向指标

指标体系中大部分指标均为正向指标，此类指标值越大越好。x 表示标准化以后的值，则正向指标标准化使用的公式为：

$$x_{\theta ij}=\frac{x_j^{\max}-x_{\theta ij}^{*}}{x_j^{\max}-x_j^{\min}}$$

（2）负向指标

指标体系中网络安全类指标均为负向指标，此类指标值越小越好，故负向指标标准化使用的公式为：

$$x_{\theta ij}=\frac{x_{\theta ij}^{*}-x_j^{\min}}{x_j^{\max}-x_x^{\min}}$$

1.4.5　确定指标权重

1.4.5.1　指标赋权的方法

数字经济发展水平和新技术发展水平是多个评价因子综合作用的结果，不同的评价指标对二者的发展水平的影响有所差异，为了体现评价指标对于评价对象影响程度的差异，我们对各个评价指标赋权。选择适当的方法进行合理赋权，对提高城市生态环境质量评价的精度有重要的意义。

概括地说，确定指标权重的方法分为三类：主观赋权法、客观赋权法和综合集成赋权法[50]。主观赋权法主要通过主观途径来确定评价指标对应于上一层的相对重要性程度，该法与相关人员的知识层次、经验积累及个人偏好有关，具有一定的主观性，如层次分析法、集值迭值法、G1 和 G2 法、环比评分法等，其中层次分析法由于具有层次化、定量化等优点，得到了广泛应用。客观赋权法主要利用指标数据之间客观存在的内在特征来确定权重，该法以各个指标提供的信息量的相对大小为依据，一定程度上降低了人为认识的差别对评价结果的影响,如熵值法、均权法、主成分分析法等。综合集成赋权法则结合了主、客观赋权法,旨在将主观与客观的信息同时体现在所确定的权重中,使得权重的确定过程相对合理。国内研究多将综合集成赋权法应用于土地定级、方案比选、产业竞争力分析等领域的指标权重确定过程之中。尽管综合集成赋权法在许多领域得到应用,但结合国内的相关文献,目前该法的应用仍存在以下两方面的问题:①两种赋权法组合得到综合权重的方法难统一,缺乏科学的理论依据。②计算步骤复杂,计算量大,为该种方法的实际运用带来了较大难度。因此,该法还在进一步的改进、修正、探索之中。

本书研究的是多对象多年份多指标的综合评价,为了使各年份的评价结果之间具有可比性,在使用熵权法计算指标权重时,加入时间变量。

1.4.5.2 熵权法

熵值法是一种客观赋权法,其根据各项指标观测值所提供的信息的大小来确定指标权重。设有 m 个待评方案,n 项评价指标,形成原始指标数据矩阵 $\boldsymbol{X}=(x_{ij})_{m\times n}$,对于某项指标 x_j,指标值 X_{ij} 的差距越大,则该指标在综合评价中所起的作用越大;如果某项指标的指标值全部相等,则该指标在综合评价中不起作用。

在信息论中,熵是对不确定性的一种度量。信息量越大,不确定性就越小,熵也就越小;信息量越小,不确定性就越大,熵也越大。根据熵的特性,我们可以通过计算熵值来判断一个方案的随机性及无序程度,也可以用熵值来判断某个指标的离散程度,指标的离散程度越大,该指标对综合评价的影响越大。因此,可根据各项指标的变异程度,利用信息熵这个工具,计算出各个指标的权重,为多指标综合评价提供依据。

(1) 数据矩阵

$$\boldsymbol{A}=\begin{pmatrix} X_{11} & \cdots & X_{1m} \\ \vdots & \ddots & \vdots \\ X_{n1} & \cdots & X_{nm} \end{pmatrix}_{n\times m}$$

式中:X_{ij} 为第 i 个方案第 j 个指标的数值。

(2) 数据的非负数化处理

由于熵值法计算采用的是各个方案某一指标占同一指标值总和的比值,因此不存在量纲的影响,不需要进行标准化处理,若数据中有负数,就需要对数据进行非负化处理。此外,为了避免求熵值时对数的无意义,需要进行数据平移。

对于越大越好的指标:

$$X'_{ij}=\frac{X_{ij}-\min(X_{1j},\ X_{2j},\ \cdots,\ X_{nj})}{\max(X_{1j},X_{2j},\ \cdots,\ X_{nj})-\min(X_{1j},\ X_{2j},\ \cdots,\ X_{nj})}+1$$
$$(i=1,\ 2,\ \cdots,\ n;\ j=1,\ 2,\ \cdots,\ m)$$

对于越小越好的指标：

$$X'_{ij}=\frac{\max(X_{1j},\ X_{2j},\ \cdots,\ X_{nj})-X_{ij}}{\max(X_{1j},\ X_{2j},\ \cdots,\ X_{nj})-\min(X_{1j},\ X_{2j},\ \cdots,\ X_{nj})}+1$$
$$(i=1,\ 2,\ \cdots,\ n;\ j=1,\ 2,\ \cdots,\ m)$$

为了方便起见，仍记非负化处理后的数据为 X_{ij}。

(3) 计算第 j 项指标下第 i 个方案占该指标的比重

$$P_{ij}=\frac{X_{ij}}{\sum_{i=1}^{n}X_{ij}}\quad(j=1,\ 2,\ \cdots,\ m)$$

(4) 计算第 j 项指标的熵值

$$e_j=-k\times\sum_{i=1}^{n}P_{ij}\ln(P_{ij})$$

其中 $k>0$，ln 为自然对数，$e_j\geqslant 0$。式中常数 k 与样本数 m 有关，一般令 $k=\frac{1}{\ln m}$，则 $0\leqslant e\leqslant 1$。

(5) 计算第 j 项指标的差异系数

对于第 j 项指标，指标值 X_{ij} 的差异越大，对方案评价的作用越大，熵值就越小。$g_j=1-e_j$，则 g_j 越大指标越重要。

(6) 求权数

$$W_j=\frac{g_j}{\sum_{j=1}^{m}g_j}\quad(j=1,\ 2,\ \cdots,\ m)$$

(7) 计算各方案的综合得分

$$S_i=\sum_{j=1}^{m}W_j\times P_{ij}\quad(i=1,\ 2,\ \cdots,\ n)$$

参考文献

［1］应洪斌．产业集群中关系嵌入性对企业创新绩效的影响机制研究：基于关系内容的视角［D］．杭州：浙江大学，2011．

［2］杨玉波，李备友，李守伟．嵌入性理论研究综述：基于普遍联系的视角［J］．山东社会科学，2014（3）：172－176．

［3］HARRISON C，ECKMAN B，HAMILTON R，et al．Foundations for smarter cities［J］．IBM Journal of Research and Development，2010，54（4）：1－16．

［4］HOLLANDS R G．Will the real smart city please stand up？［J］．City，2008，12（3）：303－320．

［5］陈涛，马敏，徐晓林．区块链在智慧城市信息共享与使用中的应用研究［J］．电子政务，2018（7）：28－37．

［6］满青珊，孙亭．新型智慧城市理论研究与实践［J］．指挥信息系统与技术，2017，8（3）：6－15．

［7］DON T．The digital economy：promise and peril in the age of networked intelligence［M］．New York：McGraw-Hill，1996．

［8］MARGHERIO L，et al．The Emerging Digital Economy［R］．Department of Commerce，Washington，DC，1999．

［9］KLING R，LAMB R．IT and organizational change in digital economies［M］//Understanding the Digital Economy．Cambridge，Mass：The MIT Press，2000．

［10］MESENBOURG T L．Measuring the Digital Economy［R］．US Bureau of the Census，Suitland，MD．，2001．

［11］ELMASRY T，et al．Digital Middle East：transforming the region into a leading digital economy［DB/OL］．McKinsey & Company，New York，http：//www．Mckinsey．com/global-themes/middle-east-and-africa/digital-middle-east-transforming-the-region-into-a-leading-digital-economy，2016．

［12］ROUSE M．Digital Economy［DB/OL］．Techtarget，Newton，MA．http：//searchoio．techtarget．com/defini-tion/digital-economy，2016．

［13］BRYNJOLFSSON E，KAHIN B．Understanding the digital economy：data，tools，and research［M］．Cambridge，Mass：MIT Press，2000．

［14］唐杰英．数字化变革下的中国数字经济：基于数字经济边界及测度的视角［J］．对外经贸，2018（9）：49－55．

［15］WEF（World Economy Forum）．The Global Information Technology Report 2016：innovating in the Digital［DB/OL］．http：//reports．weforum．org/global-information-technology-report-2016/，2016．

［16］CZERNICH N，FALCK O，KRETSCHMER T，et al．Broadband infrastructure and economic growth[J]. The Economic Journal, 2011, 121(552): 505-532.

[17] 李立威,景峰. 互联网扩散与经济增长的关系研究：基于我国31个省份面板数据的实证检验[J]. 北京工商大学学报(社会科学版),2013,28(3): 120-126.

[18] 周斌,朱晨鸣,陈国星. 区块链技术在智慧城市建设中的五大创新应用[J]. 通信世界,2019(32): 28-30.

[19] 周斌,朱晨鸣. 新型智慧城市建设对比分析及创新研究[J]. 中国管理信息化,2019,22(12): 118-120.

[20] HARVEY, CAMPBELL R . Crypto finance[R]. Available at SSRN 2438299,2016.

[21] CHRISTIDIS K, DEVETSIKIOTIS M. Blockchains and smart contracts for the Internet of Things [J]. IEEE Access, 2016, 4: 2292-2303.

[22] 张苑. 区块链技术对我国金融业发展的影响研究[J]. 国际金融,2016(5): 41-45.

[23] 王玲,李倩,王金晓. 我国区块链行业及典型机构专利地图分析[J]. 科技管理研究,2019,39(20): 161-168.

[24] 汤萱,汤颖蕾,谢梦园. 新一代信息技术产业创新绩效影响因素研究[J]. 现代经济信息,2016(5): 372-375.

[25] 朱伟珠,李春发. 我国区域技术创新与新一代信息技术产业协调发展的动态演进研究[J]. 现代情报,2017,37(5): 137-144.

[26] 张永安,张瑜筱丹. 外部资源获取、内部创新投入与企业经济绩效关系：以新一代信息技术企业为例[J]. 华东经济管理,2018,32(10): 168-173.

[27] 杨伟,张璐,杜伟锦,等. 试探性治理视角下新一代信息技术产业政策演化研究[J]. 科技管理研究,2021,41(3): 26-32.

[28] 于立宏,孔令丞. 产业经济学[M]. 北京：北京大学出版社,2017.

[29] 张文忠. 产业发展和规划的理论与实践[M]. 北京：科学出版社,2009.

[30] 李璐瑶. 石家庄市高新技术产业发展影响因素及对策研究[D]. 石家庄：河北科技大学,2020.

[31] POLANYI K. The Economy as an Instituted Process[A]//Trade and Market in Early Empire : Economics in History and Theory[C]. New York: Free Press, 1957.

[32] GRANOVETTER M. Economic action and social structure: the problem of embeddedness[J]. American Journal of Sociology, 1985, 91(3): 481-510.

[33] GRANOVETTER M S, SWEDBERG R. The Sociology of economic life[M]. Boulder: Westview Press, 1992.

[34] ZUKIN S, DIMAGGIO P. Structures of capital: the social organization of the economy[M]. Cambridge: Cambridge University Press, 1990.

[35] HALINEN A, TÖRNROOS A J. The role of embeddedness in the evolution of business networks[J].

Scandinavian Journal of Management, 1998, 14(3): 187-205.

[36] UZZI B. Embeddedness in the making of financial capital[M]//The New Economic Sociology. New Jersey: Princeton University Press, 2021: 349-384.

[37] 黄中伟，王宇露. 关于经济行为的社会嵌入理论研究述评[J]. 外国经济与管理，2007，29(12)：1-8.

[38] ROSENKOPF L, NERKAR A. Beyond local search: boundary-spanning, exploration, and impact in the optical disk industry[J]. Strategic Management Journal, 2001, 22(4): 287-306.

[39] HAGEDOORN J, DUYSTERS G. Learning in dynamic inter-firm networks: the efficacy of multiple contacts[J]. Organization Studies, 2002, 23(4): 525-548.

[40] LAURSEN K, SALTER A. Open for innovation: the role of openness in explaining innovation performance among U. K. manufacturing firms[J]. Strategic Management Journal, 2006, 27(2): 131-150.

[41] 吴晓波，韦影. 制药企业技术创新战略网络中的关系性嵌入[J]. 科学学研究，2005，23(4)：561-565.

[42] 蒋军锋，党兴华，薛伟贤. 技术创新网络结构演变模型：基于网络嵌入性视角的分析[J]. 系统工程，2007，25(2)：11-17.

[43] 许冠南，胡伟婕，周源，等. 创新生态系统双重网络嵌入对企业创新的影响机制[J]. 管理科学，2022，35(3)：73-86.

[44] 和矛. 基于嵌入理论的中国东西部创业影响因素比较研究：以浙江省和云南省为例[D]. 杭州：浙江大学，2007.

[45] HESS M. 'Spatial' relationships: towards a reconceptualization of embeddedness[J]. Progress in Human Geography, 2004, 28(2): 165-186.

[46] HAGEDOORN J. Understanding the cross-level embeddedness of interfirm partnership formation[J]. Academy of Management Review, 2006, 31(3): 670-680.

[47] BURT R S. Structural holes: the social structure of competition[M]. Cambridge, Mass. : Harvard University Press, 1992

[48] BROWN J S, DUGUID P. The social life of information[M]. Boston: Harvard Business School Press, 2000.

[49] 张文宏. 社会资本：理论争辩与经验研究[J]. 社会学研究，2003，18(4)：23-35.

[50] 陈伟，夏建华. 综合主、客观权重信息的最优组合赋权方法[J]. 数学的实践与认识，2007，37(1)：17-22.

第 2 章　新 ICT 的数字化研究

2.1　技术革命以及路径发展演进

2017 年，习近平总书记在联合国日内瓦总部发表题为《共同构建人类命运共同体》的主旨演讲，强调“新一轮科技革命和产业革命正在孕育成长”，“要抓住新一轮科技革命和产业变革的历史性机遇，转变经济发展方式，坚持创新驱动，进一步发展社会生产力、释放社会创造力”。从 2013 年至今，习近平总书记多次指明“新一轮科技革命”或“新科技革命”，这里隐含着一个问题：在人类的历史长河中，“新一轮科技革命”是属于第几次科技革命呢？

到底什么是科技革命，迄今发生过几次科技革命，学界仍存在着各种见解，尚未达成一致的标准和定义。第一种观点是“五次科技革命论”，即在过去的五百年里，世界上先后大约发生了五次科技革命，包括两次科学革命和三次技术革命，两次科学革命是指近代物理学的诞生、相对论和量子力学革命；“三次技术革命”依次为蒸汽机机械革命、电气运输革命和电子信息科技革命。与这种观点有所不同的是“三次科技革命论”，科学出版社 2012 年出版的《第六次科技革命的战略机遇》中提到：“严格意义上，迄今仅有蒸汽机、电气、原子和计算机三大科技革命。”至于欧美日等国家学者，一般倾向于提科学革命、技术革命或产业革命，而少用或不用科技革命的提法。

从习近平总书记强调的科技革命“主要特征”来看，科技革命应是科学与技术融合的概念，而不是分割开来。基于此考虑，本文引用第十三届中国科协年会上中国科学院院长白春礼在题为《新科技革命的拂晓》的报告中的说法：从人类发展史上说，从第一次科技革命一直到现在，笼统地讲，一共发生了五次科技革命[1]。世界正处于新一轮科技革命的“拂晓”，我们要勇做第六次科技革命的“领头羊”。

2.2 历次科技革命发展及路径演进

(1) 第一次科技革命：以天文学、物理学为代表的近代科学诞生

从16世纪开始，伽利略、牛顿等科学家率先打开了第一次科技革命的钥匙。物理学家伽利略提出实验与数学相结合的研究方法，在物理学领域创新了大量概念和原理，如加速度的概念、运动的独立性原理、相对论等等，在此基础上研制了物理实验必备的仪器设备，发明了温度计、望远镜、浮力天平等，将数学、物理学、天文学三大领域的知识进行融合和扩大，改变了当时人们对宇宙和物理运动的认识。哥白尼以“日心说”理论为代表，冲击了中世纪神学在人们心中奠定的经验神学世界观，其著作《天体运行论》推翻了统治千年的地球中心说，在天文领域实现了根本性的变革。物理学之父牛顿所创立的经典力学理论体系、光的微粒说以及冷却定律、绝对时空观等等，实现了科学理论体系的深刻性变革，为欧洲率先进入科学社会化的道路奠定了坚实基础。这场前后经历144年的科技革命是近代科学诞生的标志，改变了人类对物质运动和宇宙的认识。

(2) 第二次科技革命：蒸汽机、纺织机的发明带动第一次产业革命

18世纪末，以蒸汽机、纺织机的发明为标志代表的科技革命迅速席卷整个欧洲。1733年，机械师凯伊发明了“飞梭”，织布效率翻番；1765年，织工哈格里夫斯发明了手摇纺纱机——“珍妮纺纱机”，纺织工效提高了八倍。生产领域接连不断的器械发明，奏响了科技革命的序曲。到1785年，瓦特的改良型蒸汽机大量运用，蒸汽动力引发了交通运输行业进行革命，开创了以机器代替手工劳动的时代，工业城市开始兴起。

(3) 第三次科技革命：内燃机、电机和电讯技术出现带动行业发展

19世纪中叶，电力的广泛应用以及内燃机等新动力工具的发明拉开了第三次科技革命的帷幕。这一期间，科技发明和科学理论遍地开花，比如电池的发明和磁效应理论的创立。在此基础上，法拉第发现了电磁感应现象，并由此得出了电磁感应定律。利用物体运动产生电能的原理发明了发电机，将机械能转化为电能。电磁感应理论仿佛是人类打开电能的金钥匙，此后各国科学家不断在此领域进行探索和深耕，极大地推动了电力在社会生活和经济生产中的运用和发展。1866年，西门子发明自激直流发电机，电能开始进入千家万户。1879年，爱迪生发明了白炽灯泡，把人类从黑夜的限制中解放出来。有线电话、无线电电报陆续出世，科学的成果惠及通信领域。从此人类正式进入了“电气化时代”。

(4) 第四次科技革命：以进化论、相对论、量子论为代表的科学突破

19 世纪中后期开启的第四次科技革命，涌现出进化论、相对论等革命性科学理论。达尔文在其著作《物种起源》一书中否定了神创论，提出生命物种是在漫长的岁月中从简单物种进化到复杂物种，这一理论引起人类思想的巨大变革。爱因斯坦的狭义相对论在牛顿时空观的基础上进一步拓展和修正，大大推动了现代物理学的科学进程。量子论作为现代物理学的两大基石之一，揭示了微观粒子的运动规律，相对论则研究高速运动的物体规律，二者结合，构建了现代物理学的理论体系，人类对客观世界的认知从宏观世界进入到微观世界。

(5) 第五次科技革命：电子计算、移动互联网等技术得到广泛应用

20 世纪中后期，计算机的流行应用和移动互联网的发展，带来了第五次科技革命，并且渗透到社会生活的各个角落。信息论、控制论和系统论快速发展，进一步为计算机技术、通信网络技术的发展提供了理论原理，计算机、通信、网络技术由此兴起。当科学理论出现重大突破时，一系列新技术随之产生。第一台电子计算机于 1946 年诞生，此后电子管数字机(1946—1958)、晶体管数字机(1959—1964)、规模集成电路计算机(1964—1970)等新技术和发明不断革新，产品和服务的功能也在不断提高。该成果惠及通信科学领域，数字程控交换机、通信卫星等科技成果出现。此外，第一代互联网即军事和科研阿帕网(Arpanet)于 1969 年诞生，20 世纪 70 年代到 80 年代，电子邮件、TCP/IP 协议、计算机公告牌系统 CBBS、调制解调器等为网络发展奠定基础的各种技术和设备应运而生，但这一时期的互联网主要是用于公共部门的内网，总体还是专业人员使用。

基于个人计算机的万维网于 1990 年诞生，网络开始从学术后台走向产业化应用。自此，计算机设备不再单单具有存储和计算功能，还具有了跨时空通信功能。个人电脑运算速度、存储容量和网速几何级增长。与此同时，通信技术也快速发展，2000 年移动通信和互联网技术相融合，移动互联网萌芽，但 2G 和 3G 时代(1990—2012 年)受限于信息传输速度，移动互联网普及较慢。2013 年之后，随着 4G 等移动通信技术的投入使用、智能手机的普及，移动互联网时代随之而来。各项衍生技术也快速发展，云计算从 2016 年开始进入全面爆发期，云服务应用已经深入各行各业；大数据技术也渗透到多个领域；物联网从碎片化、孤立化应用为主迈入规模化、融合化阶段；人工智能技术从记忆、执行、存储进一步向认知、分析、决策等更强调自主性的方向发展。通信技术方面，5G 移动通信技术孕育兴起，将提供前所未有的用户消费体验和物联网连接能力。该阶段数字技术实现群体性创新，成为渗透到经济系统的重要使能技术。同时信息获取的渠道多样性以及应用的智能化，使人们的生活服务更加便利。随着生活水平的不断提高，移动计算机技术和信息技术的融合已经成为技术发展的新趋势。

（6）第六次科技革命：信息技术、生物技术、新能源技术、新材料技术等交叉融合

进入 21 世纪，信息技术作为率先渗透到社会生活各行各业的先导技术，引发经济模式从以物质生产、服务为核心到以信息生产、信息服务为核心过渡，人类正式进入信息产业时代。这一时期，信息技术席卷各个领域，带来巨大的科技进步和产业革新[2]。正如习近平总书记所说："由于大数据、云计算、移动互联网等新一代信息技术同机器人技术相互融合步伐加快，3D 打印、人工智能迅猛发展，制造机器人的软硬件技术日趋成熟，成本不断降低，性能不断提升，军用无人机、自动驾驶汽车、家政服务机器人已经成为现实，有的人工智能机器人已具有相当程度的自主思维和学习能力。"习近平总书记还指出："信息技术、生物技术、新能源技术、新材料技术等交叉融合正在引发新一轮科技革命和产业变革。"新一轮科技革命涉及众多科学和社会领域，覆盖面广泛，从人工智能到虚拟技术、从 3D 打印到精准医疗，各个领域的技术创新不断涌现、相互促进、交叉融合。

2.3 新 ICT 发展革命及路径演进启示

2.3.1 国内外技术发展研究

自改革开放以来，我国各级政府十分重视高新技术产业，该产业的发展也得到了长足的进步。1986 年，我国实施了"高技术研究发展计划"，1988 年实施了中国"火炬计划"，2017 年制定了"高新技术产业'十三五'规划"，这些分阶段指导性的战略计划为落实创新驱动发展战略、促进高新技术发展指明了方向。

我国学者对新技术发展路径演进也做了一些理论研究。2008 年龚艳萍、屈宁华通过实证研究表明，技术创新能力对高技术产品的国际竞争力有显著的影响[3]。2014 年，学者明洁运用灰色关联法实证了有关科技创新的 9 个指标对高新技术产品出口竞争力的影响[4]。学者麦均洪通过实证分析了高新技术产业发展的影响因素、地区差异和政策效应，经济水平、研发投入、人力资本对高新技术产业发展均有正向作用，但在不同地区存在着差异[5]。2015 年周燕萍等科研人员测算了行业效率值，以此来评价上海高新技术产业结构，发现各部门发展呈现不同态势，认为应当以科技创新作为结构优化的导向，应合理加大研发等要素投入[6]。刘兰剑、葛贝贝将我国高新技术产业创新效率分为技术开发阶段、经济转化阶段，利用社会网络中的 QAP 回归法分析了高新技术产业创新效率空间关联网络的影响因素，发现地理位置对两个阶段的影响效果显著[7]。学者在分析高新技术演化及驱动因素时，将焦点聚集于科技水平、研发投入、政府政策等。

2.3.2　Gartner 曲线

Gartner 曲线又称技术成熟度曲线，1995 年由 IT 研究与顾问咨询机构高德纳咨询公司（Gartner Group）提出，表示新兴技术从提出到成熟应用期间，在每一个时间段受到社会媒体关注的程度。大多数新兴技术从提出到成熟应用，大都会遵循该曲线所描述的过程。根据技术在不同时期受关注的程度，技术成熟度曲线可划分为萌芽期、高峰期、低谷期、复苏期和成熟期五个阶段。

萌芽期。在此时期新技术被首次提出，还处于研发的阶段，尚未形成成熟独立的产品，社会对技术的应用预期效果已开始宣传。

高峰期。社会媒体对该技术的关注度达到巅峰，第一代应用该技术的产品开始出现，但技术应用尚不成熟，相关企业容易陷入盲目投资的陷阱。

低谷期。第一代应用该技术的产品使用效果未达到预期，开始遭到质疑，并被快速遗弃，只剩下少部分理智的人还在坚持。

复苏期。通过少数理智人的坚持付出和努力，该技术的功效得到大幅提升，二代、三代技术应用产品开始逐渐进入市场。

成熟期。经过前几个阶段的迭代提升，该种技术的 N 代产品不断成熟，并逐步成为市场主流的技术产品，用户接受度稳步上升，技术融入取得了最后的成功。

2.3.3　Gartner 曲线与科技革命的拟合

作为有“技术风向标”之称的重要趋势报告，Gartner 报告每年会对未来一至几年内技术领域的发展作出确定性预测，为企业制定经营策略给出指导性方向。通过对历年的曲线研究发现，由于 Gartner 最早提出的是 1950 年左右时间的技术，其涉及的技术并不能与历次科技革命相吻合，如图 2-1 所示，对于第五次科技革命和第六次科技革命是可以相拟合的。以突破性技术应用为主导、众多相互交叉技术组成的高新技术簇群是产业革命的基础，能够带动产业实现跨越性发展。

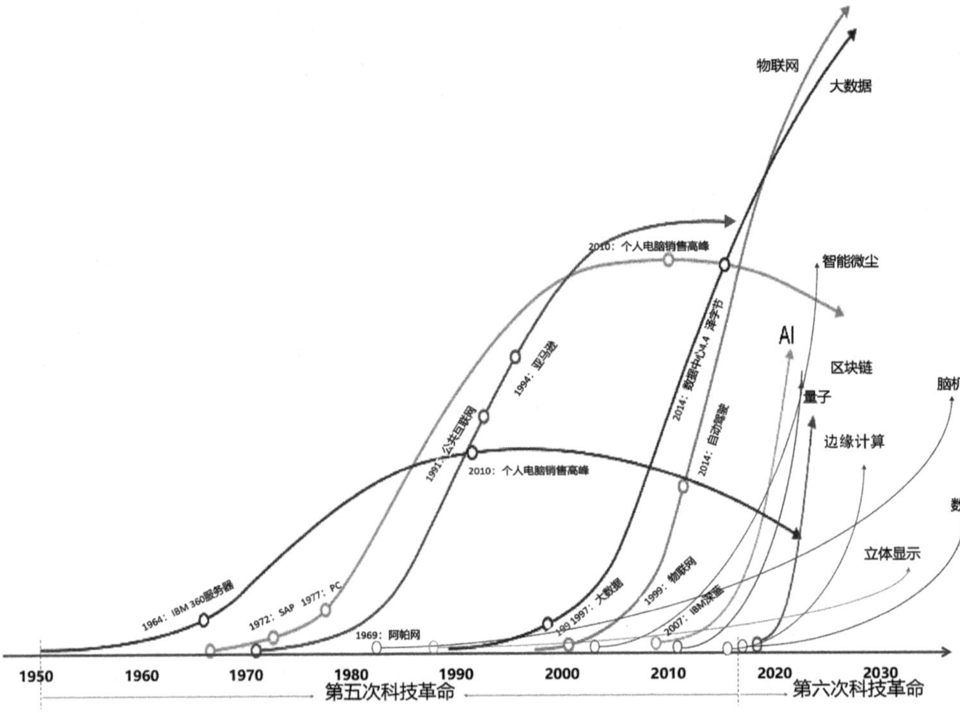

图 2-1 Gartner 曲线与科技革命的拟合

Gartner 曲线在第五次科技革命阶段诞生并发展了操作系统(System)、企业管理解决方案的软件(SAP)、个人电脑(PC)、阿帕网(Arpanet)、英特网(Internet)、亚马逊(Amazon)、大数据(Big Data)等技术。在信息通信技术领域出现了具有划时代意义的"三大产品",一是个人电脑,二是互联网,三是手机。这三项技术相互融合和促进,掀起了规模空前的互联网革命,以个人电脑、移动互联网为主要标志的信息技术、产品获得了指数级的增长,给人类社会带来了巨大变化,对众多领域的创新发展起到强劲带动作用,给各行各业发展带来历史机遇。

Gartner 曲线在第六次科技革命阶段逐步成熟的技术有:区块链(Blockchain)、人工智能(Artificial Intelligence, AI)、行为互联网(Internet of Behaviors)、边缘计算(Edge Computing)、数字孪生(Digital Twin)、隐私增强计算(Privacy-Enhancing Computation)、分布式云(Distributed Cloud)等。与 Gartner 曲线相伴而生,新一轮科技革命(第六次科技革命)涵盖众多科技领域,内容十分丰富,在自身发展的同时也赋能行业的发展。从机器人到人工智能,从 3D 打印到精准医学,从新能源到新材料,各个领域的新兴技术突破不断涌现，相互促进，交叉融合，推动柔性生产、共享经济、网络协同和众包合作等分工协作方式日益普及，进一步支持和带动智慧城市、交通、农业和智能物流、家居等各领域的发展。

2.3.4　新 ICT 的分类

当今世界，科技与产业持续变革、深度融合，人类社会已经由二元世界快速进入到物理空间、人文空间和数字空间交融的三元世界，而新 ICT 成为了关键的加速力量。

从技术所属层级角度看，新 ICT 分布在基础层、数据层和应用层等。从技术所扮演的角色定位看，新 ICT 可分为环境型技术、动力型技术和保障型技术，多种技术融合发展，催生了更多的新产品、新服务（图 2-2）[8]。

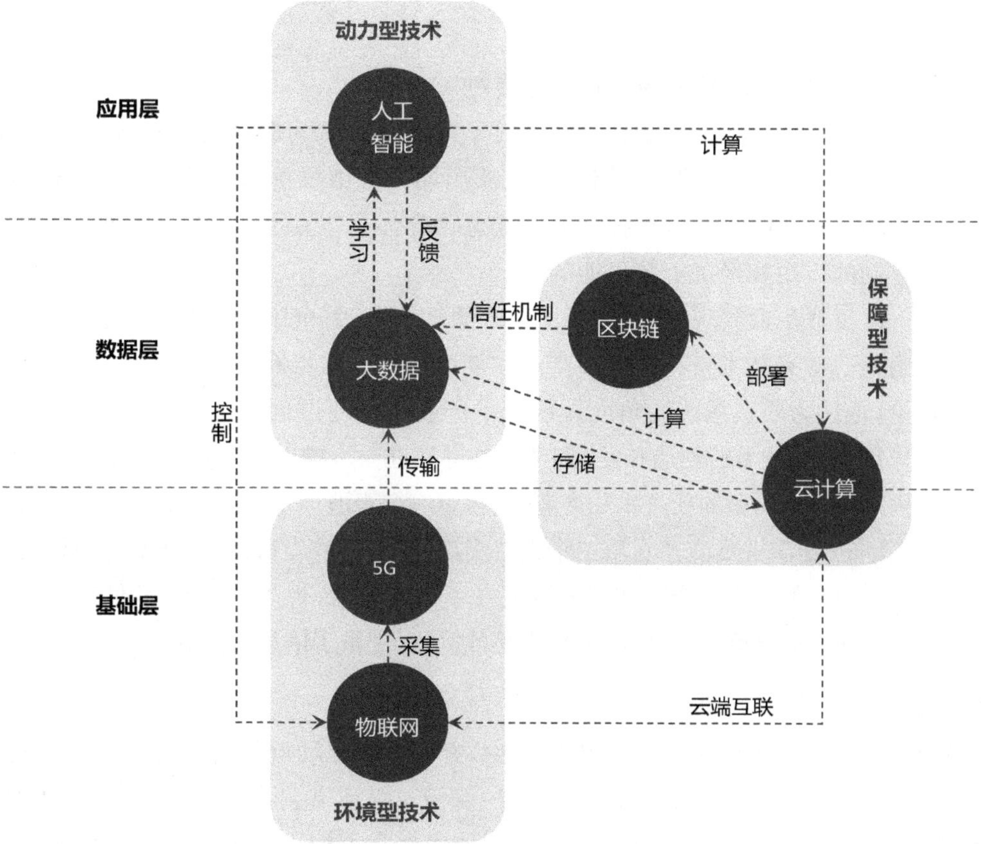

图 2-2　新 ICT 概览

环境型技术指构建从物理空间向数字空间映射的新型自然环境的技术，主要包括物联网、5G等，提供全方位数据采集和高速数据传输能力。动力型技术是指能够驱动数字空间价值的深度挖掘、并呈现于人文空间的技术，确保数据取之于民、用之于民，主要有大数据、人工智能技术等。大数据技术通过数据驱动，把数据从资源变成资产，最后变成资本；人工智能技术通过算法驱动，并与其他技术充分融合，从而更好地支撑更多应用场景。保障型技术指对数据采集、传输、分析、应用提供保障能力的技术，主要包括云计算、区块链等，云计算提供能够快速部署的数据存储、计算能力；区块链能提供透明、安全的信任机制，保障数据效能的充分发挥。

2.3.5 新 ICT 的影响力

2.3.5.1 影响相关产业的可持续发展性

1920年代，苏联学者康德拉季耶夫提出了以科学技术为驱动的长达50年的经济周期——康德拉季耶夫周期，即康波周期或长波周期。康德拉季耶夫认为技术对经济周期有非常重大的影响，他指出，生产技术的改变意味着：①有关的科学技术发现和发明已经完成。②它们的应用在经济上是可能的。

从第一次工业革命到现在，一共经历4个康波周期，每个康波周期都由重大和突破性的新技术引领。新兴技术具有改变旧产业和创造新产业的特性。经济学家弗里曼提出产业创新理论，他认为要从系统的角度看创新。产业创新通过创新主体之间围绕技术创新进行协同作用，完成技术的创造和发明工作，并将其进一步推向市场进行产业化，提升企业竞争力。从4个康波周期的新技术和产业分析，第一个康波周期以工业革命为特征，新技术是蒸汽机，带来了纺织业的变革。第二个康波周期以煤、钢铁为特征，新技术是内燃机，带来了交通运输业的变革。第三个康波周期以电气革命为特征，新技术是电力，带来了电气化。第四个康波周期以信息革命为特征，新技术是计算机，带来了信息通信业的变革。

2.3.5.2 影响产品升级

从以蒸汽机为代表的工业革命开始，技术变革不断驱动着经济发展的进程。在康波周期中，技术发展本身是长期波动的节奏的一部分。技术有自身的发展规律，即技术生命周期，包括创新、成长、成熟、退出4个阶段。技术生命周期十分重要，能否把握好技术生命周期，决定企业的产品生命周期，是公司成功与否的决定性因素。

在当前的信息化时代，产品更迭频率远远超过以往，因此产品分为创新期、成长期、成熟期、衰退期 4 个不同的阶段。尤其新技术使产品具有独特的优越性，推动产品创新，提升产品性能或服务的价值。在产品创新阶段是新技术的最初发明阶段，由于新技术的特性和参数不完善，面临商业化和规模化的问题，尤其如何产品化。产品成长阶段是此项技术被少数行业或企业转化为产品，逐渐推向市场，但是市场不够成熟，产品更新迭代较快，但是由于技术的超前或壁垒，形成产品的高附加值，带来高利润。产品成熟阶段是技术已经被广泛掌握，创新空间小，市场进入红海，产品性能难以提升，技术红利消失，企业之间往往进行价格战。产品衰退阶段是技术已经开始落后或过时，出现替代技术的产生及代替作用使得利润率降低。

2.3.5.3 影响市场效用

熊彼特在《经济发展理论》一书中提出"创新理论"，经过长期研究形成了"创新理论"为基础的独特的理论体系，该理论主要强调生产技术和方法的革新在经济发展过程中的作用。创新除了在产品方面，还包括市场的创新。成功的技术应用，不但要靠良好的产品创新，也要靠对市场的良好运作和把握[9]。

当某种商品被生产出来时，就会形成该商品的市场。通过新技术和新产品的扩散，充分发挥市场潜力，不断开辟新市场，提高市场效用，形成产业创新。只有具有高关联性和高价值的新技术，才具有带来高市场效用的能力。新技术与其他技术的关联性越高，商业化和规模化的可能性越高；新技术带来的产业链上下游的市场容量和价值越大，即需求量足够大，能带来更多的利润和收入，新技术的发展空间越大，企业的可持续发展能力越强。

2.3.5.4 影响政策环境

随着新 ICT 的不断进步和推广应用，国家逐步意识到倡导新技术的研发投入和应用的重要性，并对后期的信息数据安全制定了一系列的制度政策保障。中共中央政治局多次针对新 ICT 进行集体学习，包括实施国家大数据战略、区块链技术发展现状和趋势、量子科技研究和应用前景以及数字经济等。习近平总书记在主持学习时强调，近年来，互联网、大数据、云计算、人工智能、区块链等技术加速创新，日益融入经济社会发展各领域全过程。党中央高度重视发展数字经济，实施网络强国战略和国家大数据战略，拓展网络经济空间，支持基于互联网的各类创新，推动互联网、大数据、人工智能和实体经济深度融合，建设数字中国、智慧社会。

相应的，新 ICT 的发展也推动国家出台了一系列相关的政策，例如《促进大数据发展行动纲要》《关于构建更加完善的要素市场化配置体制机制的意见》《中华人民共和国数据安全法》等。

2.4 重点新 ICT 的产业化发展路径解析

2.4.1 新 ICT 的产业化发展模式

本质上来说，数字产业化是数字产品创新和数字技术知识流动的一个过程，其主要包括技术层、产品层和产业层三个过程阶段。按照数字产业化的驱动主体差异划分，新技术产业化有研发机构驱动、龙头企业驱动和特色小镇驱动三种模式[6]。

2.4.1.1 研发机构驱动型

研发机构是数字产业化的技术驱动力量。研发机构驱动模式是指大学、科研院所、新型研发机构和企业研究院等主体从数字经济的研发环节入手推动数字产业化的模式。基于 5G、人工智能、云计算、物联网等领域的基础研究和技术创新，通过产学研合作、成果转化基金和开放平台建设等方式将基础研究成果传播和转化，进而驱动数字产业化的过程。研发机构驱动模式关注的是数字科技的前沿科学技术问题，具有很强的战略前瞻性。

2.4.1.2 龙头企业驱动型

数字龙头企业是数字产业化的产品驱动力量。龙头企业驱动模式是通过培育在 5G、人工智能、云计算、物联网等领域具有较高的成果转化能力的数字龙头企业，通过优势产品开发、裂变创业、市场拓展等方式发挥其在产业和地区内的辐射、引领作用，进而推动数字产业化的过程。龙头企业具有规模大、效益好、带动能力强等特点，往往在某个领域处于领先地位，在技术、人才、资金等方面具有充足的储备，在技术创新应用、开拓新市场和促进区域数字经济发展方面具有规模优势。

2.4.1.3 特色小镇驱动型

特色小镇是创新推动供给侧改革，推动产业升级、培育新产业、新业态、新动能，解决经济发展动力的重要平台。特色小镇的核心是特色产业，如互联网金融、大数据和云计算、健康服务业等，表现为智力密集型产业。特色小镇驱动模式是指特色小镇以新兴数字产业为核心，加快互联网、大数据、云计算、人工智能和物联网等领域的企业集聚，通过搭建产品平台、建设孵化体系、优化创业生态，加速数字产业集群建设，以协同发展抢占数字产业制高点。

2.4.2 环境型技术发展路径

2.4.2.1 5G(第五代移动通信技术)

第五代移动通信技术(简称5G)作为新一代无线移动通信网络，主要用于满足2020年以后的移动通信需求。在高速发展的移动互联网和不断增长的物联网业务需求共同推动下，要求5G具备低成本、低能耗、安全可靠的特点，同时传输速率提升10～100倍，峰值传输速率达到10 Gbit/s，端到端时延达到ms级，连接设备密度增加10～100倍，流量密度提升1 000倍，频谱效率提升5～10倍，能够在500 km/h的速度下保证用户体验。5G将使信息通信突破时空限制，给用户带来极佳的交互体验；极大缩短人与物之间的距离，并快速地实现人与万物的互通互联。

(1) 5G无线关键技术

5G国际技术标准重点满足灵活多样的物联网需要。在OFDMA和MIMO基础技术上，5G为支持三大应用场景，采用了灵活的全新系统设计。在频段方面，与4G支持中低频不同，考虑到中低频资源有限，5G同时支持中低频和高频频段，其中中低频满足覆盖和容量需求，高频满足在热点区域提升容量的需求，5G针对中低频和高频设计了统一的技术方案，并支持百兆赫兹(MHz)的基础带宽。为了支持高速率传输和更优覆盖，5G采用LDPC、Polar新型信道编码方案、性能更强的大规模天线技术等。为了支持低时延、高可靠，5G采用短帧、快速反馈、多层/多站数据重传等技术。

(2) 5G网络关键技术

5G采用全新的服务化架构，支持灵活部署和差异化业务场景。5G采用全服务化设计，模块化网络功能，支持按需调用，实现功能重构；采用服务化描述，易于实现能力开放，有利于引入IT开发实力，发挥网络潜力。5G支持灵活部署，基于NFV/SDN，实现硬件和软件解耦，实现控制和转发分离；采用通用数据中心的云化组网，网络功能部署灵活，资源调度高效；支持边缘计算，云计算平台下沉到网络边缘，支持基于应用的网关灵活选择和边缘分流。通过网络切片满足5G差异化需求，网络切片是指从一个网络中选取特定的特性和功能，定制出的一个逻辑上独立的网络，它使得运营商可以部署功能、特性服务各不相同的多个逻辑网络，分别为各自的目标用户服务，目前定义了三种网络切片类型，即增强移动宽带、低时延高可靠、大连接物联网。

(3) 5G的应用场景

未来各种物联网应用将得到广泛普及，智能电网、智慧城市、移动医疗、车载娱乐、运动健身，未来5G网络支持虚拟现实、超清视频以及移动游戏等应用服务，这类移动交互式应用对无线接入带宽和通信延迟有很高的需求。在公共安全方面，如紧急语音通话、无人机远程监测、入侵监测、急救人员跟踪等场景，5G通信系统需要具有“零延迟”、高可靠性的特点，如图2-3所示。

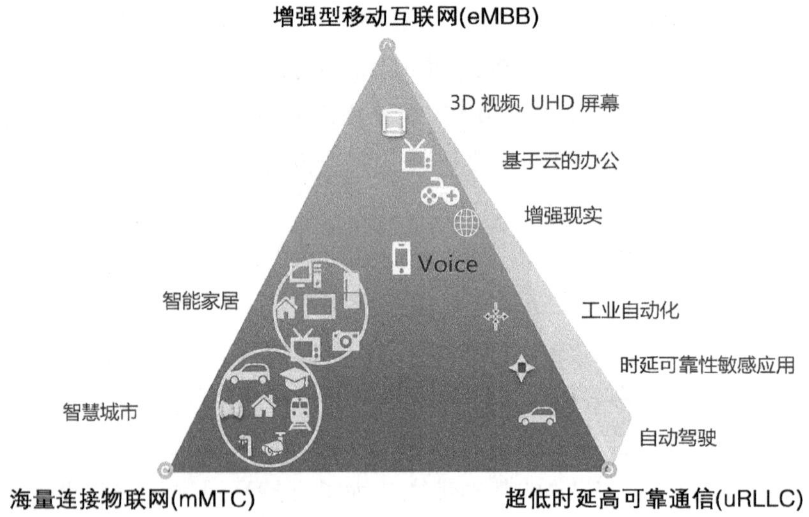

图 2-3　5G 特征与应用场景

2.4.2.2　F5G(固网)

(1) 固定网络经历了5个阶段的发展

第一个阶段主要是依托铜线基础设施，采用PSTN/ISDN技术，典型带宽为64 kbps，被称为“窄带”，典型业务应用主要是语音及窄带拨号上网。

第二个阶段为xDSL技术规模应用时期，提供20 MHz以下的宽带能力，典型业务应用主要是多媒体Web页面浏览以及语音，我国宽带网络初步发展的头十年基本处于第一个和第二个阶段。

第三个阶段，固定家庭宽带主要围绕不断提速发展，包括VDSL技术的应用，不断挖掘铜缆的传输潜力，以及光纤接入技术的初步应用，主要是FTTB以及PON + LAN的接入技术，逐步提供30～100 MHz的家庭宽带，这个阶段在我国的时间较短。

第四个阶段为PON + LAN接入技术的大规模发展时期。2012年以来，伴随着“宽带中国”战略的实施和“提速降费”工作的不断深入推进，我国通过推进以光纤到户(FTTH)

建网进程来普遍提供百兆及以上宽带业务，典型的业务应用主要是高清视频（如 480P 和 1080P 的 IPTV 和 OTT 视频）、超高清视频（如 4k 视频）、云游戏等。

第五个阶段。宽带网络的不断发展，以及新业务的不断普及应用，对家庭固定宽带业务提出更高的要求，即用户体验和系统容量需有飞跃式的发展，上下行速率将达到千兆甚至更高，时延降低到 100 μs 以下。推动千兆家庭宽带接入业务部署已经成为当前必然的选择。我国固定宽带接入发展将进入“第五个阶段”（F5G），即以 10G EPON 光纤接入实现用户端的千兆带宽业务。可见，在“提速降费”政策牵引、高宽带业务发展驱动、相关技术和产业逐步成熟的共同推动下，我国千兆宽带得到快速发展，2018 年 1 月我国家庭宽带业务全面进入“千兆时代”。

（2）F5G 的关键特征

与前几代固定网络相比，F5G 具备如下关键特征：

全光连接：利用全面覆盖的光纤基础设施支持泛在的连接，包括家庭的连接、机器的连接，每个房间甚至是每个桌面的连接；支撑拓展垂直行业应用，业务场景扩展 10 倍以上、连接数提升 100 倍以上，使能光纤连接万物时代。

超大带宽：网络带宽能力具备上下行对称千兆宽带能力，配合 Wi-Fi 6 技术打通千兆联接的最后 10 m 瓶颈，带来云时代一点即达的连接体验。

极致体验：持续提升用户的网络业务体验，支撑运营商从流量经营走向体验经营。网络侧支持零丢包、微秒级时延，配合云平台 AI + 大数据智能运维满足用户的极致业务体验要求；终端则持续减少 Wi-Fi 时延，提升用户观看 4k 视频及交互游戏等业务体验。

2.4.2.3　NB-IoT（窄带物联网）

在西班牙巴塞罗那举行的 2016 年世界移动通信大会（MWC 2016）上，物联网通信的新技术——NB-IoT（Narrow Band Internet of Things，窄带物联网）颇受关注，成为会议的一大亮点。

1）物联网通信技术分类

物联网通信技术有很多种，从传输距离上区分，可以分为两类：一类是短距离通信技术，代表技术有 ZigBee、Wi-Fi、Bluetooth、Z-Wave 等，典型的应用场景如智能家居；另一类是广域网通信技术，业界一般定义为 LPWAN（Low-Power Wide-Area Network，低功率广域网），典型的应用场景如智能抄表。LPWAN 技术又可分为两类：一类是工作在非授权频段的技术，如 LoRa、Sigfox 等，这类技术大多是非标、自定义实现；一类是工作在授权频段的技术，如GSM、CDMA、WCDMA等较成熟的2G/3G蜂窝通信技术，以及目前逐渐部署应用、支持不同Category终端类型的LTE及其演进技术，这类技术基本在3GPP（主要制定GSM、WCDMA、LTE及其演进技术的相关标准）或3GPP2（主要制定CDMA相关标准）等国际标准组织进行了标准定义。NB-IoT即是2015年9月在3GPP标准组织中立项提出的一种新的窄带蜂窝通信LPWAN技术。

2）NB-IoT的特性

灵活部署、窄带、低速率、低成本、高容量。支持三种部署方式：独立部署（Stand-alone）、保护带部署（Guard-band）、带内部署（In-band）。

覆盖增强、低时延敏感。根据TR45.820的仿真数据，可以确定在独立部署方式下，NB-IoT覆盖能力也可达164 dB，带内部署和保护带部署还有待仿真测试。NB-IoT为实现覆盖增强采用了重传（可达200次）和低阶调制等机制。同时在耦合耗损达164 dB的环境下，如果提供可靠的数据传输，由于大量数据重传将导致时延增加，TR45.820中仿真测试了异常报告业务场景、保证99%可靠性、不同耦合耗损环境下的时延。

低功耗。NB-IoT借助PSM和eDRX可实现更长待机。其中PSM（Power Saving Mode，节电模式）技术是Rel－12中新增的功能，在此模式下，终端仍旧注册在网，但信令不可达，从而使终端更长时间驻留在深睡眠以达到省电的目的。eDRX是Rel－13中新增的功能，进一步延长终端在空闲模式下的睡眠周期，减少接收单元不必要的启动，相对于PSM，大幅度提升了下行可达性。

3）NB-IoT的应用场景

考虑NB-IoT的特性，NB-IoT技术可满足对低功耗/长待机、深覆盖、大容量有所要求的低速率业务；同时由于对于移动性支持较差，更适合静态业务场景或非连续移动、实时传输数据的业务场景，并且业务对时延低敏感，可以考虑的应用场景如下。

（1）自主异常报告型

如烟雾报警探测器、智能电表停电的通知等，上行数据极小数据量需求（十字节量级），周期多以年、月为单位。

（2）自主周期报告型

如智能公用事业（煤气/水/电）测量报告、智能农业、智能环境等，上行较小数据量需求（百字节量级），周期多以天、小时为单位。

（3）网络指令型

如开启/关闭、设备触发发送上行报告、请求抄表，下行极小数据量需求（十字节量级)，周期多以天、小时为单位。

(4) 软件更新型

如软件补丁/更新，上行下行较大数据量需求(千字节量级)，周期多以天、小时为单位。

2.4.3 动力型技术发展路径

2.4.3.1 大数据

大数据(Big Data)是指无法在一定时间范围内用常规软件工具进行捕捉、管理和处理的数据集合，是需要新处理模式才能具有更强的决策力、洞察发现力和流程优化能力的海量、高增长率和多样化的信息资产。

1) 数据的采集、预处理与储存

大数据技术的第一步也是关键一步便是数据的采集。从传感器网络、社交媒体等数据源中获取结构化、半结构化和非结构化数据，并将数据主体进行预处理与存储是大数据环境下处理与分析数据的基础。大量数据在这一环节中被清理、集成和变换，成为"合格"的数据，从而被进一步分析与利用。

2) 数据的分析与挖掘

为了实现抽取大数据中有价值的信息，必须对经过预处理之后的数据进行分析与挖掘。目前针对海量数据的分析方法主要有并行计算、实时计算与流式计算。

3) 数据的隐私保护

在大数据时代，云端可以每时每刻对用户的信息进行采集，使每一个用户成为"透明人"，因此当前亟须针对大数据面临的用户隐私保护、数据内容可信验证、访问控制等安全挑战提出相应的解决方案。

4) 数据中心体系结构

网络数据中心作为大数据服务的天然载体，是实现大数据分析的基础设施。传统数据中心的拓扑采用树型分层结构，但性能不佳且可扩展性差。为此，Al-Fares 等提出了一种基于"胖树"的类树型结构拓扑，其主要目的是在网络端节点实现更高的聚合带宽。通过增加一定的布线复杂度来连接形成一个胖树型网络，端交换机用来连接服务器。

2.4.3.2 人工智能

目前人工智能作为一种前沿学科在整个计算机科学领域正处于被极度关注的状态。一方面，现今科技的飞速发展使得人们生活的需求在不断变化，单纯的计算机技术似乎已经无法满足人们的需求。计算机不仅要提供更加智能化的服务,而且还要提供更加人性化的服务,只有这样才能逐渐满足人们日益增长的使用需求。另一方面,科学进展的有利条件已经给人工智能技术进入人们的生产、生活提供了良好的基石,进一步促成了人工智能技术的应用和推广。学术界通常还区分为"强人工智能"和"弱人工智能"两个定义,其中弱人工智能是基于数学进行问题求解的机器学习算法,程序设计者预测会出现的情况,然后做出应对方案,由机器判断符合条件与否并加以执行。而强人工智能要求程序有自己的思维,能够理解外部事物并自发做出决策甚至行动,其表现就像一个"人"一样,甚至很可能比人的反应更杰出、更可靠。

1) 人工智能发展历程

人工智能技术的发展从最初的神经网络、模糊逻辑,到现在的深度学习、图像搜索,经历了一系列的起伏,从爆发到低谷到重新突破,直至 2014 年 Gartner 发布的技术成熟曲线表明人工智能技术已经进入发展高峰期,各项技术应用(自动驾驶车辆、虚拟个人助理、脑机接口、预测分析、智能机器人等)将在 5～10 年后起到巨大的颠覆性影响。

起始期:20 世纪 50 年代,人工智能的概念被首次提出。早期的 LISP 表处理语言、神经网络、启发式算法等就是在这一时期出现的。因为技术处于启蒙阶段,同时当时在计算条件等方面不尽成熟,无法为人工智能技术的发展提供助力。

上升期:自从 1956 年夏季的达特茅斯会议召开后,DENDAL 化学质谱分析系统、MTCIN 疾病诊断和治疗系统、Hearsay－Ⅱ语言理解系统等专家系统的出现奠定了人工智能的实用性。1969 年,国际人工智能联合会议更是标志着人工智能已得到了国际的认可。

衰退期:在 20 世纪 70 年代,由于当时的技术限制,人工智能技术并没有产生预想中的大突破,这使得公众和政府对于人工智能的关注度急剧下降,美国甚至大幅度削减了人工智能的研究经费,人工智能的相关研究也一度停摆。

突破期:20 世纪 80 年代,随着神经网络国际会议在美国的召开,神经网络也得到了广泛的认知。科学家们开始广泛地进行基于人工神经网络的人工智能算法研究,各种学习算法开始崭露头角。与此同时,人工神经网络隐藏层计算以及反馈算法方面均取得一定的进展。

重生期:21 世纪以来,一方面由于人工智能算法的改进,另一方面由于计算条件和计算能力的提升,人工智能技术进入了飞速发展期。

基于神经网络的深度学习算法、基于生物进化的遗传算法以及辅助学习的模糊逻辑和群体算法等开始进行大规模的实践。尤其随着互联网的发展，人工智能技术已广泛运用到智能搜索、语音识别、图像识别、生活预测、人机交互等，影响到生活的多个方面。

2）人工智能核心技术分析

数据挖掘与学习。当面对大量的数据需要进行深度数据挖掘、明晰数据之间的联系时，通常采用的方法是人工智能的一个重要分支——机器学习。机器学习是研究如何使用计算机模拟或实现人类的学习活动。基于人工神经网络的深度学习目前已经广泛应用，正是由于神经网络具有多神经元、分布式计算性能、多层深度反馈调整等优势，才能够针对海量数据进行计算和分析，通过数据训练形成模型，其自主学习的特性非常适用于基于智能关联的海量搜索。

知识和数据智能处理。知识处理时使用最多的技术是专家系统。它将探讨一般的思维方法转入到运用专门知识求解专门问题，实现了人工智能从理论研究向实际应用的重大突破。专家系统可看作一类具有专门知识的计算机智能程序系统，它能运用特定领域中专家提供的专门知识和经验，并采用人工智能中的推理技术来求解和模拟通常由专家才能解决的各种复杂问题。

人机交互。人机交互中主要应用到的技术包括机器人和模式识别技术。机器人是模拟人行为的机械，是当前智能化领域发展较为先进的技术。而人工智能所研究的模式识别是指用计算机代替人类或帮助人类感知模式，其主要的研究对象是计算机模式识别系统，也就是让计算机系统能够模拟人类通过感觉器官对外界产生的各种感知能力。

2.4.4　保障型技术发展路径

2.4.4.1　云计算

1）云计算的定义

中国云计算专家咨询委员会秘书长刘鹏教授曾对云计算做了长短两种定义。长定义是：云计算是一种商业计算模型，它将计算任务分布在大量计算机构成的资源池上，使各种应用系统能够根据需要获取计算能力、存储空间和信息服务。短定义是：云计算是通过网络按需提供可动态伸缩的廉价计算服务。

美国国家标准与技术研究院（NIST）也曾给出过官方定义：云计算是一种按使用量付费的模式，这种模式提供可用的、便捷的、按需的网络访问，进入可配置的计算资源共享池(资源包括网络、服务器、存储、应用软件、服务),这些资源能够被快速提供,只需投入很少的管理工作,或与服务供应商进行很少的交互。本质上来说,云计算是一种认为"使用比拥有更重要"的服务提供模型,这个模型将大量使用网络连接的计算、存储资源和应用程序进行统一管理和调度,构成一个资源池向用户提供按需服务,这个资源池就是"云",能够实现动态的分配和调整,在不同用户之间灵活切换划分,最终将用户终端简化成一个单纯的输入输出设备,按需享受"云"的强大计算能力。一般来说,凡是符合这些特征的IT 服务都可以称为云计算服务。

2) 云计算的起源与演变

云计算的发展在经历了电厂模式、效用计算、网格计算等阶段后逐渐走向成熟。严格来说,各个阶段在理论层面并没有体现出明显的迭代关系,低成本、高效率地使用计算资源始终是社会各界的核心诉求。云计算的起源与演变更多体现在延伸核心理念的基础上,整合各类技术创新,逐渐探寻出可行的解决方案、逐步满足使用需求的过程。

(1) 电厂模式阶段

电厂模式的核心是一个利用规模优势降低个体使用成本的概念,即将所有计算资源都集中到公共的云计算中心,并且遵守公开的协议,类似于电力的 220 V/110 V 和通信的 7 号信令,企业和个人都能方便地使用。这种模式因为具有明显的规模优势,使得其运营成本降低,但这种概念中只存在公有云一种形式。电厂模式是云计算的最初形态,核心理念即通过规模效应降低成本,并通过租用的方式提供便利化服务,这一思想一直延续至云计算阶段。

(2) 效用计算阶段

1961 年,人工智能之父麦肯锡在一次会议上提出了"效用计算"的概念,其核心借鉴了电厂模式,但不同于电厂模式突出规模效应的理念,"效用"强调一种按实际占用资源进行收费的方式,而不仅仅按照时长或速率进行收费。具体目标是整合分散在各地的服务器、存储系统以及应用程序来共享给多个用户,让用户能够像把灯泡插入灯座一样来使用计算机资源,并且根据其所使用的服务来付费。

(3) 网格计算阶段

网格计算的目的是通过任何一台计算机都可以提供无限的计算能力、接入浩如烟海的信息、最有效地使用他们的系统,在满足用户需求的基础上降低拥有和管理计算资源的成本。在实现方式上,网格计算寄希望于实现不同组织间计算能力的连接,以解决计算的任务分发、结果合并问题。即研究如何把一个需要高算力的问题进行拆分,将拆分后的各部分分配给众多低性能的计算机处理，最后把这些计算结果综合起来攻克大问题。但由于网格计算在商业模式、技术和安全性方面的不足，导致其并没有在工程界和商业界取得预期的成功。

（4）云计算阶段

云计算是资源整合（虚拟化）+ IT 交互方式（SaaS、PaaS、IaaS）的组合，其理念与电厂模式、效用计算和网格计算各有相似之处，且目标基本一致，即希望 IT 技术能像使用电力那样方便，并且成本低廉。但不同的是，云计算时代的技术实力更为成熟，完全实现了计算资源的虚拟化、弹性伸缩能力。更为重要的是，云计算依靠 IT 资源供给的灵活性，革新了 IT 产业的商业模式，催生了一系列高附加值新业态。如今，云计算已发展成为提供各类云端服务与组件的软硬一体化技术资源平台，是一个带有明确商业模式的综合性载体。

3）云计算服务

云计算服务可根据服务模式和部署模式进行划分。

（1）根据服务模式，可分为 IaaS、PaaS、SaaS 三种类型

IaaS（Infrastructure as a Service，基础设施即服务）：向用户提供处理、存储、网络以及其他基础计算资源，用户可以在其上运行任意软件，包括操作系统和应用程序。用户不管理或控制底层的云基础架构，但能够控制操作系统、存储、发布应用程序，以及有限度地控制选择的网络组件。

PaaS（Platform as a Service，平台即服务）：用户使用云服务商支持的开发语言和工具，开发应用程序，并发布到云基础架构。用户不管理或控制底层的云基础架构，包括网络、服务器、操作系统或存储设备，但是能够控制发布应用程序和可能的应用程序运行环境。

SaaS（Software as a Service，软件即服务）：用户使用云服务商提供的运行在云基础设施上的应用程序，这些应用程序可通过各种各样的客户端进行访问。用户不管理或控制底层的基础架构，包括网络、服务器、操作系统、存储设备，甚至独立的应用程序机能。

（2）按部署模式划分，可根据数据储存在不同地方分为公有云、私有云、混合云三种类型

公有云：以即付即用、弹性伸缩的方式为政府或公众用户提供计算资源和服务，包括硬件和软件资源，是一种允许用户根据服务使用量支付费用的云计算模式，具有强大的可扩展性和较好的规模经济性。主要优势在于相较于企业云可根据需要无缝扩展，劣势在于安全保护和可用性差。

私有云：指某个企业根据自身需求在自家的数据中心上部署的专有服务，提供对数据安全性和服务质量最有效控制，仅限于企业员工和值得信赖的合作伙伴使用。私有云关注信息安全，客户拥有基础设施，并可以控制在基础设施上部署应用程序，内部用户通过内部网络或专有网络使用服务。私有云的使用体验较好，安全性较高，劣势在于投资门槛高，且当出现突发性需求时难以快速扩展。

混合云：混合云融合了公有云和私有云的优点，兼顾性价比与安全，是近年来云计算的主要模式和发展方向。混合云将公有云和私有云进行混合和匹配，用户可将数据存放在私有云中，同时获得公有云的计算资源，可同时提升业务系统整体的可用性和核心数据的安全性。

2.4.4.2 区块链

1）区块链的定义

区块链是以比特币为代表的数字加密货币体系的核心支撑技术。区块链技术的核心优势是去中心化，能够通过运用数据加密、时间戳、分布式共识和经济激励等手段，在节点无需互相信任的分布式系统中实现基于去中心化信用的点对点交易、协调与协作，从而为解决中心化机构普遍存在的高成本、低效率和数据存储不安全等问题提供了解决方案。随着比特币近年来的快速发展与普及，区块链技术的研究与应用也呈现出爆发式增长态势，被认为是继大型机、个人电脑、互联网、移动/社交网络之后计算范式的第五次颠覆式创新，是人类信用进化史上继血亲信用、贵金属信用、央行纸币信用之后的第四个里程碑。区块链技术是下一代云计算的雏形，有望像互联网一样彻底重塑人类社会活动形态，并实现从目前的信息互联网向价值互联网的转变。

2）区块链的基础模型与关键技术

区块链技术的基础架构模型，一般说来由数据层、网络层、共识层、激励层、合约层和应用层组成。其中，数据层封装了底层数据区块以及相关的数据加密和时间戳等技术；网络层则包括分布式组网机制、数据传播机制和数据验证机制等；共识层主要封装网络节点的各类共识算法；激励层将经济因素集成到区块链技术体系中来，主要包括经济激励的发行机制和分配机制等；合约层主要封装各类脚本、算法和智能合约，是区块链可编程特性的基础；应用层则封装了区块链的各种应用场景和案例。该模型中，基于时间戳的链式区块结构、分布式节点的共识机制、基于共识算力的经济激励和灵活可编程的智能合约是区块链技术最具代表性的创新点。

3）区块链的应用场景

由区块链独特的技术设计可见，区块链系统具有分布式高冗余存储、时序数据且不可篡改和伪造、去中心化信用、自动执行的智能合约、安全和隐私保护等显著的特点，这使得区块链技术不仅可以成功应用于数字加密货币领域，同时在经济、金融和社会系统中也存在广泛的应用场景。

数据存储：区块链的高冗余存储（每个节点存储一份数据）、去中心化、高安全性和隐私保护等特点使其特别适合存储和保护重要隐私数据，以避免因中心化机构遭受攻击或权限管理不当而造成的大规模数据丢失或泄露。与比特币交易数据类似，任意数据均可通过哈希运算生成相应的 Merkle 树并打包记入区块链，通过系统内共识节点的算力和非对称加密技术来保证安全性。区块链的多重签名技术可以灵活配置数据访问的权限，例如必须获得指定 5 个人中 3 个人的私钥授权才可获得访问权限。目前，利用区块链来存储个人健康数据（如电子病历、基因数据等）是极具前景的应用领域，此外存储各类重要电子文件（视频、图片、文本等）乃至人类思想和意识等也有一定应用空间。

数据鉴证：区块链数据带有时间戳、由共识节点共同验证和记录、不可篡改和伪造，这些特点使得区块链可广泛应用于各类数据公证和审计场景。例如，区块链可以永久地安全存储由政府机构核发的各类许可证、登记表、执照、证明、认证和记录等，并可在任意时间点方便地证明某项数据的存在性和一定程度上的真实性。包括德勤在内的多家专业审计公司已经部署区块链技术来帮助其审计师实现低成本和高效地实时审计；Factom 公司则基于区块链设计了一套准确的、可核查的和不可更改的审计公证流程与方法。

金融交易：区块链技术与金融市场应用有非常高的契合度。区块链可以在去中心化系统中自发地产生信用，能够建立无中心机构信用背书的金融市场，从而在很大程度上实现了“金融脱媒”，这对第三方支付、资金托管等存在中介机构的商业模式来说是颠覆性的变革；在互联网金融领域，区块链特别适合或者已经应用于股权众筹、P2P 网络借贷和互联网保险等商业模式；证券和银行业务也是区块链的重要应用领域，传统证券交易需要经过中央结算机构、银行、证券公司和交易所等中心机构的多重协调，而利用区块链自动化智能合约和可编程的特点，能够极大地降低成本和提高效率，避免繁琐的中心化清算交割过程，实现方便快捷的金融产品交易；同时，区块链和比特币的即时到账的特点可使得银行实现比 SWIFT 代码体系更为快捷、经济和安全的跨境转账，这也是目前 R3CEV 和纳斯达克等各大银行、证券商和金融机构相继投入区块链技术研发的重要原因。

资产管理：区块链在资产管理领域的应用具有广泛前景，能够实现有形和无形资产的确权、授权和实时监控。对于无形资产来说，基于时间戳技术和不可篡改等特点，可以将区块链技术应用于知识产权保护、域名管理、积分管理等领域；而对有形资产来说，通过结合物联网技术为资产设计唯一标识并部署到区块链上，能够形成“数字智能资产”，实现基于区块链的分布式资产授权和控制。例如，通过对房屋、车辆等实物资产的区块链密钥授权，可以基于特定权限来发放和回收资产的使用权，有助于 Airbnb 等房屋租赁或车辆租赁等商业模式实现自动化的资产交接；通过结合物联网的资产标记和识别技术，还可以利用区块链实现灵活的供应链管理和产品溯源等功能。

选举投票：投票是区块链技术在政治事务中的代表性应用。基于区块链的分布式共识验证、不可篡改等特点，可以低成本高效地实现政治选举、企业股东投票等应用；同时，区块链也支持用户个体对特定议题的投票。例如，通过记录用户对特定事件是否发生的投票，可以将区块链应用于博彩和预测市场等场景；通过记录用户对特定产品的投票评分与建议，可以实现大规模用户众包设计产品的“社会制造”模式等。

根据实际应用场景和需求，区块链技术已经演化出三种应用模式，即公共链（Public Block Chains）、联盟链（Consortium Block Chains）和私有链（Private Block Chains）。公共链是完全去中心化的区块链，分布式系统的任何节点均可参与链上数据的读写、验证和共识过程，并根据其 PoW 或 PoS 贡献获得相应的经济激励。比特币是公共链的典型代表。联盟链则是部分去中心化（或称多中心化）的区块链，适用于多个实体构成的组织或联盟，其共识过程受到预定义的一组节点控制，例如生成区块需要获得 10 个预选的共识节点中的 5 个节点确认。私有链则是完全中心化的区块链，适用于特定机构的内部数据管理与审计等，其写入权限由中心机构控制，而读取权限可视需求有选择性地对外开放。

2.4.4.3 边缘计算

随着万物互联时代的到来，网络边缘设备产生的数据量快速增加，带来了更高的数据传输带宽需求，同时，新型应用也对数据处理的实时性提出了更高要求，传统云计算模型已经无法有效应对，因此，边缘计算应运而生。

1）边缘计算的定义

边缘计算，是指在靠近物或数据源头的一侧，采用网络、计算、存储、应用核心能力为一体的开放平台，就近提供最近端服务。其应用程序在边缘侧发起，产生更快的网络服务响应，满足行业在实时业务、应用智能、安全与隐私保护等方面的基本需求。边缘计算处于物理实体和工业连接之间，或处于物理实体的顶端。而云端计算，仍然可以访问边缘计算的历史数据。

2）边缘计算技术发展带来的影响

（1）边缘云将使云计算中心建设从集中到分散和功能解耦

边缘云是边缘计算在云架构技术体系的表现形式，云计算中心不必把过多的设备统一、集中放到一个区域，而是采用星型结构，多地多中心，把众多的边缘云用中心连接起来，这样分布在其他区域的边缘云可以就近为当地用户提供服务，避免过多的带宽消耗、过多的数据传输、过量的访问压力等。这一模式可以均衡负载，缓解资源消耗过高等问题，有效提高运行效率。同时也使得目前的云计算中心功能解耦，即边缘计算可以把基础设施的功能进行有效的划分，每个区域的资源可以专门承担模块化、定制化、单一化的处理任务，降低了应用、数据、服务的耦合度。

（2）边缘计算将使计算能力从集中到分散

边缘计算本身是化解云计算压力过大、资源利用不高、可靠性不高、可用性差、带宽资源不足等问题的技术手段，把原本集中式的优势在物联网兴起的新形式下转变成分布式的一种有效途径。因为云计算不能包罗所有的海量智能终端，而且随着边缘设备计算、存储等能力的增强，原本需要在云侧解决的计算任务，现在在终端侧可以方便地就地解决，这样整体来看计算模型就发生了重大变化，从原来的集中式计算变成了分布式计算。这一趋势将影响信息化建设的若干问题，如云侧的设备投资规模将大大降低、带宽需求降低、存储压力减少等。

（3）边缘计算将使 IT 资源从隔离到协同

传统的云计算中心、大数据中心、超算中心等建设规模过于庞大，而且所属用户相互隔离，很难就近使用，这在很大程度上浪费了基础设施投资，资源没有得到充分的利用，浪费了过多的资源。为此，边缘计算可以打破各自为政的信息化建设模式，使得某一组织下的各分支能够互联互通，消除资源孤岛，使得原本隔离的资源可以优势互补、协同计算。

（4）边缘计算将使信息系统的安全从单一集中负担到分摊负担

边缘计算建设模式将打破大而全的信息化建设模式，从而很多风险、隐患可以分摊到其他部分，如信息安全。在传统的集中式建设模式下，往往需要安全等级指标，一旦出现问题，整体云计算中心、数据中心将整体受到影响。而边缘计算建设模式可以把这些风险分摊，而且很多数据无需保存到云侧，而是用户自己保存数据，信息泄露的风险将大大降低。

3) 边缘计算的典型应用

边缘计算有着丰富的应用场景，例如公共安全中实时数据处理、智能网联车和自动驾驶、虚拟现实、工业物联网、智能家居、智慧城市等。

2.5 新 ICT 的发展载体

2.5.1 新基建：为新 ICT 的发展提供赛道

2.5.1.1 新基建的概念和内涵

新基建，即新型基础设施建设，是未来新技术、新经济、新发展的基础设施体系。这一概念自我国 2018 年中央经济工作会议首次提出以来，逐渐具体化、明确化、丰富化。从最初的 5G、人工智能、工业互联网、物联网逐渐扩增到信息基础设施、融合基础设施和新基础社会。国家发展和改革委员会对新基建下了明确定义，强调新型基础设施以新发展理念为引领、以技术创新为驱动、以信息网络为基础，面向高质量发展需要，提供数字化转型、智能化升级、融合创新等服务的基础设施体系建设。不难看出，新基建的发展内涵包括两个方面：一方面体现在信息技术赋能的经济性基础设施本身，另一方面则体现在信息技术赋能其他传统基础设施，而这一过程，离不开 5G、物联网、工业互联网等通信基础设施和人工智能、云计算、大数据、智能计算中心技术基础设施。

2.5.1.2 新基建培育新技术的发展

与传统基础建设相比，“新基建”的新技术特点尤为明显。其实大众所了解的“新基建”实际上是这一系列融合了新一代信息技术、新科技、新产业下形成的基础设施建设，三大特征表现为数字化、网络化和智能化。新型基础设施的核心支撑技术是数字技术，主要表现为数字技术形成的产品或服务。“新基建”与技术革命引发的创新紧密联系，是新一轮科技革命下诞生的成果。长期来看，新基建能够培育新技术的发展，同时也受制于科技创新的进展。科技创新的颠覆性越强，新技术工程化和产业化的速度越快，就会有越多的新技术获得应用，新基建的发展水平也就越高。

2.5.2　智慧城市：为新 ICT 的发展提供环境

2.5.2.1　智慧城市的概念和内涵

目前针对“智慧城市”的概念，国内外尚未形成统一的定义描述。各界对于智慧城市的认识和理解，存在不同的出发点和侧重点。IBM 于 2008 年最早将“智慧地球”和“智慧城市”的概念带入大众视野，并提出城市的核心组成系统依次为组织、业务、交通、通信、水和能源这六大不同领域，它们相互协助、紧密融合、共同运作，最终构成了城市这一宏观系统。《欧盟智慧城市报告》从另一维度对智慧城市的概念做出解读，将其分解为智慧经济、智慧流动、智慧环境、智慧公众、智慧居住和智慧管理六大板块。中国工程院院士邬贺铨、武汉邮电科学研究院副院长余少华、国务院发展研究中心陈宝国研究员也分别从各自领域出发给出了智慧城市的概念。虽然在表述上有所不同，但是有一个共同点，就是充分肯定了信息技术和智能技术作为智慧城市建设的核心动力。

从技术角度来说，所谓“智慧城市”，就是借助新一代互联网（特别是移动互联网）、物联网、云计算、大数据及人工智能等信息技术，将城市运作的各大系统进行融合，植入智慧的理念，从而帮助和提升城市运营水平，并优化城市的自由使用。智慧城市是移动互联网、物联网、大数据、云计算、人工智能等新一代信息技术和各种网络平台集成来实现高层次的城市管理运营的体现，是城市发展模式转型升级的结果。

2.5.2.2　智慧城市助推新技术发展

1）智慧城市与 5G

5G 技术是打开“万物互联”时代的金钥匙，其所具有的高速度、泛在网、低功耗和低延时属性，能够实现各个领域的交叉融合。比如在智慧医疗领域，凭借一部普通的智能手机，基于 AI 技术的帕金森病运动功能智能评估系统，帕金森患者在家也可以完成运动功能日常测评。在智慧教育领域，运用 5G 技术低延时的特性，能够获取更高像素的清晰影像。在这个互联互通的大环境下，给物联网发展带来了无数的想象空间，获得由多种技术结合体构成的更加智能的产品成为可能。

2）智慧城市与大数据

大数据挖掘和分析决策技术能够帮助智慧城市向互联化的方向转变，达到数据资产化的目标。大数据的优势一是体现在数据的收集方面，二是处理方面，三是共享方面。目前，城市运行的各个系统因存在标准不统一的问题而无法达到有效集成，进而产生信息孤岛，这是我国智慧城市建设过程中面临的重大挑战。为了应对这一问题，需加快构建大数据标准化建设，推动海量异构数据建模与融合等关键技术在这一领域的应用和研究，为保障底层数据集成和融合提供条件。

3）智慧城市与物联网

物联网和智慧城市二者的强强联合是社会发展的内在要求。该技术应用于城市基础设施建设能够给市民的日常生活带来极大便利。物联网技术应用于市政管理，可以对市政建设计划、城市建设进展等进行实时、动态管理，大大提高管理效能。在交通管理方面，能够加快交通事故的处理效率，促进交通资源高效运转。应用于智慧医疗上，可以实现远程挂号、看病，远程监护和急救，极大地缓解我国医疗资源的压力。

2.5.3 数字政府：为新ICT的发展提供平台

2.5.3.1 数字政府的概念和内涵

作为推进国家治理现代化、服务普惠化的重要路径，数字政府应运而生。以新一代互联网信息技术为支撑，数字政府将政务信息的三大体系架构——管理、业务、技术进行打通，以技术变革推动服务和治理变革，以大数据驱动政务管理在机制、平台、渠道方面进一步创新，从而全面提升政府在经济调节、市场监管、社会治理、公共服务领域的治理和监管能力，推动经济增长向高质量、高水平方向迈进。中国数字政府建设起步很早，早在20世纪90年代，中国便开启了电子政务建设，因此，中国政府始终走在IT技术应用和创新的前沿。从中国数字政府建设历程及未来发展趋势看，大致可分为信息化、数据化、智能化三个阶段。随着数字政府建设进入2.0时代，由数据化到智能化的发展趋势越来越清晰，由数据驱动的创新和智能化模式，将成为数字政府建设的主要驱动因素，数字政府正在开启从“数字”到“数智”的跨越。

2.5.3.2 数字政府是新技术融合应用的新引擎

我国各政府部门在新技术应用方面走在行业前列，“互联网＋政务服务”成为我国政府公共服务的重要方式，也是新技术在数字政府中应用最广泛、最有成效的领域。广泛依托云计算、大数据和区块链技术建成区域集约化政务云、政务大数据平台和数据共享交换平台，政府及城市数据正加速汇聚与融合，采用人工智能技术的政务辅助机器人在各类办事大厅也得到普遍应用。另外，在政务服务、交通、安防等领域还有很多智能技术和产品的应用，如在线客服、生物身份识别、交通事件智能识别、智能自助终端等。

数字新技术的不断进步是推动政府数字化转型的重要条件，能够从数据、算法、算力、通信等维度助力数字政府的升级转型。数据实现了传统的结构化运算向跨平台、非结构化运算转变；算法则跳出了以往单一线性的管理逻辑，升级为更加智能的机器学习逻辑，实现机器在业务辅助功能上由执行向自主分析、智能决策过渡；算力从自运营的计算机房发展为集中式的云计算中心，使得基础设施得以升级；通信从台式计算机变为移动门户，实现了随时随地可咨询、足不出户办业务。

目前，全球进入了数字技术革新升级的新一轮加速期，5G、云计算、物联网、人工智能、区块链等新一代信息通信技术的快速演进。单点技术、单一产品服务的传统模式将逐渐被多技术互动、集成化融合等模式所取代，在此基础上产生的新业态、新模式将更好地促进经济发展，满足群众对美好生活的需要。

2020 年新冠肺炎疫情的全面爆发，更是让人们深切感受到新 ICT 的强大力量。数字高科技便捷、高效、智能的特点，也在这一场抗击疫情的战役中全面显现出来，极大地增强了政府、企业、群众走出疫情阴霾的信心。国家层面，习近平总书记在中央全面深化改革委员会第十二次会议上明确指出，要鼓励运用大数据、人工智能、云计算等数字技术，在疫情监测分析、病毒溯源、防控救治、资源调配等方面更好发挥支撑作用。5G、工业互联网等技术也被纳入了复工后助力社会经济恢复增长的强劲动力之列。可见，新 ICT 不仅在抗击疫情的各类微观领域发挥着作用，同时，作为实现“十三五”规划目标、做好“十四五”规划开局的重要手段，新 ICT 开始登上宏观经济调控的大舞台。

2.5.4　新一代融合信息通信技术建设对比分析及创新研究（以新型智慧城市为例）

第五次信息技术革命开启了数字化信息时代的大门，新的城市建设形态随之出现，并日趋复杂，转变为城市发展的高级形态。新时期的信息技术称得上是城镇工业化的强大抓手，通过创新城市治理模式，深刻地影响群众生活方式和生活习惯。显然，智慧城市建设已经上升到国家发展和经济进步的战略高度。当前国内大力支持发展智慧城市建设，产生了越来越多的智慧标杆、智慧建设典型。然而由于自主创新能力较弱、资源协调难度大等问题，城市智慧化建设受到了一定阻碍。在此背景下，结合以往积累的智慧城市理论和实践经验，国家“十三五”规划纲要重点强调要“建设一批新型示范性智慧城市”的要求。

2.5.4.1　智慧城市建设过程分析

党的十九大报告提出要建设智慧社会，这一理念是基于网络强国、数字强国基础上的上升。作为数字中国的重要内容和智慧社会的终极体现，新型智慧城市在承载了科教兴国等战略要素的同时也融合了可持续发展、区域协调发展等理论。城市作为人类生活的重要环境，是将多种要素、资源、系统紧密融合的重要载体，并不断地产生动态效应，一旦某一环节出现问题，将会带来乘数级的负面影响。正是因为对当前智慧城市构建过程中暴露出的重技术轻管理、重表面轻基础等问题的重视，各地政府加大了对智慧城市建设的投资和支持力度，相继设立了智慧办、大数据局等专业机构，华为、中兴、中通服、埃森哲等众多行业龙头也将打造智慧城市品牌作为关键业务重点推进，国家引导、市场推广的形式足见智慧城市在国家治理、社会管理中的重要地位。

2.5.4.2 新型智慧城市建设创新研究

新型智慧城市的概念是在传统智慧城市建设的经验上，不断探索、总结后提出的，克服了原来发展过程中重复建设、耗资巨大等不足，找到了智慧城市建设的本质——“以人为本，服务于民”，遵循科学发展的理念，提倡将城市发展、社会治理等模块更好地结合，以实现更远大和深层次的发展目标，与此同时也面临了新的挑战。

如表 2-1 所示，新型智慧城市建设将覆盖更多领域，对建设统一化、标准化、开放共享也有了更高的要求。其次，在层级架构方面，将视野拉长到城市的长远建设角度，全面考虑多方参与环境下资源的有序管理和高效配置。同时，新型智慧城市更关注数据资产的合理使用和价值挖掘。可以看出，先进技术和管理模式的有效融合仍然是建设智慧城市发展的最大困难和挑战[10]。

表 2-1 传统智慧城市与新型智慧城市对比分析表

序号	对比内容	传统智慧城市建设现状		新型智慧城市	
		特征	原因	特征	面临的挑战
1	目标	以大数据、物联网、云计算等技术手段助力城市建设、管理与发展为方向	以“技术”驱动，完善传统信息化不足	以智慧社会、城市治理以及人民未来美好生活为目标	方向正确前提下如何逐步有效落地
2	基础设施层：网络信息传输及感知程度	网络的无所不在、无时不在快速传输为重点工作方向	较多只考虑通信网，对于物联、感知网、智能化基础设施等较少考虑	高效便捷、安全可控、智能的信息基础设施和感知体系	投资较大，如何做到全覆盖或重点覆盖

（续表）

序号	对比内容	传统智慧城市建设现状		新型智慧城市	
		特征	原因	特征	面临的挑战
3	数据层：数据共享及节约程度	● 规划或方案研究方面有相关思想； ● 存在“信息孤岛”：具体实施中存在资源割裂、“数据烟囱”等问题； ● 存在“信息荒岛”：有“大”数据，但使用率较低或没有使用； ● 存在“现代防火墙”：部分政府部门仍将数据作为部门利益来源，不愿提供	● 技术标准不统一，数据采集、存储、交换、共享等标准有待进一步完善； ● 各地尝试建设数据共享及汇聚规范，但全国层面缺乏规范要求，推进较慢； ● 体制机制和实质性创新改革相对于技术严重滞后	政府上下强调信息化和数据基于“云”的应用，但鉴于政府数据的特殊性，尚未解决一体化云体系与政府建设、市场化提供服务的良性环境，资源的有效配置和分配规范性制度或普遍做法未达成一致	如何有效解决数据的开放与隐私安全、数据割裂现状与共享要求矛盾
4	平台层	提出了城市运营中心的概念和实施，但目前大多运营中心多以展示为主，底层数据整合和共享缺乏，行业级平台尤其以公安系统为主推进较快	数据及信息整合缺乏，城市级平台没有底层数据支撑以及强大的基础保障，公安等因行业特殊及资金保障取得初步成效	提出城市级通用平台建设，“城市大脑”除了概念，更有较多的具体实施	城市大脑或超脑如何真正具有自主意识
5	应用层：扁平化	目前智慧城市的建设大多在传统城市信息化基础上开展，涉及终端制造、传输服务、软件开发等各环节，系统多独立部署、行业或部门垂直管理、内部使用，成本高、周期长、实施路径差异大，无运营和迭代创新考虑	—	新型智慧城市建设以城市治理和数据开放为重要方向，同时打造智能的共享与汇聚的信息基础为要点，应用多为内生力带来的融合应用，尤其在城市普惠应用、治理能力、管理模式能够不断持续创新	应用面向社会开放，并深入体现数字中国和智慧社会内在要求
6	国家或行业内容规范要求程度	以 2013 年住建部推进全国试点为代表，侧重点在城市建筑信息采集、公共信息平台建设等内容；后科技部、工信部也推进部分试点工作，但多以创新为要点	行业性的积极推广与地方城市级的建设存在冲突，地方政府完全以自身觉悟或认可度而推进，资金投入保证性不足	一个开放的体系架构、共性基础“一张网”、一个通用功能平台、一个数据体系、一个高效的运行指挥中心、一套统一的标准体系	“六个一”为终极目标，如果逐步完成一个或全部在于体制机制创新以及市场驱动

（续表）

序号	对比内容	传统智慧城市建设现状		新型智慧城市	
		特征	原因	特征	面临的挑战
7	国家或行业主要代表性制度或规章	2014年国家发改委等八部委联合发文《关于促进智慧城市健康发展的指导意见》	为了解决各个部委试点工作中推进存在困境、重复建设、概念多于实际以及对房地产等产业负面影响而颁布	2016年，中央网信办、国家发改委等25个部门联合成立新型智慧城市建设部际协调工作组，并制定出台《新型智慧城市建设部际协调工作组2016—2018年任务分工》，进一步加强对智慧城市建设的总体统筹和宏观指导	从无标准到有规范为重要进步，但智慧城市相对复杂，实际可指导性有待提高
8	主要技术	通信、云计算、大数据、物联网等	—	通信、云计算、大数据、物联网、人工智能、机器学习、区块链等	新技术层出不穷，需要逐步加强由概念向实际应用转化的程度

参考文献

[1] 白春礼.新科技革命的拂晓[J].中国科技奖励，2012(2)：6-9.

[2] 何传启.第六次科技革命的中国战略机遇[J].决策与信息，2012(6)：20-22.

[3] 龚艳萍，屈宁华.技术创新能力对中国高技术产业国际竞争力影响的实证研究[J].技术经济，2008，27(4)：13-18.

[4] 明洁，朱姗姗，李根.科技创新对江苏省高新技术产品出口竞争力影响分析[J].科技管理研究，2015，35(4)：37-40.

[5] 麦均洪.中国高新技术产业发展的影响因素、地区差异和政策效应分析：基于省际面板数据的实证研究[J].华南理工大学学报(社会科学版)，2014，16(3)：9-16.

[6] 高艳萍，陈艳丽.企业创新网络的复杂适应系统特征分析[J].研究与发展管理，2015，22(1)：68-74.

[7] 刘兰剑，葛贝贝.创新效率视角下高技术产业空间关联网络及其影响因素研究[J].研究与发展管理，2019，31(6)：37-49.

[8] 周斌，王咏，王江涛.后疫情时代新ICT技术产业化应用路径驱动力研究[J].中国工程咨询，2021(5)：54-60.

[9] 熊彼特.经济发展理论[M].郭武军，吕阳，译.北京：华夏出版社，2015.

[10] 周斌，朱晨鸣.新型智慧城市建设对比分析及创新研究[J].中国管理信息化，2019，22(12)：118-120.

第 3 章　新 ICT 发展指数测算体系

3.1　新 ICT 的指标选取及分析指标

3.1.1　发展影响因素的研究综述

3.1.1.1　技术创新环境的评价研究

Philip Cooke、Mikel Gomez Uranga 和 Goio Etxebarria 从演化经济学的角度，对“区域”“创新”和“系统”这几个概念进行了界定，从区域构成的概念出发，对区域创新能力进行了分析，最后提出加强区域层面的能力以促进系统学习和互动创新的方案[1]。Vincent Boly、Laure Morel、N'Doli Guillaume Assielou 和 Mauricio Camargo 提出了一套基于 15 种创新管理实践的创新能力(IC)测量框架，评价了法国企业的创新过程，通过实地调查收集了法国洛林制造业中的 39 家中小型企业(SME)数据，采用价值检验的统计方法和多标准方法将企业创新过程分为 4 个类型[2]。Duan Shan 通过研究区域创新理论，从投入能力、创新环境、管理能力和创新产出方面构建杭州市创新能力评价体系，采用层次分析法对杭州市的创新能力进行评估，并提出提高区域创新能力的建议[3]。

国内对区域技术创新能力的评价研究已经很完善了。殷尹和梁梁对区域技术创新能力的影响因素进行了分层次分析，主要有创新的技术基础、环境基础、经济基础，其中创新技术基础包含科学技术能力、科学技术实力、创新产出水平；创新经济基础包含经济实力、产业结构；创新环境基础包含政府、中介机构的创新服务能力、技术基础设施竞争力[4]。邵云飞等用聚类分析的方法，将我国省市分为三类、四类、五类，并对结果进行了分析[5]。齐亚伟运用因子分析、聚类分析得出我国区域创新能力东部较高、中部六省次之[6]。西部较低，并且这一趋势随着时间的推移呈不断增大的趋势。庞小强通过构建指标体系对我国京津冀地区的技术创新能力进行了评价，得出京津冀的创新在全国的整体地位处于中上，地区各省之间的差距较大，在创新主体方面，企业的活跃度较低[7]。

3.1.1.2 产业发展的评价研究

Braddorn 对英国高技术产业中航空产业的竞争力，从进出口、劳动生产率、利润率等方面进行研究，通过与其他国家的对比发现，英国的航空产业竞争力具有优势[8]。Song Ding 设计了一种改进的离散灰色多变量模型，用于研究 R & D 投入对中国东部地区大中型企业(LMEs)高新技术产业的未来产值的累积影响[9]。Dzikowski 等人对竞争力评价指标进行了比较分析，找出了全球竞争力指数、高技术产业竞争力指数以及修订后的高技术产业竞争力指数之间的差异[10]。

对于高技术产业发展水平的评价研究主要是国内学者，王晓婧在评价中国高技术产业时，选取 31 个省/市/自治区并根据发展水平分成 10 类，分别给出促进各类省/市/自治区高技术产业发展的建议[11]。符想花采用因子分析法和聚类分析法对高技术产业发展水平进行了比较，认为东部地区高技术产业发展明显好于西部，并且其发展水平与经济发达程度有关联[12]。孙晓娟和李玉婵以科学发展观为背景，以欠发达的甘肃省为例，采用灰色关联分析模型对甘肃省高技术产业影响因素进行了关联度排名[13]。肖刚和杜德斌等利用 1995—2013 年的统计数据，采用变异系数法和马尔科夫链法，考察了我国区域高技术产业发展差异的时空演变，发现空间转移存在以下特征：发展水平差距与空间转移的概率存在负相关性，即发展水平差距越大，转移的概率越低，反之，发展水平差距越小，则转移概率就越高，同时，地理邻近效应在发展水平越高的区域越明显[14]。周燕和李泓欣通过空间计量模型，建立评价指标体系对我国区域之间高技术产业的发展做出了评价，得出长三角、珠三角以及环渤海经济带的发展绩效较高，西部地区绩效较低[15]。

3.1.1.3 企业能力的评价研究

资源依赖理论认为，企业的生存和发展取决于其从周围环境中获取资源的能力。企业从政府或其他组织中获取的关键资源对于自身绩效提升具有重要意义。当前，已有部分研究围绕外部资源获取能力对企业绩效的影响展开。Monteiro 等的研究认为，企业资源获取对初创期的企业绩效具有正向影响，并且这种影响呈现动态显性加强的态势[16]。Premaratne 则指出正式和非正式的外部资源获取对企业绩效都存在明显的促进作用[17]。赵立雨等通过对资源型企业的研究发现，企业的资金资源获取、知识资源获取以及信息资源获取，都与对技术创新的经济和社会绩效有显著的正向作用。马富萍的研究同样现实，能够成功获取外部资源的企业，普遍具有较高的企业绩效水平[18]。由此可见，企业的外部资源获取能力对提升企业经济绩效有明显的推动作用。当然，也需要认识到，资源获取能力具有长期性，其对经济绩效的正向影响是存在滞后的。

创新活动是新 ICT 企业占据市场有利地位的关键举措，企业只有不断加强技术和产品研发创新的投入，才能在激烈的市场竞争中获得技术优势，实现长远发展。目前，已有大量研究显示，企业内部的科研创新投入会对企业自身绩效产生显著的助推作用[19]。美国学者 Los 通过分析制造业行业数据，研究结果显示，企业内部创新投入与企业绩效呈现显著的正相关关系[20]。除此之外，部分学者发现，处于不同发展阶段的企业，内部创新投入对于绩效的影响效果也有所不同：创新活动正是随着企业发展推进的持续、动态的过程，无论是处于何种阶段，都会对企业发展绩效产生促进作用，即从总体来看，企业内部创新投入都是有利于提升企业发展绩效。

企业通过获取外部资源，将其投入内部创新活动中，这是实现企业资源有效配置、提升竞争优势的有效手段。Takalo 等研究发现，企业获取的资金投入等外部资源，对于内部提高研发创新投入具有明显的激励作用[21]。乐菲菲等认为，企业的外部资源获取能力是内部创新投入的关键影响因素[22]。解维敏等的研究成果指出，作为企业获取的外部资金资源之一的政府补贴，企业往往能直接投入内部创新活动，同时还能间接推动企业投入更多资金到研发创新活动中[23]。也有学者提出不同的观点。如李晓钟等对物联网等高新技术企业进行研究，结果显示企业当期获取的财政资金对于内部创新投入具有显著的促进作用，但在滞后期却出现了一定的反向抑制效应[24]。企业通过获取外部资源，能够降低企业内部成本与风险，进而能够促进企业加大内部创新投入水平，促进研发活动开展。

资源获取和资源利用是全面创新投入的两个关键阶段，因此，很有必要去研究外部资源获取能力、内部创新投入水平和企业发展绩效之间的影响路径。总体来看，传导机制体现在：企业的外部资源获取能力能够影响内部创新投入水平，进而对企业发展绩效产生促进作用。王红霞等认为外部资金资源的获取，能够通过内部创新投入对企业绩效产生正向的中介传导效应[25]；章新蓉等对 226 家境内的跨国企业开展调研，结果发现企业通过获取外部资源促进了企业创新投入，同时能够加速研发进程，最终实现企业技术创新绩效的提升[26]；臧志彭通过对 161 家上市文化公司的面板数据开展实证研究，指出企业内部创新投入在当期和滞后期均会对企业外部财政资源获取和企业发展绩效之间的关系产生显著的中介影响效应[27]。

3.1.2 评估指标体系

发展新一代信息技术，企业是核心主体，行业创新是发展动力，环境是关键支撑。本书在充分参考《IMD国际竞争力评价》《2019中国战略性新兴产业发展报告》《产业蓝皮书：中国产业竞争力报告(2020) No.9》等权威报告的基础上，从基础环境、行业发展、企业能力三个角度出发，评估新一代信息技术发展水平。新ICT发展水平评估指标体系共包括3个一级指标，15个二级指标（图3-1、表3-1），61个三级指标。

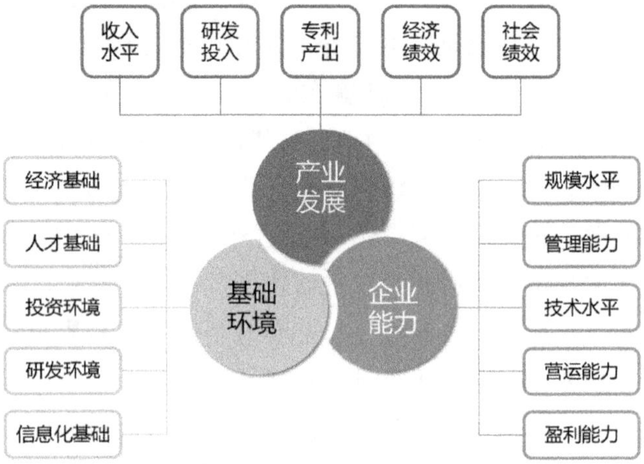

图3-1 新ICT发展水平评估指标体系

表3-1 新ICT发展水平评估指标体系

一级指标	序号	二级指标	基础数据
基础环境	1	经济基础	人均地区GDP、第二产业增加值占比、第三产业增加值占比
	2	人才基础	十万人高等学校在校学生数、十万人高等学校（机构）研究生毕业生数
	3	投资环境	高技术产业企业数、高新技术企业数、新ICT上市企业数
	4	研发环境	研究与发展（R&D）经费内部支出水平、研究与发展（R&D）经费支出占GDP比例、财政性教育经费支出水平、财政性教育经费支出占GDP比例、地方财政科技支出水平、地方财政科技支出占GDP比例
	5	信息化基础	百人移动电话用户数（户/百人）、4G网络用户访问互联网时的平均下载速率、固定带宽用户平均宽带下载速度、100 Mbps及以上固定宽带接入用户占比、光纤接入用户占比、数据中心规模质量、5G基站数量

（续表）

一级指标	序号	二级指标	基础数据
产业发展	1	收入水平	高技术产业新产品销售收入（万元）、高技术产业主营业务收入占工业主营业务收入比重、高技术产业新产品销售收入占主营业务收入比重、万元生产总值高技术产业主营业务收入水平
	2	研发投入	高技术产业 R&D 项目数、高技术产业 R&D 经费内部支出水平、高技术产业 R&D 经费内部支出占 R&D 支出比重、高技术产业 R&D 经费内部支出占主营业务收入比重（%）、高技术产业 R&D 人员折合全时当量（人年）、高技术产业新产品研发经费支出水平、高技术产业新产品研发经费支出占新产品销售收入比重
	3	专利产出	专利申请数、专利授权数、万人专利申请数、亿元研究与发展（R&D）经费支出专利申请数、亿元研究与发展（R&D）经费支出专利授权数、高技术产业有效发明专利数、万名高技术产业就业人员有效发明专利数
	4	经济绩效	高新技术企业年末从业人员数、高新技术企业营业收入、第二产业劳动生产率（元/人）、第三产业劳动生产率（元/人）
	5	社会绩效	省会城市空气达到二级以上天数、万元 GDP 用水量
企业能力	1	规模水平	营业总收入、资产总计
	2	管理能力	生产管理能力、市场经营能力
	3	技术水平	研发支出占比、无形资产占比、本科以上员工占比
	4	营运能力	流动资产周转率、存货周转率、固定资产周转率、应收账款周转率
	5	盈利能力	总资产报酬、销售毛利率、单位成本获利

一级指标“基础环境”：共 5 个二级指标，涵盖经济基础、人才基础、投资环境、研发环境、信息化基础。一级指标“产业发展”，共 5 个二级指标，涵盖收入水平、研发投入、专利产出、经济绩效、社会绩效。一级指标“企业能力”，共 5 个二级指标，涵盖规模水平、管理能力、技术水平、营运能力、盈利能力。

3.1.3　数据来源及指标权重

根据《战略性新兴产业分类（2018）》（国家统计局令第 23 号），新一代信息技术产业主要包括：下一代信息网络产业、电子核心产业、新兴软件和新型信息技术服务、互联网与云计算大数据服务以及人工智能等五个方面，具有创优创新效率高、跨产业融合能力强、引领发展作用大等特性，是助力产业转型、转变经济发展方式、推动未来经济高质量发展的重要支撑。

通过国家统计局、工业和信息化部、科技部等的官方数据来源，以及 Wind 数据库、RESSET 行业数据库等专业数据合作伙伴支持，获得 2016—2022 年全国以及 31 个省/市/自治区的新 ICT 的发展情况。针对个别年份数据缺失的情况利用趋势函数进行预测，针对个别单个数据缺失的取前后年数据的平均值。运用熵权 TOPSIS 法，计算出相关细分指标的权重（表 3-2）和新 ICT 发展水平年度综合评价值（表 3-3）。

表 3-2　新 ICT 发展水平指数指标权重

一级指标	指标权重	二级指标	指标权重
基础环境	30.25%	经济基础	3.71%
		投资环境	11.37%
		人才基础	7.10%
		研发环境	6.69%
		信息化基础	1.38%
产业发展	53.80%	研发投入	15.91%
		专利产出	8.34%
		收入水平	17.69%
		经济绩效	10.84%
		社会绩效	1.02%
企业能力	15.95%	规模水平	2.77%
		管理能力	2.58%
		技术水平	3.84%
		营运能力	5.38%
		盈利能力	1.38%

表 3-3　全国新 ICT 发展水平年度综合评价值

年份		2016 年	2017 年	2018 年	2019 年	2020 年	2021 年	2022 年
指标	基础环境	11.042 4	12.010 1	13.360 1	14.521 9	16.069 6	16.788 6	17.369 5
	产业发展	25.322 4	28.199 9	30.113 3	33.350 2	34.680 9	35.250 2	36.781 2
	企业能力	4.011 5	5.229 8	6.019 9	7.146 2	8.039 7	9.056 4	9.939 5
	综合值	40.376 3	45.439 8	49.493 3	55.018 3	58.790 2	61.095 2	67.090 2
排名		7	6	5	4	3	2	1

3.2　新 ICT 的发展水平综合指数

3.2.1　总体概况

全国新 ICT 的发展逐步形成具有阶梯特征、以国家级新一代人工智能创新发展试验区等新 ICT 试点示范为引领、多区域集聚发展的格局。

3.2.1.1　全国新 ICT 产业总体水平加速上升

我国新 ICT 发展水平综合指数由 2016 年的 40.376 3 提升至 2022 年的 67.090 2，总体保持上升趋势，说明我国新 ICT 的发展水平在不断增强，尤其是近几年呈现出快速增加的态势（图 3-2）。

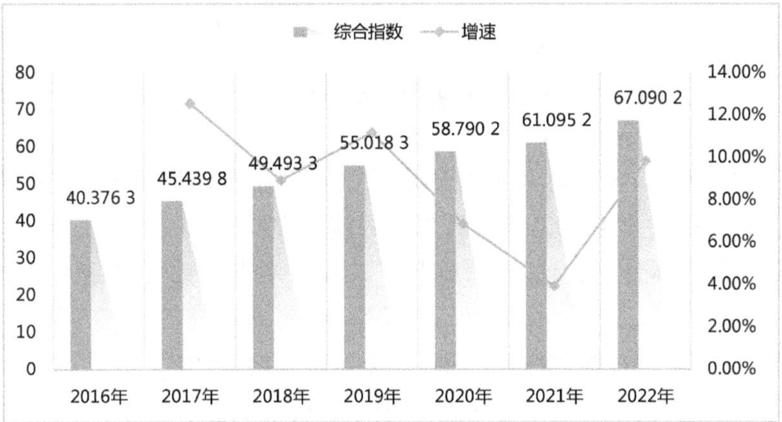

图 3-2　全国新 ICT 发展水平综合指数

3.2.1.2　区域发展阶梯分布特征明显

2022 年,31 个省/市/自治区的新 ICT 发展水平评估结果如图 3-3 所示。

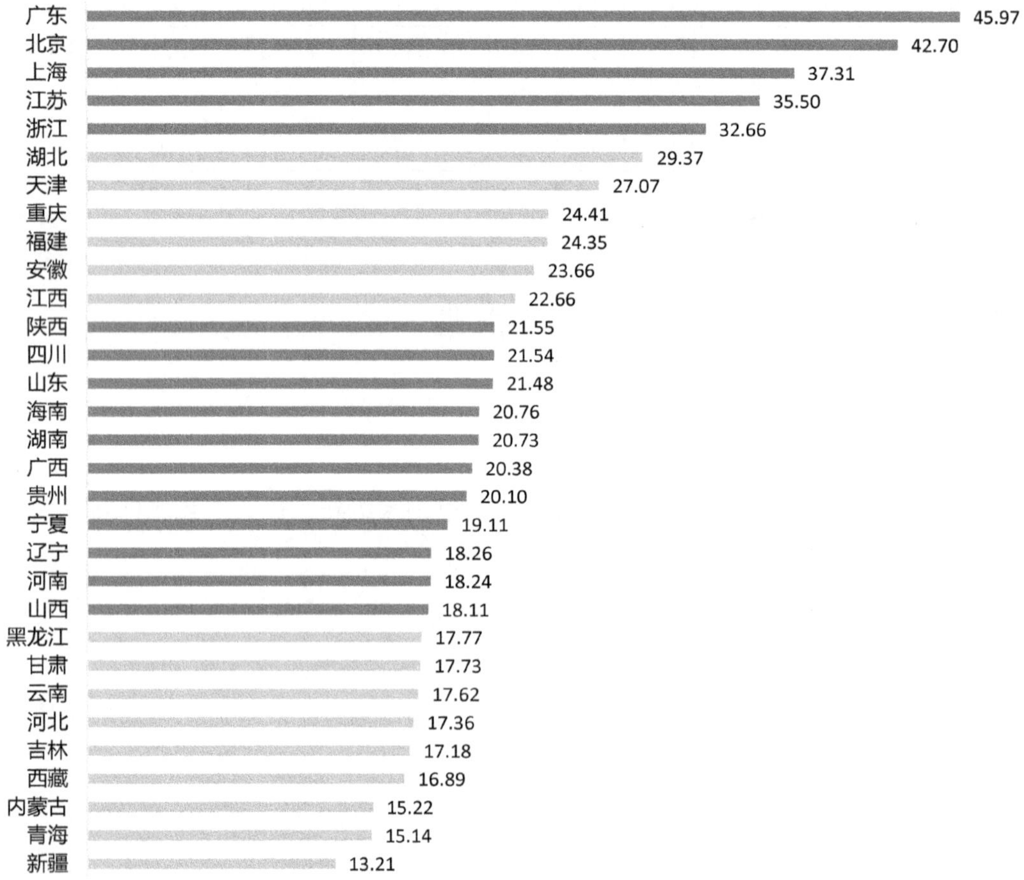

图 3-3　2022 年各省/市/自治区新 ICT 发展水平

从图 3-3 可以看出,区域新 ICT 发展水平差异仍较为显著。2022 年,排名首位的为广东省,遥遥领先,指数为 45.97,是排名末位的新疆维吾尔自治区的 3 倍多。

从指数数值的具体分布看,区域的新 ICT 的发展水平大致可以分为 3 个梯队。第一梯队由广东、北京、上海、江苏、浙江、湖北、天津、重庆、福建、安徽、江西等 11 个省/市组成,总体来看,这些省/市总指数均超过 21,在全国范围内,新 ICT 的产业发展水平处于领先;但是地区间的发展水平差距较为明显,其中,广东、北京总体水平占据非常明显的优势,上海和江苏也以比较接近的指数排在前列。第二梯队包括陕西、四川、山东等 11 个省/市/

自治区，这些地区的新 ICT 的总指数处于 18～22 之间，与第一梯队相比，新 ICT 发展水平仍然有一定的差距，提升空间较大；但是梯队内多个相邻排列的省/市/自治区总指数差距较小，竞争较为激烈。第三梯队由黑龙江、甘肃等 9 个省/自治区组成，发展水平均低于 18，可见这些地区的新 ICT 行业发展水平总体滞后，需积极借鉴学习领先地区的发展经验，加大在新 ICT 行业的追赶投入。

3.2.1.3　区域集聚发展态势日益凸显

从区域发展来看，我国新 ICT 产业已基本形成以京津冀、珠三角、长三角和中西部地区为集聚发展区的发展态势，不同区域呈现出独特鲜明的发展特征。

北京作为全国经济文化发展核心，其新 ICT 发展水平在全国排名第 2，在京津冀区域的新 ICT 产业发展中也处于主导地位，并以自身强大的辐射作用带动周边发展，因此该区域新 ICT 发展集聚程度非常高，其中天津处在全国第一梯队，河北处在全国第三梯队。在珠三角地区，广东发展指数高达 45.97，以遥遥领先的优势位居全国首位，广东成为珠三角新 ICT 产业发展的核心，引领地区集聚发展。在长三角地区，三省一市的新 ICT 发展水平均跻身全国第一梯队，总体发展水平高于其他片区，其中，上海总指数为 37.31，处于长三角地区第一和全国第 3，呈现出以上海为龙头，三省一市齐头并进的集聚格局。中西部聚集区包括湖北、重庆、陕西、四川和贵州五个省/市，其中，该区域湖北和重庆的发展水平分别位列全国第 6、第 8，其余省/市以较小差距处在全国的中游水平，成为我国新 ICT 产业发展的中坚力量和新增长极。

3.2.1.4　先进省/市/自治区均衡发展，后发省/市/自治区特色赶超

表 3-4　2022 年部分省/市/自治区新 ICT 综合指数与分项指数对比分析

地区	综合指数	基础环境指数	产业发展指数	企业能力指数
广东	45.97	9.34	24.17	12.46
北京	42.70	13.95	15.80	12.95
上海	37.31	9.98	13.84	13.49
江苏	35.50	7.75	16.29	11.46
浙江	32.66	7.08	14.23	11.35
湖北	29.37	5.88	14.04	9.45
天津	27.07	7.31	11.22	8.54

（续表）

地区	综合指数	基础环境指数	产业发展指数	企业能力指数
重庆	24.41	5.23	10.06	9.12
福建	24.35	5.55	11.79	7.01
安徽	23.66	5.37	9.18	9.11
江西	22.66	4.81	10.21	7.64
陕西	21.55	4.87	9.64	7.04
四川	21.54	4.72	8.28	8.54
山东	21.48	4.87	9.07	7.54
海南	20.76	3.86	9.02	7.88
湖南	20.73	4.58	7.88	8.27
广西	20.38	5.54	8.04	6.80
贵州	20.10	4.08	8.75	7.27
宁夏	19.11	4.87	8.95	5.29
辽宁	18.26	4.97	6.74	6.55
河南	18.24	4.39	7.39	6.46
山西	18.11	3.93	5.34	8.84
黑龙江	17.77	3.86	6.63	7.28
甘肃	17.73	3.64	6.61	7.48
云南	17.62	3.38	5.31	8.93
河北	17.36	3.98	6.14	7.24
吉林	17.18	3.84	5.87	7.47
西藏	16.89	2.85	6.60	7.44
内蒙古	15.22	4.31	5.44	5.47
青海	15.14	3.35	5.95	5.84
新疆	13.21	3.46	5.30	4.45

由表 3-4 可见，处于新 ICT 发展水平第一梯队的 11 个省/市，在新 ICT 的基础环境、产业发展和企业能力 3 个一级分指数中的表现基本与总指数分布态势大体一致，三个维度的发展相互促进，互为助力，协同增长，其中广东、北京、上海、江苏、浙江尤为典型，分指数全部处于全国前列。四川、湖南、山西分别作为全国第 13 名、第 16 名和第 22 名，新 ICT 发展水平虽然处在第二梯队，但是其新 ICT 企业能力较强，新 ICT 企业能力指数直

逼新 ICT 发展水平最高的东部沿海地区。这些省份主要围绕本地产业特色和发展需要，积极推动传统产业数字化转型，形成新 ICT 与传统行业的较深层次融合，从而推动其新 ICT 企业的做大做强。目前位列全国第 17 名的广西壮族自治区则以完善基础环境为立足点，依托较为完善的相关政策，建立健全组织机构，发挥聚集示范作用，以发展环境驱动新 ICT 产业整体进步，逐步成为广西新 ICT 产业发展迈向新台阶的重要路径。

3.2.2　分区域评估*

从对我国东部、中部、西部和东北部等区域的新 ICT 发展水平来看，也呈现出区域间的差别性发展态势。总体来看，东部地区新 ICT 发展水平最高，新 ICT 发展总指数达到 305.16，占全国新 ICT 发展总指数的 42.74%；西部地区以 222.90 的总指数位列全国第 2，在全国的占比为 31.22%；中部和东北地区新 ICT 发展指数分别为 132.77 和 53.21，在全国新 ICT 发展总指数中分别占据 18.59% 和 7.45%（图 3-4、图 3-5）。

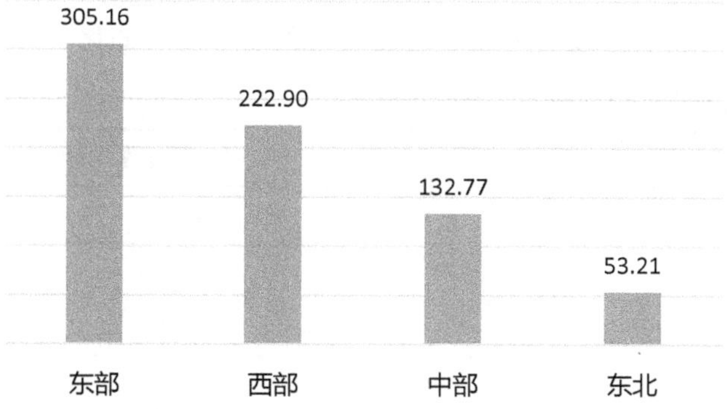

图 3-4　2022 年区域新 ICT 发展指数

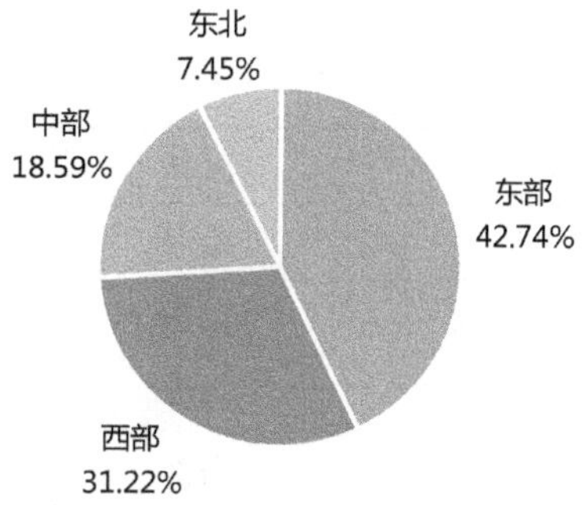

图 3-5　2022 年区域新 ICT 发展指数在全国总指数中的占比

---

* 国家区域划分：为科学反映我国不同区域的社会经济发展状况，为党中央、国务院制定区域发展政策提供依据，根据《中共中央、国务院关于促进中部地区崛起的若干意见》《国务院发布关于西部大开发若干政策措施的实施意见》以及党的十六大报告的精神，现将我国的经济区域划分为东部、中部、西部和东北四大地区。东部包括：北京、天津、河北、上海、江苏、浙江、福建、山东、广东和海南。西部包括：内蒙古、广西、重庆、四川、贵州、云南、西藏、陕西、甘肃、青海、宁夏和新疆。中部包括：山西、安徽、江西、河南、湖北和湖南。东北包括：辽宁、吉林和黑龙江。

3.2.2.1 东部地区：整体发展水平一马当先，7 省/市在前 10 名中榜上有名

从东部地区的组成来看，主要覆盖了京津冀、珠三角、长三角部分这 3 个新 ICT 集聚发展的区域，具备非常突出的新 ICT 发展基础，整体发展模式先进，发展水平较高，以显著优势成为引领全国新 ICT 产业发展的典范地区。其中，广东、北京、上海、江苏、浙江、天津、福建的指数处于全国新 ICT 发展指数前 10 名。山东、海南新 ICT 发展处在全国中游水平，分别取得了第 14 名和第 15 名的成绩。河北的新 ICT 发展总指数仅为 17.36，与东部地区其他省份相比水平稍显逊色（见图 3-6、表 3-5）。

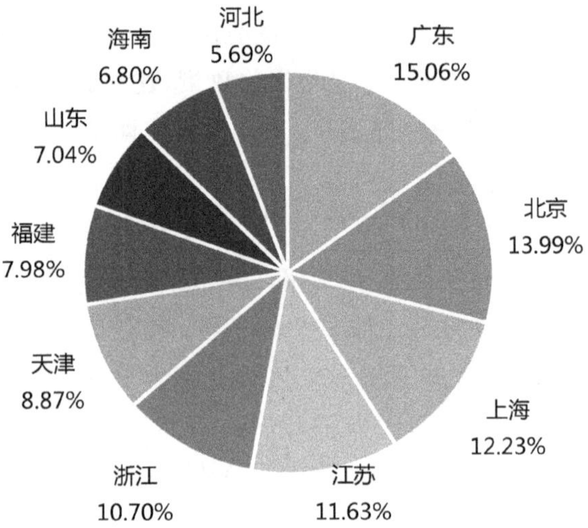

图 3-6 2022 年东部地区新 ICT 发展占比

表 3-5 2022 年东部地区新 ICT 发展指数

排名	区域	地区	综合指数
1	东部	广东	45.97
2	东部	北京	42.70
3	东部	上海	37.31
4	东部	江苏	35.50
5	东部	浙江	32.66
7	东部	天津	27.07
9	东部	福建	24.35
14	东部	山东	21.48
15	东部	海南	20.76
26	东部	河北	17.36

3.2.2.2 西部地区：点线面格局渐成，重庆成为西部新 ICT 发展“排头兵”

西部地区省/市/自治区在新一代信息通信技术产业发展方面，已经积累形成了一定优势，其中，重庆、贵州、内蒙古是国家大数据综合试验区，四川、陕西在软件与信息技术服

务业方面具有雄厚基础，云南、广西、宁夏、甘肃等地也具有较大的发展潜力。从新 ICT 发展综合指数来看，西部地区的总水平在全国总指数中的比例约 29%，成为全国新 ICT 产业发展的第二大集聚区。从总体发展格局来看，西部地区呈现出以重庆为核心点，陕、川、贵、桂为重要发展线，进而辐射带动整个地区的发展特征。其中重庆新 ICT 发展指数达到 24.41，位列全国第 8 名，成为西部地区新 ICT 产业发展的“排头兵”“领头雁”，紧随其后的陕西、四川、广西、贵州、宁夏五个省/自治区均位列全国前 20 名。

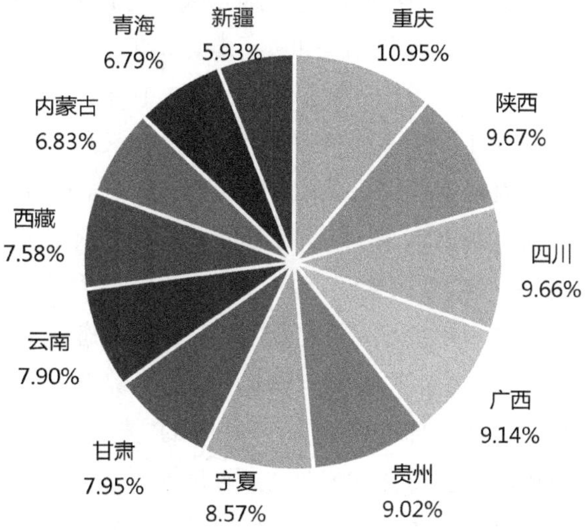

图 3-7　2022 年西部地区新 ICT 发展占比

表 3-6　2022 年西部地区新 ICT 发展指数

排名	区域	地区	综合指数
8	西部	重庆	24.41
12	西部	陕西	21.55
13	西部	四川	21.54
17	西部	广西	20.38
18	西部	贵州	20.10
19	西部	宁夏	19.11
24	西部	甘肃	17.73
25	西部	云南	17.62
28	西部	西藏	16.89
29	西部	内蒙古	15.22
30	西部	青海	15.14
31	西部	新疆	13.21

3.2.2.3 中部地区：渐成新 ICT 发展新增长极，鄂皖双星闪耀领先明显

中部地区包括湖北、安徽、江西、湖南、河南和山西这 6 个省份，在区位关系上，中部地区东邻组成新 ICT 发展最前沿的京津冀、珠三角、长三角，西靠提升空间巨大的贵州、陕西、重庆等省/市。随着国内新 ICT 产业营商环境的不断优化，重点企业、重点项目的签约落户，以及新 ICT 人才培养体系的进一步完善，湖北新 ICT 产业生态建设步伐加快，发展水平位列全国第 6，发展综合指数达到 29.37，是中部地区新 ICT 发展的“先行者”。特别是在大数据行业的发展上，湖北依托国家网安基地中金大数据中心、武钢大数据中心、楚天云大数据中心、腾龙光谷大数据中心等载体，大数据行业应用的拓展取得突出成效。紧随湖北之后的安徽，聚力打造良好的创新环境、全面提升创新能力，新 ICT 产业发展指数达到 23.66，全国排名第 10。江西省高度重视优化基础环境，注重提升新 ICT 新产品的开发能力和技术支撑能力，不断推进新 ICT 产业生态体系的构建和完善，其 22.66 的发展指数位列全国第 11 名。湖南、河南、山西三省分别处在全国第 16 名、第 21 名和第 22 名，与中部地区前两名相比差距明显，新 ICT 产业发展提升空间较大。

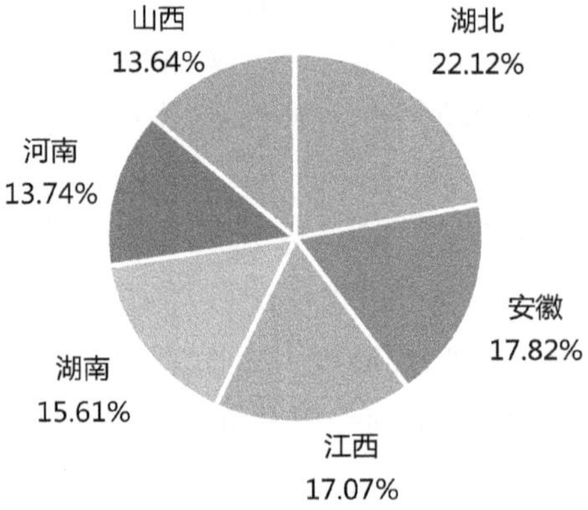

图 3-8　2022 年中部地区新 ICT 发展占比

表 3-7　2022 年中部地区新 ICT 发展指数

排名	区域	地区	综合指数
6	中部	湖北	29.37
10	中部	安徽	23.66
11	中部	江西	22.66
16	中部	湖南	20.73
21	中部	河南	18.24
22	中部	山西	18.11

3.2.2.4 东北地区：整体水平有待提升，辽宁或成为东北地区新 ICT 起飞的突破口

东北地区南部与京津冀相邻，西部与内蒙古接壤，包括辽宁、黑龙江与吉林 3 个省份。

辽宁新 ICT 的发展指数为 18.26，居东北地区首位，位列全国第 20 名，处在全国中游水平。黑龙江和吉林的新 ICT 发展略显逊色，发展总指数分别为 17.77 和 17.18，排在全国第 23 名和 27 名。近年来，辽宁高度重视数字产业化和产业数字化，坚持硬核实力的提升和软环境的打造，用新一代信息通信技术赋能优势传统产业加速转型升级，并取得了显著成果。2021 年，出台了《辽宁省工业互联网创新发展三年行动计划（2021—2023 年）》，提出了网络体系建设、标识体系建设等 11 个方面重点工作和 44 项具体措施。2022 年，辽宁 6 个项目成功入选工信部 2022 年工业互联网试点示范名单。与黑龙江和吉林两省相比，辽宁省具备相对优厚的发展条件，在新 ICT 基础环境建设和创新能力提升等方面成效显著，作为东北地区的中坚力量，未来在新 ICT 产业的发展上也将具有强大潜力。

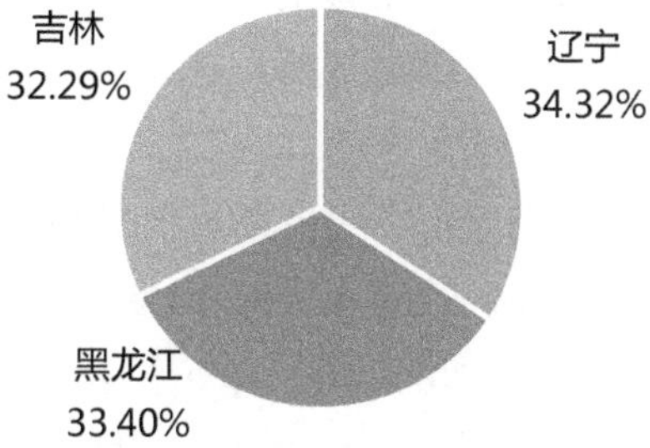

图 3-9　2022 年东北地区新 ICT 发展占比

表 3-8　2022 年东北地区新 ICT 发展指数

排名	区域	地区	综合指数
20	东北	辽宁	18.26
23	东北	黑龙江	17.77
27	东北	吉林	17.18

3.3　新 ICT 发展水平分项指数

3.3.1　基础环境指数

新 ICT 产业发展基础环境指数由经济基础、人才基础、投资环境、研发环境、信息化基础五个变量决定。党中央、国务院高度重视新一代信息技术创新和赋能经济社会发展中的地位和作用。党的十九届五中全会指出，加快推动新一代信息技术、新能源、新能源汽车、新材料、高端装备、生物技术、绿色环保以及海洋装备、航空航天等产业的发展壮大。2020 年 11 月，习近平总书记在二十国集团领导人第十五次峰会第一阶段会议上强调，要主动应变、化危为机，以科技创新和数字化变革催生新的发展动能。党中央深刻把握新一代信息技术发挥的主导作用，强调要充分利用新 ICT 推动"双循环"新发展格局的构建，这一重要部署成为我国新 ICT 产业未来发展应当遵循的根本思路。

在国家全面部署实施大数据战略的引领下，各省（自治区、直辖市）陆续出台与之配套的促进当地新一代信息技术产业发展相关的规划、行动计划和指导意见等文件，加快新 ICT 产业创新资源的集聚，夯实发展产业基础，释放和激发当地新 ICT 产业发展活力和潜力。据统计，截至 2022 年底，全国出台的省级、市级及以下新一代信息通信技术发展和应用相关政策文件总计已达 600 份，其中 31 个省/市/自治区新 ICT 产业基础环境指数评估结果如图 3-10 所示。2022 年全国新 ICT 技术基础环境总指数达到 442.92，平均指数达到 14.29。

3.3.1.1 各省/市/自治区新 ICT 产业基础环境级差显著

从图 3-10 中可以看出，各省市新 ICT 基础环境差异显著。北京市以 42.74 的基础环境指数得分稳居全国第一位，并且超过排名第二位的上海 13.11 分。北京的新 ICT 产业组织机构健全，发展规划清晰，拥有发展新 ICT 产业坚实的基础设施与雄厚的人才基础，具备位列全国第一梯队的天然优势。第二梯队省/市的新 ICT 基础环境得分处于 20～30 之间，包括上海、广东、江苏、天津、浙江等 5 个省/市，虽然与第一梯队存在一定差距，但总体处于新 ICT 产业基础环境的快速发展期，追赶势头迅猛。处于 10～16 分数段的湖北、福建、广西、安徽等 14 个省/市/自治区属于第三梯队，与第一、二梯队的差距较大，正处于新 ICT 产业基础环境发展的成长期，需要在基础环境的建设上提高投入。新 ICT 产业基础环境第四梯队包括贵州、河北、山西等 11 个省/自治区，得分普遍较低，基础环境发展相对比较落后，处于新 ICT 产业基础环境发展的创新发展期，未

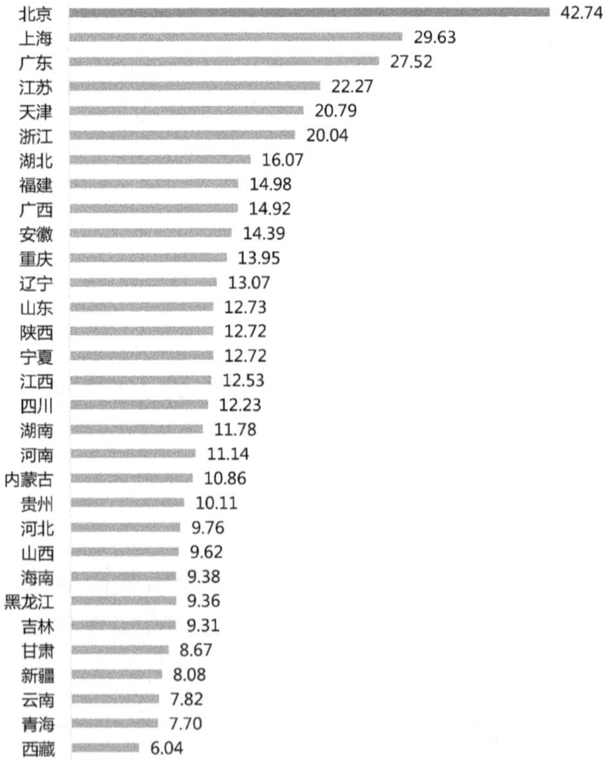

图 3-10 2022 年部分省（自治区、直辖市）新 ICT 基础环境指数

来需要肩负起基础设施建设的艰巨任务。

3.3.1.2　东部省/市基础环境整体优越，占据前 10 名中前 7 个席位

表 3-9　2022 年东部地区新 ICT 基础环境指数情况

排名	区域	省份	基础环境指数
1	东部	北京	42.74
2	东部	上海	29.63
3	东部	广东	27.52
4	东部	江苏	22.27
5	东部	天津	20.79
6	东部	浙江	20.04
8	东部	福建	14.98
13	东部	山东	12.73
22	东部	河北	9.76
24	东部	海南	9.38

根据表 3-9 可以看出，北京、上海、广东、江苏等 7 个东部省/市的新 ICT 产业基础环境指数位列全国排行榜前 10 名中，表现十分抢眼。

从图 3-11 中可以看出，处于全国新 ICT 产业基础环境前 10 名的省/市多维度发力，在经济基础、人才基础、投资环境、研发环境、信息化基础等方面各有侧重，并且均取得了较为突出的成效。在信息化基础设施建设方面，各省/市 4G、5G 网络提供的高速的下载速度、移动宽带的高普及率、数据中心的建设等极大地推动了新 ICT 的快速发展。例如，广东省目前拥有广州、深圳两大国家级超算中心，三大电信运营商和华为、腾讯等互联网龙头企业建成的一批智能化、绿色化云数据中心，已形成结构完善、布局合理、应用全覆盖的格局。在要素方面，依靠国家大数据综合试验区、新一代人工智能综合试验区、国家新型工业化示范基地、国家车联网示范区等平台载体的拉动作用，各省/市能够吸引更多的企业、人才、研发资金等创新资源向区域集聚，集聚示范效应显著，为推动区域集聚快速发展奠定了良好基础。此外，这些省/市高等教育发达，高端人才净流入率普遍较高，拥有大量新 ICT 产业领军人才、高端研发人才和前沿复合型人才，为新 ICT 产业发展提供了坚实的智力保障。

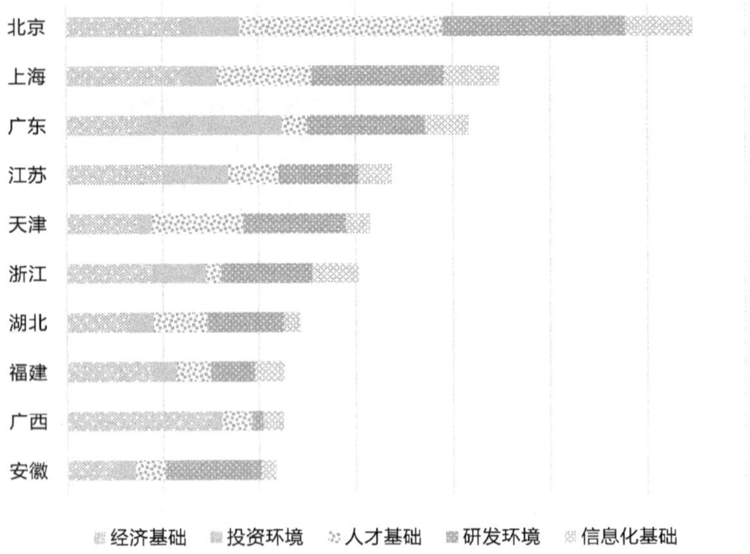

图 3-11　2022 年新 ICT 基础环境全国前 10 名各分项指标情况

3.3.1.3　西部省/市/自治区后发赶超势头强劲，桂渝入围全国前 10 名

广西、重庆两大西部省/市冲入新 ICT 基础环境排行榜前 10 名，分别位列第 8 名、第 10 名。广西壮族自治区深入推进数字广西建设，从 2018 年数字广西大会召开以来，自治区党委、政府以中国—东盟信息港和数字广西建设为契机，积极发展数字经济产业，大力推动新一代信息通信技术与实体经济、政府治理、民生服务进一步融合取得了明显成效，在全区加快推进数字广西和中国-东盟信息港建设、全面落实“五网”建设和新基建、加快培育发展新动能和新经济。广西电子学会成立 60 年来，在电子信息及云计算、大数据、物联网、人工智能、5G 等新一代电子信息技术的科技创新、科学普及、推广应用、人才培养等方面做了大量工作，为广西新一代信息技术产业发展做出了重要贡献。重庆市不断强化组织建设水平，优化政策环境，出台《关于全面推行“金凤凰”领飞计划助推西部（重庆）科学城建设的实施意见》《高新区加快新一代信息技术产业发展若干政策》等政策文件，进一步发挥重庆高新区创新资源优势，推进以集成电路、5G、工业互联网和人工智能为核心的新一代信息技术产业的加快发展，为重庆新 ICT 产业聚集发展、建设智造重庆奠定坚实基础。

3.3.1.4　中部省份基础环境蓄势待发，鄂皖赣破圈潜力巨大

整体来说，中部省份新 ICT 产业基础环境发展相比东西部地区较为落后，湖北、安徽进入全国前 10 名，江西、湖南、河南排名全国第 16、18、19 名，具有冲击前 10 的巨大潜力。其中，湖北省凭借 16.07 的分数排名最高，处于全国第 7 位，安徽省得分 14.39 紧随其后，排名第 10。从中部 6 个省份分指标对比图（图 3-12）可以看出，湖北省和河南省在人才基础这方面表现突出。整理教育部公布的多年普通高等学校本科专业备案和审批结果可知，河南、湖北两省多所院校获批开设新 ICT 的相关专业和课程，为本地新 ICT 产业的发展培养和储备大量的对口人才。安徽在研发环境的得分较高，近年来，安徽全面落实科技创新发展的核心战略，面向国家战略和新兴产业，聚焦创新要素集聚、创新平台搭建和创新环境打造等科技创新的关键环节和领域，成功实现了由科教资源大省向科技强省、创新强省的转变。

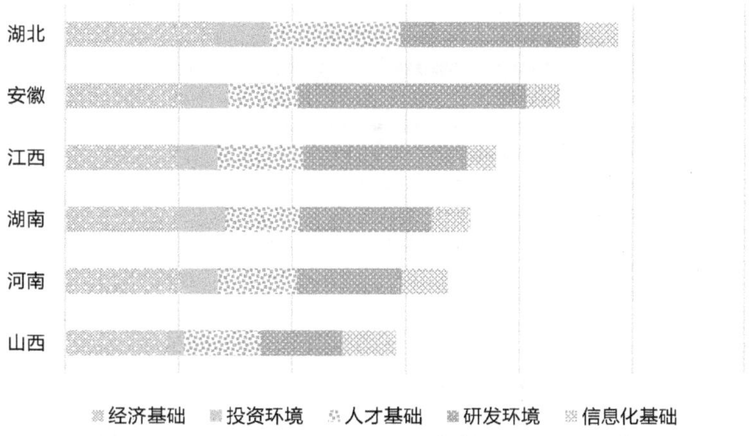

图 3-12　2022 年中部地区新 ICT 基础环境的各分项指标情况

3.3.2　产业发展指数

新一代信息通信技术是国务院确定的七个战略性新兴产业之一，根据《战略性新兴产业分类（2018）》（国家统计局令第 23 号），新一代信息技术产业主要包括：下一代信息网络产业、电子核心产业、新兴软件和新型信息技术服务、互联网与云计算大数据服务以及人工智能等五个方面。近年来，中国新一代信息技术产业发展态势良好，相关政策有力提升了产业融合创新水平和实体经济高质量发展。2020 年伊始，突如其来的新冠肺炎疫情（COVID－19）爆发，虽然给城市生产生活按下了暂停键，却验证了数字经济对支撑中国

社会有序运转的关键作用。暂时的“无接触”并没有完全阻断人们生活所需，相反，却让人们更加切身感受到新 ICT 的无限力量，而数字科技企业借助丰富多样的技术创新，依托数字化和智能化手段，全方位参与到疫情防控和经济恢复中，增强了政府、企业、公众早日走出新冠阴霾的光明与信心。在国家统筹疫情防控和经济社会发展的情况下，推动新一代信息技术产业加快发展是缓解经济下行压力的必然选择，也是兼顾短期刺激有效需求和长期增加有效供给的优先选择。从数据来看，我国新 ICT 产业持续高速增长，在经济社会各领域中的深度融合应用不断深化，新 ICT 成熟度和产业创新能力加速提升，催生出一大批新产品、新业态、新模式、新服务，已经成为驱动我国转换经济增长方式的先导力量。我国 31 个省/市/自治区大数据产业发展指数评估结果如图 3-13 所示，2022 年全国新 ICT 产业发展总指数达到 501.62，各省平均指数达到 16.18。

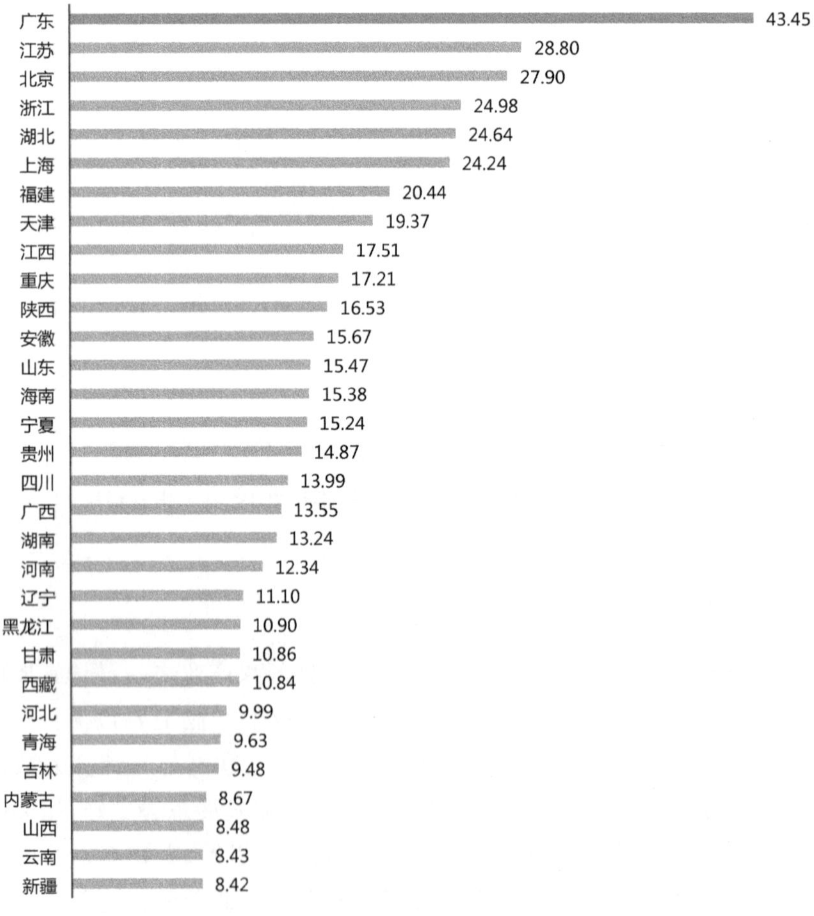

图 3-13　2022 年我国部分省/市/自治区新 ICT 产业发展指数

3.3.2.1　新 ICT 产业发展水平省际差距显著

随着国家级战略性新兴产业集群的布局发展，各新 ICT 产业集聚区围绕不同定位，开展系统性、整体性、协同性新 ICT 产业发展探索，新 ICT 产业步入黄金发展期。其他地方政府也基于地方特色和产业基础，积极布局，通过建立新 ICT 产业园、招引培育新 ICT 企业等举措大力发展新 ICT 产业(表 3-10)。

表 3-10　首批国家级战略性新兴产业集群——新一代信息技术产业

领域	城市	项目名称
信息技术服务(7 个)	杭州	杭州市信息技术服务产业集群
	上海	杨浦区信息服务产业集群
	济南	信息技术服务产业集群
	大连	信息技术服务产业集群
	郑州	信息服务产业集群
	澄迈县	信息技术服务产业集群
	贵阳	信息技术服务产业集群
下一代信息网络(3 个)	鹰潭	下一代信息网络产业集群
	武汉	下一代信息网络产业集群
	郑州	下一代信息网络产业集群
网络安全(1 个)	天津	网络信息安全和产品服务产业集群
人工智能(4 个)	上海	徐汇区人工智能产业集群
	深圳	人工智能产业集群
	北京	海淀区人工智能产业集群
	合肥	人工智能产业集群
集成电路(5 个)	上海	浦东集成电路产业集群
	西安	集成电路产业集群
	武汉	集成电路产业集群
	北京	经开区集成电路产业集群
	合肥	集成电路产业集群

但是，由于各省市发展基础和发展速度存在差异，各省之间的新 ICT 产业发展水平的差距也比较显著。广东以 43.45 的指数位列全国第 1，江苏、北京两省/市紧随其后，也排在全国前列，浙江、湖北、上海、福建分列全国第 4 到第 7 名，上述七省/市新 ICT 产业发展指数都高于 20 分。其余绝大部分省市的新 ICT 产业发展指数都低于 20 分，得分低于 10 分的地区也快达到了 1/4。在第一梯队中，广东、北京、江苏、浙江等东部地区省/市均具备卓越的企业基础及技术创新基础，积极推动新 ICT 产业生态体系的培育和壮大，为新 ICT 产业的快速发展提供了有利条件；对于中西部地区的甘肃、山西等省份而言，由于受到本地现有产业基础、人才基础、创新创业水平等因素的限制，导致新 ICT 产业的发展也相对缓慢；此外，黑龙江、吉林等东北地区省份的新 ICT 产业发展指数整体不高，主要原因是在新 ICT 产业发展过程中也存在产业规模不大、企业实力不强、创新能力不高等短板。

3.3.2.2 南“广”北“京”双强双驱格局形成

由图 3-13 可知，广东和北京在新 ICT 产业发展中优势显著，在全国遥遥领先。广东是国内率先关注并推动新 ICT 产业发展的省份之一，新一代信息技术核心产业及相关产业规模均居全国前列，产业链供应链比较健全完整，整体的科创能力不断升级，创新型企业的规模持续扩大。预计到 2025 年，广东新一代信息技术产业规模有望突破 7 万亿元，其中电子信息制造业总产值达到 6 万亿元，软件和信息技术服务业业务收入超过 1.8 万亿元。在产业链方面，广东已基本形成以产业应用为引导、以技术攻关为核心、以基础软硬件为支撑的较为完整的新一代信息技术产业链条。广东基础软硬件支撑实力较强，拥有高水平的云计算支撑平台，广州、深圳、珠海三大集成电路产业集群具备较强的竞争优势，智能传感器技术水平居全国前列。广东在技术攻关方面加速布局，科技专项支持力度不断提升，一大批科技创新成果成功落地转化，产品应用前景广阔。在科技创新能力方面，广东新一代信息技术创新基础扎实，聚集了一批高校基础科研平台和企业深度研发平台，拥有广州和深圳两家国家超级计算中心。其中，国家超级计算广州中心的天河二号超级计算机世界排名第二。同时，广东技术创新成果陆续涌现，腾讯“绝艺”、华为网络大脑、佳都科技人脸识别等技术水平居世界前列，一大批技术已进入广泛的实际应用阶段。在创新企业规模方面，随着新一代信息技术进入蓬勃发展期，广东陆续涌现出一大批创新创业企业，初步形成了以腾讯、华为等大型龙头企业为引领，众多中小微企业蓬勃发展的格局。当前，广东新 ICT 产业全面提速，呈现出“广深引领、珠三角集聚、粤东西北紧随”的区域协调发展态势。

北京在新 ICT 产业发展方面提前布局，在 2017 年发布《北京市加快科技创新发展新一代信息技术产业的指导意见》，为新 ICT 产业发展奠定了良好的环境和产业基础。在细分产业发展方面，集成电路产业链上下游环节齐备，聚集了紫光展锐、大唐半导体、智芯微电子等国内龙头设计企业和京东方、联想、小米等国内优质的整机系统厂商；人工智能产业企业数量多、行业分布广、技术含量高，集聚了旷视科技、商汤科技、寒武纪、地平线等一大批具备颠覆性原创核心技术的创业企业，已初步形成覆盖全产业链、协同发展良好的产业集群。云计算和大数据产业具备一批关键核心技术、平台和产品，以及高标准、高效能、高可用、低成本的云服务和大数据应用。在产业模式上，优化整合了投资基金、产业链和创新孵化等发展要素，在全球首创“云基地”，拥有以百度、京东、小米、新浪等为代表的网络入口型、电子商务型、智能设备型和新媒体型平台类型，形成新 ICT 产业生态链。企业培育方面，北京集聚了全国最大规模和最有价值的企业资产，企业数量和质量在全国遥遥领先，到 2022 年北京拥有 90 家独角兽企业，占全国近 1/3，数量全国第一。创新能力方面，北京作为中国“双创”的策源地，其双创平台数量居全国首位，重要地位难撼；北京市的 R&D 经费投入强度高达 6.17%，在全国遥遥领先。

3.3.2.3　“一点一线”集聚发展态势显著

2022 年，我国新 ICT 产业发展呈现明显的阶梯差异，发展水平由东部沿海向西南腹地逐级降低。从区域来看，新 ICT 产业发展头部前八强主要集中在珠三角、长三角和京津冀组成的东南沿海“一线”。由于东部沿海省/市具有良好的经济基础和信息产业基础，相关省/市在新 ICT 产业发展中也走在全国前列，并引领全国新 ICT 产业发展。

此外，湖北省以 24.64 的指数位列全国第 5 名，成为中西部地区唯一进入前八强的中西部“一点”省份。湖北省积极适应新 ICT 产业集聚发展趋势要求，加强产业载体建设，全省以强链、补链、延链为核心，坚定推进产业集群建设。积极构建芯片—显示—智能终端全产业链生态体系，打造一批世界级产业集群，阿里巴巴华中总部、华为长江鲲鹏、浪潮华中总部等一批重大项目相继落地建设。积极创建国家软件名园，扩大升级信息消费，大力发展线上经济、无人经济、到家经济、宅经济，2021 年全省软件产业业务收入 2 185 亿元，同比增长 13.5%，产业规模在全国排名第 10 位。编制实施省级人工智能和大数据产业链行动计划、支持武汉创建国家人工智能创新应用先导区，引导资源投入，推动从“制造”向“智造”转型，至 2025 年，全省人工智能产业规模将达到 10 000 亿元。

3.3.3 企业能力指数

近年来，新一代信息技术赋能产业升级的价值和潜力得到广泛认可，国家部委先后印发了《关于运用新一代信息技术支撑服务疫情防控和复工复产工作的通知》《关于深化新一代信息技术与制造业融合发展的指导意见》等深化新 ICT 融合应用的政策文件，各省/市/自治区加快探索利用新 ICT 提升工业、金融、电信、商贸、政务等行业发展的新模式，新 ICT 企业蓬勃发展。

新 ICT 企业能力指数由规模水平、管理能力、技术水平、营运能力、盈利能力五个部分组成。我国部分(31 个)省、市、自治区新 ICT 企业能力指数评估结果如图 3-14 所示，全国新 ICT 企业能力总指数达到 1 326.79，平均指数达到 42.80。其中，上海位列第一，新 ICT 企业能力指数为 76.62，北京、广东紧随其后，分别为 71.61、68.54，组成第一梯队。

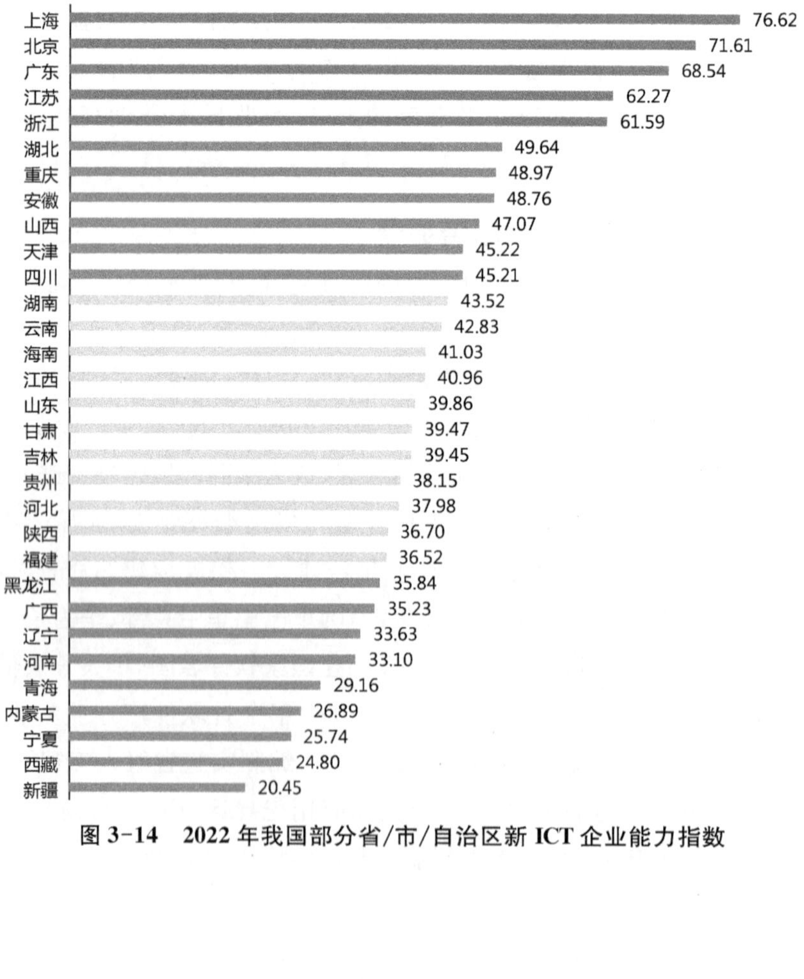

图 3-14 2022 年我国部分省/市/自治区新 ICT 企业能力指数

3.3.3.1　新 ICT 企业能力水平呈阶梯分布

在国家数字经济战略的指引下，各省/市/自治区持续推动数字产业化发展，新 ICT 企业发展水平整体向好，但地区差距仍然较大。如图 3-14 所示，上海、北京、广东、江苏、浙江位列第一梯队，指数水平均在 60 以上，第一梯队 5 个省/市在全国总指数中占比 25.67%；湖北、重庆等 6 个省/市居第二梯队，指数水平明显低于第一梯队，但彼此相差不大，第二梯队总指数占比 21.46%；湖南、云南等 11 个省份位列第三梯队，指数水平位于 35～45 之间，第三梯队总指数占比 32.90%；黑龙江、广西等 9 个省/自治区位列第四梯队，指数水平位于 36 以下，第四梯队总指数占比 19.96%。

3.3.3.2　东南沿海新 ICT 应用水平较高，中部地区以四川为中心向外辐射

上海、北京、广东、江苏、浙江等东部沿海地区发展水平较高，总体呈现出以东南沿海为原点，辐射全国的地域特征。东部地区相较于中部和西部地区，改革开放起步早，经济发展水平较高，新 ICT 企业发展程度普遍偏高。京、沪、粤分别代表中国目前三大经济增长极，均将新一代信息技术产业作为经济增长的新动能，由此产生的竞争已经从企业层面上升为地区综合实力的比拼。北京、上海分别提出建立国家“科技创新中心”，深圳提出打造“世界创意之都”，在此相互竞争的过程中，三地均以财税、金融、人才等综合服务为抓手，为本地积极吸纳、培育科技新一代信息技术产业中的领头羊。从这一层面看，三地间的竞争有利于从整体改善中国高科技创新企业的生态环境，从而成为中国科技创新驱动力的策源地。

此外，位于第三、四梯队的重庆、四川，新 ICT 企业能力水平明显高于周边省/市，中部地区新 ICT 企业发展以成渝为中心向外辐射，这意味着中部和西部地区在新一代信息技术产业中逐渐崛起，行业分布开始走向多极化。在成都，正涌现出越来越多的高质量创新主体，2021 年新增国家级高新技术企业 1 600 余家，总数超过 7 800 家，高新技术产业营收达到 1.1 万亿元。为培育高新技术企业，成都从 2020 年开始实施高新技术企业培育计划，并出台高新技术企业认定奖补管理办法，为 1 万余家科技型企业提供精准服务和培训辅导，鼓励企业加大研发力度，通过采取“企业先行投入、政府事后奖补”的方式，成都引导企业建立研发准备金制度，通过研发增量奖补引导企业研发投入 104.6 亿元、增量投入 36.08 亿元。此外，营造良好的孵化环境，全市拥有国家级科技企业孵化器 21 家，众创空间及科技企业孵化器 268 家，在孵企业及团队 1 万余家。

目前，多地已经意识到新一代信息技术产业对城市发展的重要作用，纷纷出台优惠的财税金融政策，鼓励相关企业在本地落户，做强做大。新一代信息技术企业的未来竞争格

局将进一步升级为地区间的竞争。

3.3.3.3　科技创新在新 ICT 企业核心竞争力中处于关键地位

对企业能力指数的分项指标进行细致分析发现，我国新一代信息技术企业的竞争力在不同指标维度上呈现出不同的趋势，据此为针对性应对策略的提出找到依据（图 3-15）。

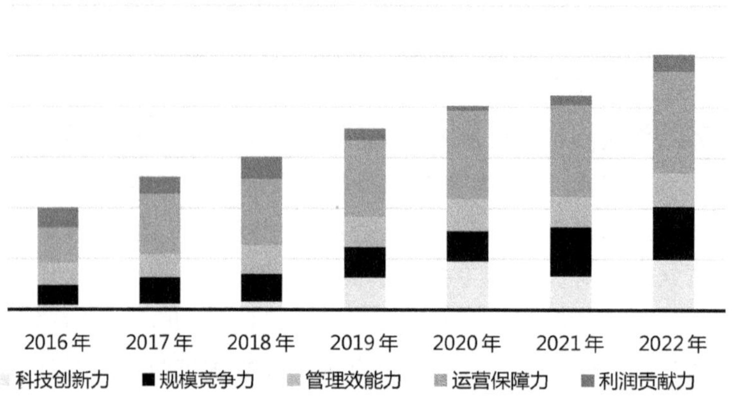

图 3-15　新一代信息技术产业竞争力指数分项指标

（1）科技创新力水平

从数据来看，科技创新力指数值逐年增加，特别是在近三年上升幅度非常明显，说明我国新一代信息技术企业的技术水平、研发创新投入呈现快速上升趋势。在竞争日趋激烈的国际背景下，企业越来越重视技术创新在企业核心竞争力中的关键地位，我国新一代信息技术产业竞争力也更多源自于企业在专业技术上的探索和深耕。2016 年，平均研发支出占营业总收入的比重为 5.21%，2020 年达到 8.95%，同时，本科以上人员占比也从 30.26%上升到 49.23%，研发投入、人才早已成为新一代信息技术企业市场竞争力提升的关键要素。

（2）规模竞争力水平

整体上看，企业总体规模正在不断扩大。平均营业总收入从 2016 年的 38.50 亿元，增加到 2022 年的 72.47 亿元，增长 1.8 倍多。同期平均总资产则由 86.71 亿元增加到 98.76 亿元。从权重看，两项指标的权重分别达到了 13.85%和 27.47%，远高于平均权重 7.15%，说明企业规模增加带来规模效应正在成为产业总体竞争力提升的重要源泉。

（3）管理效能力水平

管理效能力水平逐年平稳上升，2016 年，企业平均管理费用为 3.98 亿元，2022 年下降到 3.01 亿元，年均下降 6.7%，同期销售费用占营业总收入平均比重也由 7.62%下降至 7.54%，两项指标均有微弱的下降。从实际需求看，随着企业经营规模的增加和市场的扩大，这两项费用保持水平或出现增加也属于正常现象。从长远来看，企业应当高度重视管理能力的保持和提升，强化内部运作协调和信息传递，构建适应数字化时代的企业氛围。

（4）运营保障力水平

运营保障力要求企业以尽可能少的资产投入创造尽可能多的收益。对比其他指标可以看到，营运能力指标是所有分项指标中综合评价最高、增长速度最快的，2016 年为 1.376 2，2022 年为 3.987 7，增长了近 2.9 倍。其中，应收账款周转率和固定资产周转率的测度值在总测度值的占比达到 60%以上，另两项细分指标的分值占比小于 40%，说明企业在资金周转率方面需要进一步强化。

（5）利润贡献力水平

获取利润是企业持续推进扩大再生产的重要保证。从测度结果看，我国新一代信息技术产业上市公司的盈利能力近年来呈现下降趋势（图 3-16）。从细分指标看，除企业单位成本获利略有上升，总资产报酬率和销售毛利率都出现明显下降。与其他维度指标对比，企业盈利能力均值是最低的，说明我国新一代信息技术产业的企业整体盈利能力仍然偏弱，对企业竞争力的贡献度不高，这也与新一代信息技术的应用场景丰富程度有密切关系。因此，降低企业生产成本和管理成本，全面提升企业盈利能力，也成为我国新一代信息技术产业可持续发展的重要内容。

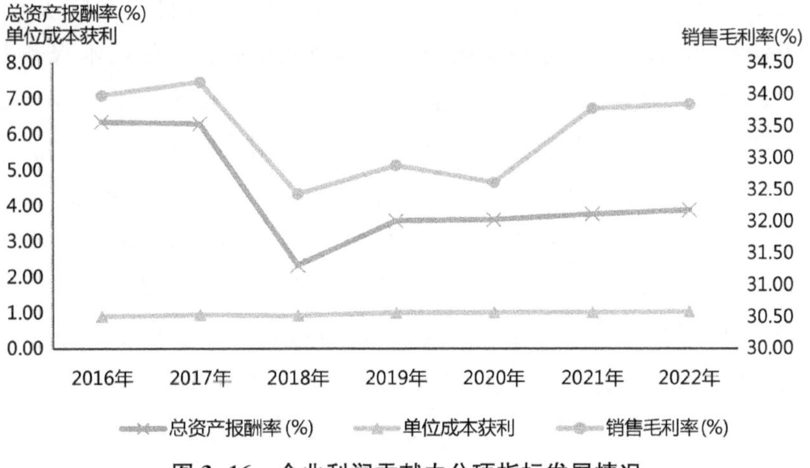

图 3-16　企业利润贡献力分项指标发展情况

通过对新一代信息技术产业企业竞争力的综合评价，我国新一代信息技术产业总体竞争力呈逐年上升的趋势，尤其是在近几年数字经济成为推进经济转型升级新焦点的大背景下，新一代信息技术产业竞争力加速提升。在新一轮科技革命和产业变革中，新一代信息技术产业不仅保持着良好的发展势头，竞争实力也在不断增强。创新是发展的第一动力，技术研发能力和资金投入成为我国新一代信息技术产业实力增强的关键原因，但在经营成本、经营效益、管理效能等方面的短板掣肘产业竞争力进一步提升。同时，我们应当看到，随着新一代信息技术持续向实体经济领域融合渗透，数字化转型成为全球普遍共识和共同选择。在复杂的国际形势之下，我国应当牢牢把握新工业革命带来的历史机遇，深化新一代信息技术与实体经济融合创新，加快数字化转型步伐，才能充分发挥信息技术对全社会全要素生产率的提升作用，培育新动能，激发新活力。

从企业发展的角度，应从以下三个方面推动新一代信息技术产业的高质量发展。

一是持续推进新一代信息技术产业研发水平提升。建立以企业为核心的研发创新体系，成立政府、金融机构等多方合作的基金和投融资平台，加大对高新技术企业的研发支持，同时对已认定的独角兽、瞪羚企业提供投融资、税费缴纳等方面的政策优惠。强化科技创新载体平台建设，大力推动基础研究和应用研究，鼓励产学研融合、区域协同等多种创新模式发展，强化产业链与创新链的对接，引导人工智能、量子计算、新一代芯片制造等技术相关的政府科技计划、国家实验室、创新基地合理布局，引导多元创新主体结合区域性人才和基础设施优势开展信息技术与纳米技术、工程技术、制造技术、生物技术的深度交叉融合，推动原创性、颠覆性技术创新的涌现。

二是积极赋能新一代信息技术企业经营效益提升。建立互通共享、智能高效的公共物流平台，加快水、电、气、地供应制度改革，促进经营成本的降低。鼓励政府和龙头企业搭建公共服务体系，全面开展企业员工的信息技术技能培训。搭建技术服务平台，促进科技研发和成果转化。加快推进产业互联网平台建设，为企业提供用工、材料、政策、价格等生产经营相关各方面的供需信息对接，提升企业信息利用效率，减少资源搜寻成本。

三是打造新型产业集群，推动规模化生态化发展。第四次产业革命所带来的技术变革浪潮向电子信息、人工智能、大数据、物联网等产业全面扩散，产业边界不断模糊，以技术集群支撑多个关联产业共生发展成为当前趋势。因此，应围绕融合力强的技术领域，推动一系列关联度高、互补性强的产业链融通发展，打造宽口径的技术领域集群，并培育多个关联度高、区域空间集聚的新兴产业，借助其规模经济与范围经济刺激多个关联产业价值链融通、交叉、裂变、增殖，形成融合式发展的大体量新型产业集群。

参考文献

[1] COOKE P, GOMEZ URANGA M, ETXEBARRIA G. Regional innovation systems: institutional and organisational dimensions[J]. Research Policy, 1997, 26(4/5): 475-491.

[2] BOLY V, MOREL L, ASSIELOU N G, et al. Evaluating innovative processes in French firms: methodological proposition for firm innovation capacity evaluation[J]. Research Policy, 2014, 43(3): 608-622.

[3] DUAN S. Research of the construction of regional innovation capability evaluation system: Based on indicator analysis of Hangzhou and Ningbo[J]. Procedia Engineering, 2017, 174: 1244-1251.

[4] 殷尹,梁梁. 区域技术创新能力短期评估[J]. 中国软科学,2001(01): 71-74.

[5] 邵云飞,穆荣平,李刚磊. 我国战略性新兴产业创新能力评价及政策研究[J]. 科技进步与对策,2020(02): 20-24.

[6] 齐亚伟. 我国区域创新能力的评价及空间分布特征分析[J]. 工业技术经济,2015,34(4):84-90.

[7] 庞小强. 京津冀区域技术创新能力评价与比较[D]. 北京:首都经济贸易大学,2017.

[8] BRADDORN. D, K. HARTLEY. The competitiveness of the UK aerospace industry[J]. Applied Economy, 2007(39): 715-726.

[9] SONG D. A novel discrete grey multivariable model and its application in forecasting the output value of China's high-tech industries[J]. Computers & Industrial Engineering, 2019, 127: 749-760.

[10] DZIKOWSKI P, TOMASZEWSKI M. The impact of firm size and its ownership on innovation cooperation in medium-high and high technology sectors in Poland[J]. Management, 2014, 18(1): 385-396.

[11] 王晓婧. 我国各省(市、自治区)高技术产业发展水平因子分析与综合评价[J]. 数学的实践与认识,2007,37(18):17-28.

[12] 符想花. 基于多元统计分析的区域高技术产业发展水平比较研究[J]. 经济经纬,2010,27(1):64-67.

[13] 孙晓娟,李玉婵. 欠发达地区高技术产业发展的影响因素分析:以甘肃省为例[J]. 科技管理研究,2013,33(5):109-112.

[14] 肖刚,杜德斌,戴其文,等. 中国区域高技术产业发展差异的时空演变[J]. 中国科技论坛,2015(12):94-100.

[15] 周燕,李泓欣. 中国区域高技术产业发展影响因素的空间计量研究[J]. 科技与经济,2018,31(1):41-45.

[16] MONTEIRO F, MOL M J, BIRKINSHAW J. External knowledge access versus internal knowledge protection: a necessary trade-off? [J]. Academy of Management Proceedings, 2011, 2011(1): 1-6.

[17] PREMARATNE S P. Entrepreneurial networks and small business development: the case of small enterprises in Srilanka [D]. Eindhoven, North Brabant, Netherlands: Technische Universiteit Eindhoven, 2002.

[18] 马富萍,李燕萍. 资源型企业高管社会资本、资源获取与技术创新[J]. 经济管理,2011,33(8):51-59.

[19] 赵立雨. 内部 R&D 投入、外部资源获取与绩效关系研究[J]. 科研管理,2016,37(9):11-19.

[20] LOS B, VERSPAGEN B. R & D spillovers and productivity: evidence from U. S. manufacturing microdata[J]. Empirical Economics, 2000, 25(1): 127-148.

[21] TAKALO T, TANAYAMA T. Adverse selection and financing of innovation: Is there a need for R & D subsidies? [J]. The Journal of Technology Transfer, 2010, 35(1): 16-41.

[22] 乐菲菲,张金涛,齐莹莹. 外部资源、技术决策偏好与政治关联企业研发投资:来自创业板上市公司的经验证据[J]. 科技进步与对策,2017,34(24):78-87.

[23] 解维敏,方红星. 金融发展、融资约束与企业研发投入[J]. 金融研究,2011(5):171-183.

[24] 李晓钟,吴振雄,张小蒂. 政府补贴对物联网企业生产效率的影响研究:基于沪深两市 2010—2013 年公司数据的实证检验[J]. 中国软科学,2016(2):105-113.

[25] 王红霞,高山行. 基于资源利用的企业 R&D 投入与创新产出关系的实证研究[J]. 科学学研究,2008,26(S2):567-572.

[26] 章新蓉,梁正伟,陈煦江. 政府补助时序模式抉择:高新技术行业政府补助、R&D 投资与绩效的中介效应[J]. 科技进步与对策,2016,33(11):42-47.

[27] 臧志彭. 政府补助、研发投入与文化产业上市公司绩效:基于 161 家文化上市公司面板数据中介效应实证[J]. 华东经济管理,2015,29(6):80-88.

第 4 章　数字经济发展及演进

4.1　数字经济的内涵与特征

4.1.1　数字经济的内涵

数字经济作为一种新经济形态，其典型特征是以使用数字化的知识和信息作为重要生产要素，以现代互联网为基础，以科学技术的高效运用作为降本增效的关键动力。简单来说，它是围绕数据所进行的一系列生产、流通、销售活动的总和。“数字经济”内涵主要体现在以下 5 个方面。

（1）数字经济的构成

包括 4 个部分：①数字产业化。数字产业化指的是通过数字技术形成的产品和服务，即信息互联网产业作为数字经济发展的先导产业，为数字经济发展提供产品、服务和方案等。涉及行业包括软件和信息技术服务业、电子信息制造业、互联网行业等，包括但不仅仅局限于大数据、区块链、物联网、云计算、人工智能、5G。②产业数字化。产业数字化作为加速经济内外循环的突破口，是数字经济发展的重要阵地。产业数字化以数据为核心要素，表现为传统产业应用信息技术所带来的成本降低和效率提升，是数据资产化的重要方向。而数字经济作为多种技术融合的经济，从实体经济出发，以高质量发展为总要求，将充分激发市场活力。③数字化治理。数字化治理是一种运用数字信息技术建立健全行政管理体系，创新监督管理方式，实现行政决策、行政执行、行政组织、行政监督等环节效率提升的新型政府治理模式。作为当前数字经济高速健康发展的保障，数字化治理是推动国家治理体系和治理能力现代化的重要环节，不同于单一治理模式，其表现为以不同主体参与为典型特征的多元化治理，将数字技术与治理进行技管结合，最终实现高效的数字化公共服务目标。④数据价值化。数字经济时代，数据是一项价值巨大的资产。数据具有可存储、呈爆发增长、海量汇聚的特性，是实体经济信息化、智能化、数字化发展的关键资源。习近平总书记曾不止一次强调“建设现代化经济体系离不开大数据发展和应用，要构建以数据为关键要素的数字经济”[1]。从党的十九届四中全会提出了数据可作为生产要素按贡献参与分配这一理论到中共中央国务院在《关于构建更加完善的要素市场化配置体制机制的意见》中强调，要“加快培育数据要素市场”，我国正式进入“数字经济”红利大幅释放的时代。

（2）数字经济已经超越了信息产业部门的范畴

二十世纪六七十年代，数字技术已崭露头角，伴随着信息产业的迅速崛起，数字技术成为激发经济活力、高速发展壮大的新型产业部门。与此同时，数字技术具有标准化、通用性强的特性，能够作为重要的生产要素，在社会各个行业进行大规模应用，促进社会全要素生产效率的提升，进而开辟新的经济增长空间[2]。

（3）数字经济是一种技术经济范式

在数字技术的驱动下，社会生活正在发生深刻变化，其广泛性、传递性、渗透性等特征给经济领域带来的新一轮阶跃式发展和迭代，将逐渐渗透在生产活动、工作生活的方方面面，促进管理方式、治理能力、基础设施、国家体制等领域产生深刻变革。正如互联网与电信技术的快速发展使得移动办公成为可能，数字经济技术范式的三大特点依次表现为：数字化的知识和信息是最关键的生产要素，数字技术的网络化特点突出，数字技术使得社会经济发生深刻变革[2]。

（4）数字经济是一种新型经济社会形态

数字经济跳出了以往市场经济形态的基本特征，以全新的运行规律成为经济快速健康发展的新引擎。作为农业经济、工业经济之后的新的经济业态，需要拓展原有的知识边界和视野范围，站在人类经济社会演化变迁的历史进程中，把握数字经济对社会发展产生的根本性、系统性和全局性影响[3]。

（5）数字经济是信息化发展的高级阶段

信息经济以信息产业为主导，包括数字化驱动和非数字化驱动两种模式。数字经济是信息经济发展的一部分，而其在信息化基础上所产生的经济和社会形态的变革，也是信息化发展的结果。可以预见，未来非实物生产要素将成为不可避免的发展趋势[4]。

4.1.2 数字经济的特征

（1）数据是驱动经济发展的关键生产要素

首先，高度数据化是数字经济的典型特性。在工业时代，公司在 IT 技术的基础上布局信息化，数据被局限在以自我为中心的局部生态圈之中，传递及应用范围有限。而过渡到数字经济时代，数据的传递、共享、融合，导致经济模式跨越企业边界，形成新型的价值网络。值得注意的是，在这一过程中生产要素这一社会资源的变化。从农业经济时代的土地和体力劳动力，到工业经济时代，除了上述两种生产要素，还增加了资本（主要是机器和工厂）和能源（包括煤炭、石油）[5]。而发展到数字经济时代，数据成为关键的生产要素，数据资源将是企业的核心实力。数据将会越来越多地渗透到财富创造的过程，而且数据参与程度越高，创造财富的能力就越大，这是一种非线性的特征。

（2）数字基础设施成为新的基础设施

以“铁公机”（铁路、公路和机场）为代表的交通布局是工业经济时代的主要基础设施，社会经济活动在此架构的基础上发展运行，数字技术的出现打破了这一局面。以网络和云计算为信息基础设施特征的新的建设格局正在形成，并伴随着数字经济的发展而逐渐扩大，既包括宽带、无线网络等信息基础网络设施，也包括对以往传统物理设施的数字化改造，如数字化停车系统、数字化安保门禁等，这种“万物感知、广泛连接”的建设体推动工业时代以“砖和水泥”为代表的基础设施转向以“光和芯片”为代表的数字时代基础设施过渡，促进社会生产技术改造和设备更新，使得应用场景和商业模式快速进行新旧迭代[6]。

（3）数字素养成为基本能力

农业经济和工业经济时代，基本没有对消费者的综合素养提出要求，即使有，也仅限于某些职业和岗位。但在数字经济条件下，数字素养成为劳动者和消费者的必备能力。随着数字技术的不断应用和推广，数字技能和专业学习对劳动者日益重要。广大消费者也必须学习数字知识，从而享受和消费数字化带来的产品和服务，避免成为新时代的“文盲”。因此，数字素养教育是未来社会群体的必修课，是国民经济发展的重要基础[7]。

（4）人类社会、网络世界和实体世界日趋融合

数字技术的不断发展使得网络世界从物理世界的虚拟映象中摇身一变，进化为实体世界和网络世界融合的新空间。随着互联网的发展，数字技术与实体世界不断融合，更多的社会经济生活和人际互动被卷入其中，这使得现实世界的发展速度不断提升，成为物理世界经济发展的关键力量。以信息物理系统为基础，可以实现网络世界和物理世界的紧密结合，这是由于信息物理系统是一个集聚多领域装置为一体的控制系统，同时覆盖了环境感知、嵌入式系统、网络控制等信息系统，使社会生活中的各类物体具有计算、控制、远程协作和自组织功能，从而实现了计算能力与实体系统的协同。人工智能、虚拟技术、AR技术等的不断发展，以“人机物”三者的有机融合为典型特征的大融合系统应运而生，它改变了大众和网络世界的连接方式，更强调双向互动，从而推动网络世界、实体世界和人类社会之间紧密融合，构造出互联互通的数字新世界。

（5）信息技术进步成为数字经济发展的不竭动力

技术进步推动社会经济发生变革，互联网、云计算、大数据、物联网、区块链等信息技术的突破和融合正是数字经济发展的助推力。具体来说，移动互联网的发展打破了以往固定互联网的局限和束缚，使得互联网的应用场景不断放大，移动应用大范围创新。云计算则从根本上改变了信息技术建设、组织和运维模式，在缩减基础设备和运维成本的同时提升了信息化设备的承载能力。移动互联网和云计算的发展，以及传感器成本的降低，推动了物联网的发展，对物联网数据的处理必然需要大数据技术。物联网将实体、数字、人类社会三者联系在一起，实现“人机物”三者有机结合，促进数字经济迸发新的市场活力。还有3D打印、智能机器人、数字孪生、再生能源等技术也可能成为未来重要的发展方向，这些技术互相碰撞融合，汇聚成一股新的力量，推动着数字经济的高速发展。

4.2 数字经济发展阶段

关于数字经济的发展阶段研究，国外学者弗里曼、佩雷兹等最先提出“技术-经济范式”的概念，指的是被广泛传播的技术通过经济活动对企业行为和产业产生影响的情况。数字经济作为一种新的技术经济范式，是数字技术迅速发展并逐步推动产业和制度变革的结果呈现。基于此，我国学者张路娜、胡贝贝等构建了技术经济范式变革的动态演进分析框架（图4-1），将“技术-经济范式”的结构分为“技术系统、产业系统、制度系统”等三个

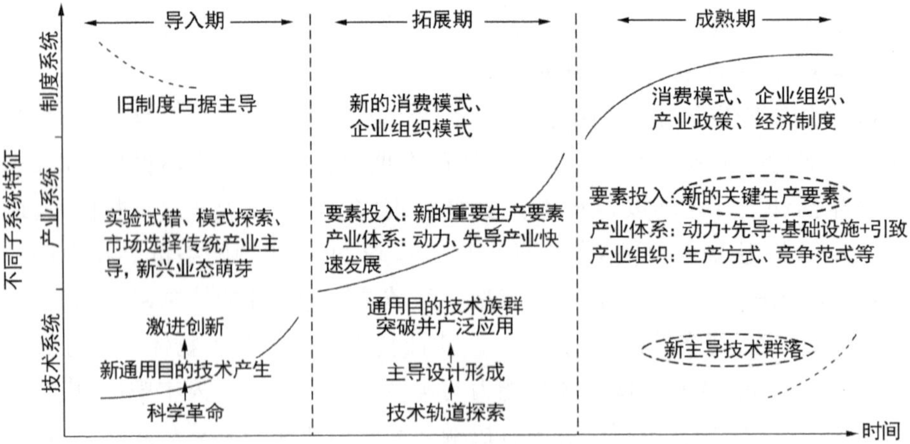

图4-1　技术-经济范式演进动态分析框架

子系统,将数字经济阶段演进过程分为“导入期、拓展期、成熟期”等三个阶段,在不同的阶段,三个子系统相互渗透、递次演化,实现整体演进和发展(图 4-2)。

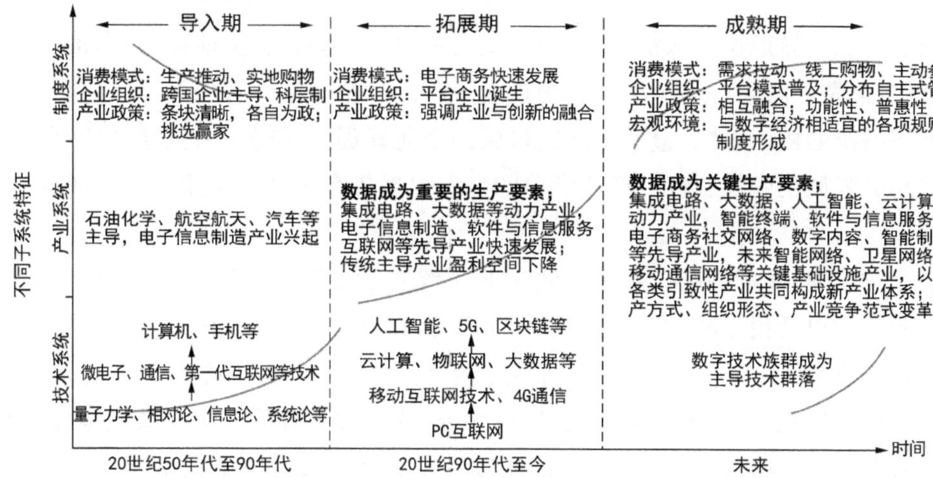

图 4-2　基于技术-经济范式的数字经济演进路径和阶段特征

4.2.1　导入期:理论突破,技术突破,产业萌芽

20 世纪 50 年代,数字技术应运而生,而后的 40 余年间是数字技术发展的导入期。范式导入期的主要特征是科学理论推动、数字技术实现突破、数字产业萌芽。

伴随着通信技术的发展,电脑、手机及配套设备生产厂家规模壮大,并在产品的技术路线上进行了不同的探索和尝试,如 IBM、康柏、惠普、摩托罗拉等,其中 IBM 的商用科学计算机、高速计算机等大型计算机应用广泛,苹果、英特尔等公司处于快速成长阶段。该阶段的数字技术主要应用领域从军事、科学计算,拓展至事务管理、工业控制,再到文字处理、图形图像处理等,相关产业主要为电子信息制造产业、基础软件产业、集成电路产业等。整体来看,数字产业处于萌芽期,1978 年全球数字产业增加值占 GDP 的 1.5%,而我国的数字产业刚处于起步阶段。该时期,经济系统的关键生产要素为以石油为主的廉价能源和大工业机器设备,产业体系呈现出农业占比快速下降、工业内部结构加快调整、服务业逐渐兴起的趋势,主导产业为石油化学工业及航空航天、汽车等装备制造产业。电子信息制造作为新兴产业,在自身快速发展的同时,开始小范围嵌入其他产业,尤其是制造业,工业控制技术迅速发展,“柔性制造系统”(FMS)开始出现,自动化大规模生产成为主要的生产方式，以丰田为代表的精益制造和自动化技术成为企业的核心竞争力。

计算机作为一种工具，实现了部分信息的数字化，以及信息基于比特形态的存储和计算，在局部范围内改变了部分劳动者的生产生活方式，但影响相对有限，总体上旧范式的制度系统还占据主导地位。从消费模式看，主要是生产推动式和实地购物式，消费者处于被引导地位，消费的时间、范围、区域受到较大限制。从企业组织管理看，大型企业和跨国公司是经济系统的核心组织，金字塔式的科层制企业管理模式仍占据主导地位，公司内部上下级之间更强调集中控制权。产业竞争的重点也聚焦在对基于工业经济形成的供应链体系的管理。

从产业政策看，政策的制定主要围绕工业系统的发展展开，条块和门类划分清晰，通过制定产业规划以及税收减免、政府购买等政策工具促进重点产业的发展。政策制定一方面缺乏系统性和关联性，另一方面不同部门各自为政，部门间壁垒严重。此外，由于产业技术的可预测性强，政府更多地采用“选择赢家”的方式支持单体企业做大做强，带动产业链上下游发展。该阶段除少数领先国家以外，大部分国家对数字技术和产业的发展关注较少。

4.2.2 拓展期：技术群体性突破，数字产业发展，新制度萌芽

20 世纪 90 年代至今是新范式的拓展期，包括两个阶段，1990—2012 年为 PC 互联网阶段，2013 年至今为移动互联网阶段。拓展期的主要特征是数字技术群体性突破及大规模商业化，数字产业快速发展，数字经济作为经济系统的局部而存在，新制度开始萌芽，尤其是单体企业的变革较快。

随着数字技术的广泛应用，催生了众多的新兴业态，并且通过快速地纵向和横向的产业分化，形成庞大的业态群落。PC 互联网阶段，微软、思科、英特尔等企业引领发展，亚马逊、雅虎、网景等互联网新星出现，我国则诞生了搜狐、新浪和网易等门户网站。这一时期，计算机软硬件产业、解决信息需求的综合信息服务业进入了高速发展时期。移动互联网阶段，移动应用场景得到极大丰富，新兴业态不断涌现，尤其集中在智能终端、电子商务、社交网络、共享经济、数字内容等领域。智能终端领域，苹果、华为、小米等成为行业龙头；电子商务领域，阿里巴巴、京东爆发式发展；社交网络领域，Facebook、Twitter、腾讯等将世界连接；共享经济领域，Airbnb、Uber、滴滴等快速崛起；数字内容领域，网络视频、网络直播、VR/AR 等新业态频现。数字产业从解决信息需求向解决娱乐、商务和社交需求延伸。此外，数字技术不断向物流、金融、汽车、装备制造、生物等其他行业渗透。数字产

业不是作为单一产业形态推进，在革新大众信息渠道和内容载体的同时，从研发设计、加工制造、运输、销售等各方面加快重构传统产业的服务链条。

数据开始成为重要的生产要素作用于经济系统，降低交易成本，提高生产效率，扩大经济活动范围和提升边际收益，数字经济成为经济系统的重要部分。从产业规模看，2000 年全球数字产业增加值占 GDP 的 3.4%，2015 年达到 22%，2002 年我国数字经济规模为 1.22 万亿元，占 GDP 的 10.3%，2015 年达到 18.6 万亿元，占 GDP 的 27.5%，2021 年已达 45.5 万亿元，占 GDP 的 39.8%。从产业体系看，集成电路、大数据等动力产业，智能终端、软件与信息服务、电子商务、社交网络、数字内容等先导产业快速发展；IPv6 网络、IDC、物联网、卫星通信、5G 通信网络、工业互联网等基础设施产业也蓬勃兴起。

然而，整体来看，由于通信技术、存储技术、计算技术以及相关规制等的限制，该阶段数字技术的主要应用是信息服务、内容消费、消费零售、生活服务等，核心是数字技术的产业化。而对其他行业的改造总体还在探索之中，尤其在实体产业层面，更多是通过 OA 与 ERP 等系统，将企业业务体系化、流程化，工业互联网的构建还在起步阶段。相较于数字产业的蓬勃发展，传统产业由于要素成本的不断上升，发展规模和盈利空间出现下降。

数字技术及产业的开放性、共享性、交互性，直接影响企业的组织管理。阿里巴巴、腾讯、百度、小米、海尔等一批领先企业率先探索新的组织模式，通过内部创业打破原有的科层制体系，改变单纯雇佣模式，转变成“为员工提供创业服务”，企业从中心控制、流程驱动的传统组织转型为共享平台、高度去中心化、扁平化的新型组织。这些平台企业还将大量的服务商家和消费者联结在一起，通过不同群体之间的高效互动，创造出巨大的经济及社会价值，在自身规模、价值创造、包容性、平等性等方面超出传统的公司概念范畴。

该阶段的产业政策开始注重不同产业的融合发展以及不同主体的合作，同时随着技术在产业发展的作用更加突出，以创新为核心的产业政策增多，通过支持加大研发投入和产学研合作，推动技术创新和产业化应用。在发展数字产业方面，该阶段的政策集中在信息化建设领域，如对信息化基础设施、服务和行业的构建和扶持。在完善基础设施的基础上，支持企业从数字技术研发、技术扩散应用、技术转移等各个领域进行探索。

由于导入期数字技术理论刚诞生，尚未形成产业化，数字经济特征不明显，不能算是真正意义的数字经济时代。而在拓展期数字技术得到群体性创新及广泛应用，数字相关产业快速发展，数字经济特征显著。本书重点针对拓展期展开阐述，将拓展期再次细分为萌芽期、成长期和加速期三个阶段。

4.2.2.1 萌芽期：互联网时代(1994—2002 年)

1994 年，中国正式进入互联网时代，与国际互联网接轨。在这一时期，互联网行业迅速崛起，互联网用户数量呈井喷式增长，同时国内数字经济的商业模式发展单一，主要以新闻门户、搜索引擎、在线邮箱等形式为主导，一大批优秀企业相继成立，出现了互联网三大门户网站——搜狐、新浪、网易。阿里巴巴、京东等电子商务平台也紧跟其后，百度、腾讯等搜索引擎和社交媒体发展迅速。可以看出，现如今的互联网龙头企业大多是在互联网萌芽期内开始成立的。此阶段，多数企业直接模仿国外成功的商业模式来争夺客户和占领市场，技术创新未能引起大众重视。2000 年一场经济寒冬，国际互联网的泡沫使得国内互联网产业经历了两年的低迷时期。

专 栏

进入互联网时代的典型业态

(1) 互联网经济：信息网络化时代产生的一种崭新的经济现象，是以互联网技术为平台，以网络为媒介，以应用技术创新为核心的经济活动的总称，是基于互联网所产生的经济活动的总和。

(2) 信息经济：互联网是在信息技术的基础上向社会经济等领域渗透形成的，以现代信息技术为手段、以信息产业为主导的一种新型经济。

4.2.2.2 成长期：电商自媒体时代(2003—2012 年)

寒冬过后，随着互联网用户群体的日益壮大，以网购零售为代表的电子商务首先发力，将数字经济由萌芽期带入成长期。2003 年初，阿里巴巴集团创立网购零售平台淘宝网，其成功的本土化商业模式逼退了 eBay 等强大的竞争对手，并发展壮大成为亚太地区乃至全球最大的 C2C 电子商务平台。随后，阿里巴巴集团推出的支付宝业务，则成功成为电子支付领域龙头。从 2006 年互联网零售额首次突破 1 000 亿元大关，到 2012 年突破 10 000 亿元大关，网络电商在迅速发展的同时已经对经济增长和社会生活产生了深刻的影响。2007 年《电子商务发展“十一五”规划》的发布，正式提出了“大力推进企业电子商务应用”，进一步确立了电子商务的战略地位。

同时，“博客”“微博”等自媒体出现在大众视野，使网民个体，对社会经济产生前所未有的深刻影响；社交网络平台的普及，使社会生活和人际互动方式发生重大变革，新的社会联系形态悄然产生。以博客为例，其作为一种新的表达方式，能够打破时间、空间的局限,将个人情绪、智慧、意见和思想在网络空间的传播,从而提升个体在网络世界的参与感和归属感。正如《时代》周刊曾评论的,社会正从机构向个人过渡,而个人正在成为“新数字时代民主社会”的公民。而后,聊天软件“QQ”成为网民聊天必不可少的工具,用户遍及国内各个城市。同时,以社交网站为基础的虚拟社区游戏迅速升温,开心农场“偷菜”、领养“虚拟宠物”等成为大众流行。随后“微博”以其微型博客的实质和即时分享的优势迅速成为时尚,被广大网友称为“围脖”,足见其影响之深。

2012年,国内网民增速结束了长达十年两位数增长率的态势,宣告仅仅依靠网民数量增长的盈利模式和发展路径将面临新的挑战。同时中国手机网民数量达4.2亿,首次超过使用台式电脑上网的网民数量,标志着中国的数字经济迈入新的发展阶段。

专栏

电商自媒体时代的典型业态

(1) 在线经济:是指不同于传统经济形态,能借助人工智能(AI)、5G、大数据、云计算、区块链等智能交互技术,在互联网平台的基础上,实现以线上资源带动线下生产、生活的一种新经济模式。

(2) 知识经济:知识经济中的“知识”,包含了信息、技术等内涵。只有信息共享,并与人类智慧相结合,才能不断产出新的效益。可以说,知识经济更强调大脑的地位。而人的智能,也只有在信息共享的加持下,才能源源不断地输出新的知识。所以,知识经济的显著特点就是在数字化、网络化、信息化的基础上,不断与人的智能进行碰撞和融合。

4.2.2.3 加速期:数字智能时代(2013年至今)

手机网民用户的规模化已使得互联网行业正式进入移动时代,智能手机成为连接大众线上、线下生活的工具,国内数字经济由此迈入加速发展时期。在这一时期,数字经济业态呈现两大特征:第一,传统行业互联网化。在网购零售的基础上,大部分生活服务转移到线上，吃穿用度都可以用“饿了么”“美团外卖”“滴滴打车”“跑腿”等互联网产品进行解决。当然，移动互联网化不可能实现所有传统行业在线转型，如以互联网医疗为代表的行业渐显水土不服。第二，以互联网模式为基础的创新开始涌现。以OFO、摩拜为代表的共享出行业态，打破了原有共享单车“有桩”模式的局限性，以创新为驱动力，给国内数字经济的发展注入了新活力。不可忽视的是，网络直播带货异军崛起，尤其在淘宝直播模块上线后，网络直播与海淘互相融合，进一步发展成熟的直播经济。

专 栏

进入数字智能时代的数字经济典型业态

(1) 无人经济：主要表现为无接触的消费和服务。21世纪初开始，无人经济在我国迅速发展，无人零售、无人驾驶、无人工厂、无人银行、无人酒店等无人经济业态成增长态势。以互联网络为基础，借助大数据、射频识别、人工智能等技术，无人经济塑造了新型的消费关系，实现生产、流通、消费等环节降本增效。

(2) 共享经济：共享经济是指拥有闲置资源的单位或个人，将资源使用权有偿让渡给他人以获取回报、实现资源共享的一种路径的资源革命。它对传统的“产权”“拥有”等概念产生了一定冲击，以获得一定报酬为主要目的，通过构造协作型的消费关系达到价值最大化。

4.2.3 成熟期：数据成为关键要素，多维度发生系统性变革

随着数字技术和产业的进一步发展，数字经济将进入成熟期。范式成熟期的主要特征是数字技术簇群成为社会主导技术群，数据成为关键生产要素，基于数字技术的新产业体系形成，生产方式、产业组织形态、产业竞争范式等发生系统性变革，以数字产业化和产业数字化为核心内容的数字经济占据经济系统的主要地位。微观企业管理、中观产业政策以及宏观的制度环境随之改变，新的制度建设逐步形成。

数据为核心的关键生产要素。土地、劳动力、资源等传统生产要素的有效供给在减少，而数字技术可以大幅提高企业的生产和管理效率，减少经济对传统要素的需求。此外，随着信息基础设施的完善，遍及生产生活各领域的感知网络加速数据海量供应，数据生成、存储、传输和使用的成本显著下降，各领域数据的大规模和持续获取成为现实。在“云＋网＋端”的信息传导模式下，数据逐步成为生产活动的独立投入产出要素，成为各行业的基础性战略资源。数据的开放、共享和应用有利于优化资源配置，提高全要素生

产率。

数字技术全面嵌入的产业体系。数字技术在市场应用的过程中不断迭代创新，加速推进数字产业化，同时，数字技术与传统产业深度融合，进行全方位、全链条赋能，对企业内部的业务流程以及企业之间的合作关系进行重塑，促进产业数字化变革的完成。集成电路、大数据、人工智能、云计算等动力产业，智能终端、软件与信息服务、电子商务、社交网络、数字内容、智能制造等先导产业，未来智能网络、卫星网络、移动通信网络等关键基础设施产业，融入数字技术的生产生活中的各类引致性产业，共同构成了数字经济的完整产业体系。数字技术从根本上改变了经济系统的技术基础、运行效率、组织模式、生产和交易方式等。

线上线下一体，大规模个性化、社会化的生产方式。新一轮技术经济范式正在蚕食大规模标准化生产的经济合理性，大规模个性化定制成为趋势，范围经济超过规模经济成为企业的优先竞争策略。以数据为核心投入的新型制造系统具有更高的柔性和可重构性，可重构生产系统根据市场需求变化实现生产线快速调试及制造，促进供需之间的动态匹配，使得大规模定制具备经济可行性。生产设施上广泛植入智能传感器，虚拟信息世界和现实物理世界由单向输出变为双向互动，可对生产进行全生命周期管理。以“硬件 + 软件 + 网络互联”为基本构成的智能化产品，将消费者和厂商、第三方服务商实时连接，便于厂家捕捉和延伸服务需求。工厂之间、工厂与消费者之间的“智能连接”，使得制造业从产品模块化演化为生产线模块化，生产方式从大规模制造转向大规模个性化定制。此外，数字技术促进大量物质流转化为数据流，生产组织中的各环节被无限细分，使生产方式呈现出社会化生产的重要特征，在线社区工厂、虚拟工厂兴起，“社会制造”这一新型生产方式逐渐形成。

平台化、生态化的产业组织。企业顺应提供一体化解决方案的趋势，与消费者的互动能力不断增强；而且在以知识和数据为基础的经济形态中，与其他组织缔结合作，实现网络化发展成为趋势。企业组织从一个输出产品的“黑箱”，正演变为连接用户、员工和上下游服务商的平台型组织。平台模式从数字产业向农业、制造、交通、能源、生物医药等各行各业渗透。平台成为数字经济时代组织经济活动和配置经济资源的基本单元，是价值汇聚、创造和分配的核心。

基于生态系统的产业竞争范式。社会化制造使得企业之间的供需关系变得越来越开放，多重产业链、创新链与价值链相互交织，形成多维的复杂网络结构，决定产业生命力的不是单个大企业或者产业链，而是整个系统的质量，产业竞争范式由企业间竞争和供应链竞争转向产业生态系统间的竞争。企业的价值创造模式不是线性地消灭竞争对手，或者通过议价从上下游合作企业中攫取更多利润，而是通过整合产品或服务供给者、消费者，建立协作共赢的价值创造生态。在生态中，大企业可以引领技术进步和商业模式创新方向，中小微企业深耕“利基市场”，个人成为平台的创客，不同主体间交错合作，共同促进系统的升级。传统的基于产业链的中心化、层级式、规模化的专业分工与集聚模式转变为基于互联网的分布式、协同化、定制化的资源共享与服务协同模式。工业经济中，美国的大规模生产使具有技术和市场投资能力的大企业成为产业竞争的主体，日本的柔性制造使紧密合作的供应链成为表现产业竞争力的组织形式。然而，在数字经济下，产业生态系统的稳健性和迭代性成为获得长期竞争力的关键。

随着突破性技术的大量涌现，产业结构的不断调整，出现了与这些新技术、新产业相适应的生产生活和组织管理方式、产业政策以及宏观经济环境。消费者层面，需求拉动式、线上购物式、主动参与式的消费模式普及化，用户的参与度、话语权增强。企业管理层面，由于生产活动的智能化，知识型、脑力型劳动成为主要供给，工作地点和方式的弹性无限放大，在线办公、移动会议等逐渐普及。人力资源可以超越企业及空间边界进行自由流动，个人角色和雇佣关系多样化，企业可根据工作内容调整劳动关系，分布自主式管理普及化，基于互联网的“创业式就业”也成为重要的就业方式。工业时代的科层制管理结构瓦解，从传统金字塔式的垂直结构向错综复杂的、扁平的网状结构转变。

产业政策方面，政策着眼点发生变化。数字经济为发达国家重塑实体经济优势创造了契机，曾经为寻找更低成本要素而转出的生产活动回溯，“雁阵理论”预言的后发国家产业赶超路径被封堵，“微笑曲线”变成“沉默曲线”。区域层面，基于特定地理范围的传统产业集群被基于数据流的虚拟网络集群代替，具有更强的开放性与灵活度。微观层面，产业组织更为多元化，大小企业、个人创业者均有竞争优势和市场机会。因此，“腾笼换鸟”“地方保护”等传统做法需适时调整；对特定产业的选择性支持政策向以打造基础能力和创新激励为重点的功能性、普惠性政策转变；产业、创新、人才等不同领域政策的融合度也大大增强。

宏观制度层面，随着数字经济新业态和新模式的不断衍生，贸易、金融、税收、电子商务、信息安全等多个领域被涉及，需要建立多部门协同参与和配合的数字经济监督管理体系，营造公平公正、开放健康的良好环境。同时，服务数字经济的新的市场建设、交易流通规则、定价规则、反垄断规则、市场监管制度、知识产权保护制度、投融资制度等系统化的制度体系也逐步建立。

4.3　数字经济的未来展望

4.3.1　数字生态竞争加速技术壁垒消融

技术壁垒的形成一方面是法律法规对知识产权的保护,另一方面是社会分工深化的结果。技术壁垒是一把双刃剑,一方面保护和促进深度技术创新,让组织能够专心于前沿技术研发,另一方面,技术壁垒客观上造成了资源配置的障碍,工业经济时代技术壁垒导致技术市场交易机制形成,甚至很多掌握前沿技术的企业通过国际技术贸易试图获取高额垄断利润。

数字经济既是社会分工的产物,也可以是打破技术壁垒的一种高效方式,驱动社会经济高质量快速发展。传统市场机制的运行以单个组织的利益或价值最大化为导向,而数字经济不同于传统市场机制,数字经济是超越单个组织行为的经济运行方式。通过宏观层面的机制安排,实现资源的有效利用和组织价值的优化协同。在未来,中国能够以自身技术优势全面赋能区域国家经济发展,打破技术壁垒,建立一荣俱荣、密切发展的区域命运共同体,这与资本利益导向的以化解短期问题的技术贸易存在根本性区别,也是数字经济的深远意义。

4.3.2　技术创新应用推动生产效率跃迁

进入工业经济时期后,人类文明在社会经济层面虽然实现了高速发展,但在每一个技术范式的周期中,都会出现制约经济发展的效率阈值。解决这一问题,需要技术范式的不断创新,而数字经济作为数字技术范式的产物,对效率阈值的突破具有跃迁式特征。跃迁是一个量子力学术语,如图 4-3 所示,电子原本围绕着原子核进行运动,当电子受到外界刺激时,会从较低能的运动圈层转向较高能的运动圈层,并伴随着能量的释放或吸收,这个过程称为量子跃迁。低能态电子本身并不能完成主动跃迁,而是需要外界的助力才能实现跨越。

传统企业遭遇的“效率阈值”,主要体现在生产效率的天花板方面。想要打破这一局面,实现生产效率的提升,就需要外界给予刺激或赋予能量,比如技术创新。以设备维修为例,传统的设备维修主要存在被动性或计划性的缺陷,易造成停工停产、工期延误、质量缺陷、企业信誉损失等后果。运用数字技术,可以通过传感器采集温度、湿度、噪声等运维

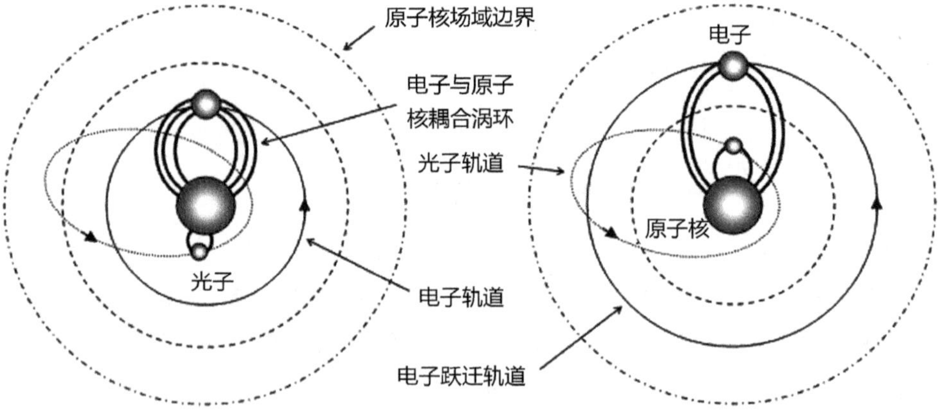

图 4-3　电子跃迁示意图

信息，根据工学理论建立大数据模型，实现预见性的维护管理，从而达到降低成本、提升效率的生产目的。“大智移云物区”等技术的高速发展，势必将为社会经济生活的各个领域广泛赋能，显著提升各行各业的生产效率。

4.3.3　数字经济与技术迭代周期性交互递进

科学技术的范式和周期特性使得数字经济必然受到影响。发展到数字经济时代，技术迭代和周期的特性依然存在，周期甚至会越来越短，从而在不同的社会环境下产生不同的结果，进而影响数字经济的运行。

同时，数字经济的运行也会反作用于技术迭代和科技周期，比如周期长短、转换方式等。可以预见的是，将来科学技术更新迭代的成本会越来越高，范围会越来越广，这种转换会波及市场、科技等多个领域。所以说，数字经济导致几乎整个社会关系的调整，长远来看，将对技术周期转换产生关键影响。

4.3.4　产业组织间赋能融合的生态化发展

数字经济的运行方式以数字技术应用为基础，以产业组织相互赋能为特征，渗透在社会经济生活的各个领域，未来将更加强调数字技术生态化发展路径。

数字技术生态化指的是可以任意开发盈利模式的生态系统，其特性是将运营模式与盈利模式进行分离。任正非曾指出华为鸿蒙系统的关键是生态而不是技术，只有完整的生态系统才能保障鸿蒙系统被顺利应用和发展。未来数字技术的发展将使数字经济中的生活场景和生态系统更加精细，打造大数据下的“精确经济”。在开放的生态系统中，会不断接纳大规模用户涌入，甚至会形成对社会发展产生重大影响的超级生态系统。

参考文献

[1] 中国信息通信研究院．数字经济概论：理论、实践与战略[M]．北京：人民邮电出版社，2022.

[2] 王超贤，颜蒙，张伟东．数字经济的本质逻辑、边界构成与发展策略：基于产业、“技术—经济”范式和经济形态三重视角的比较分析[J]．电子政务，2023(1)：74-90.

[3] 关会娟，许宪春，张美慧，等．中国数字经济产业统计分类问题研究[J]．统计研究，2020，37(12)：3-16.

[4] Bukht R，Heeks R．Defining，conceptualising and measuring the digital economy[J]．SSRN Electronic Journal，2017：41-42.

[5] 黄阳华．工业革命中生产组织方式变革的历史考察与展望：基于康德拉季耶夫长波的分析[J]．中国人民大学学报，2016，30(3)：66-77.

[6] 张路娜，胡贝贝，王胜光．数字经济演进机理及特征研究[J]．科学学研究，2021，39(3)：406-414.

[7] 李耀华，饶爽．ICT 助推大中小城市协调发展[J]．中国电信业，2022(7)：30-33.

第 5 章　数字经济指数测算体系

5.1　数字经济相关指数模型

5.1.1　国际数字经济测度指数模型

发达国家依靠数字经济抢占全球竞争制高点的态势更加明显，在有关数字经济评价方面，都进行了积极探索，比较有代表性的有 4 种。

5.1.1.1　OECD 数字经济统计指标体系

经济合作与发展组织（OECD）是国际上提供数字经济测度建议最权威的国际组织之一，很早就开始探讨数字经济内涵界定、核算内容及方法、数据来源等方面的核算问题。

2014 年，OECD 就构建了较为全面的数字经济指标体系，包括宽带普及率等 11 个指标衡量投资智能化基础设施，在线行为等 11 个指标衡量赋权社会，ICT 专利等 8 个指标衡量创新能力，ICT 附加值等 9 个指标衡量 ICT 促进经济增长以及增加就业等方面的内容。该指标体系适用性较强，具有国际可比较性。

5.1.1.2　欧盟数字经济和社会指数

欧盟委员会编制了欧盟的数字经济和社会指数（DESI），欧盟根据各国的基本情况，一级指标由选取宽带接入、互联网运用、人力资本、数字化公共服务以及数字技术应用 5 个方面组成，涵盖了 30 个二级指标，DESI 指数由这 30 个二级指标计算编制而来，每个二级指标权重不一样。欧盟还发布了 *Digital economy & society in the EU* 报告，报告中构建了数字经济和企业的概况、电子商务、互联网安全和云服务及数字单一市场等方面的内容，并研究了欧盟成员国数字经济的发展现状。其中，欧盟数字经济统计信息系统对数字经济研究做的贡献最大，其构建的数字经济统计框架由六大模块构成，包括 ICT 产品出口等9个指标衡量ICT与全球化，企业研发支出等6个指标衡量创新，ICT支出等7个指标衡量特征与表现，通货膨胀率等12个指标衡量宏观经济，企业中的研发人员等7个指标衡量能力与策略，科技人力资源等9个指标衡量扶持政策与设施。

5.1.1.3　美国新经济指数

美国关于新经济研究成果收获颇丰，从1999年开始，美国信息技术与创新基金会就着手编制新经济指数，截至目前已经形成7份报告，在1999—2014年期间分别编制并发布了7份《美国新经济指数》。美国构建的新经济指标体系总共包括知识工作中的信息技术工作等7个一级指标，以及25个二级指标。

2016年，美国商务部提出了衡量数字经济发展的四步框架，该研究框架总共包括了4部分研究内容，主要体现数字化对经济社会的影响：①诸如公司、行业和家庭等经济不同领域的数字化程度；②数字化的效果或产出，诸如搜索成本、消费者盈余和供应链效率；③对于诸如实际GDP和生产率等经济指标的综合影响；④监控新出现的数字化领域。对新时代人们认识和度量数字经济起到重要的促进作用。

5.1.1.4　新加坡新经济指数

2001年，新加坡发布了新经济指数。新加坡政府认为，知识是当今国际社会进行竞争的关键资产，具有不可替代的作用。因此构建一个系统的新经济指数研究指标体系在发展新经济的过程中显得尤为重要。新加坡的新经济指标体系主要从企业环境、人力资源发展、信息科技以及创新系统4个方面选取指标，皆具代表性。新加坡政府在构建该指标体系的过程中将必须完整体现新经济的所有特征，以及必须包括有形资产与无形资产两部分内容作为选取指标的关键原则。

各指标体系简要评价及借鉴：除了上述提及的4个数字经济指标体系，国际上还有很多如国际数据公司提出的“信息社会指数”、APEC知识经济状态指数等指标体系。这些指标体系各有特点，历经长时间的调查、研究、分析，较为成熟，覆盖范围较广，十分具有代表性，但是由于实际情况不一，难以直接引用，需要进行改进完善，以符合我国国情，才能更好地测度我国数字经济发展状况。

5.1.2　国内数字经济测度指数模型

我国也纷纷加快制定评测数字经济发展的步伐，但由于数字经济发展的不平衡性，甚至于在不同地区、不同企业制定相应的反映数字经济的指标体系[1]。比较有代表性的有以下5种。

5.1.2.1 中国信通研究院数字经济指数

在2017年发布的白皮书中，中国信息通信研究院（简称信通院）提出了数字经济指数。2019年4月，信通院公布了《中国数字经济发展白皮书(2019)》，通过数字经济定义，将测算数字经济总量分为测算数字产业化及产业数字化两部分内容。2022年7月出版的《中国数字经济发展报告(2022)》将数字经济的内涵扩充为数字产业化、产业数字化、治理数字化以及数据价值化4个维度，着重梳理传统产业与ICT产业的产业关联关系，分析各城市数字经济发展空间牵引带动模式。该指数指标体系构建较为完善，与我国国情及发展特色相一致，值得深入探讨。

5.1.2.2 新华三城市数字经济指数

新华三集团数字中国研究院发布的数字经济指数是我国第一个测算评价城市的指标体系，具体指标包括城市信息基础等4个一级指标，以及信息基础设施在内的12个二级指标。新华三集团根据这个指标体系，采用对比法对我国40个城市的数字经济发展水平做了综合评估。在评估过程中，结合了政府的政策法规，并衡量了数字技术的应用情况。该指数的缺点就是忽略了每个城市数字经济发展的差异性，因此根据该评估体系做出来的评估结果对于每个城市而言没有横向对比性，应当将地方差异性纳入衡量范围。

5.1.2.3 腾讯“互联网+”数字经济指数

自2015年起，腾讯就开始投入全国数字经济发展测评队伍中。腾讯联合滴滴出行、美团、京东、携程等公司倾力合作，通过研究推出了中国“互联网+”数字经济指数。

这个指数将数字经济分为4个分指数，包括基础、产业、创新创业以及智慧民生这4个部分。腾讯发布的数字经济指数运用对比法，测算了国内31个省区共351个城市“互联网+”数字经济的发展落实情况。该指数统计数据来源较广，十分具有代表性，其中包括腾讯企业旗下十几个核心平台的数据，以及来自京东等企业的各类行业数据，覆盖范围广泛，较为准确地反映了我国互联网企业数字经济发展的真实现状。同时该指数最大的优点在于依靠互联网企业数据，直观反映我国互联网发展的优缺点，数据获取较为方便，易于实时更新，具有较强的时效性和准确性。但不足之处在于，该指数虽然指标数量巨多，但只是涉及互联网企业，没有全面完整地体现我国数字经济整体发展现状，缺少基础设施建设及传统产业转型升级等方面的研究。

5.1.2.4 财新中国数字经济指数(CDEI)

财新智库等机构也对我国数字经济进行了系统的研究分析，具有一定成效。2017

年，财新智库编制并发布了中国数字经济指数(China Digital Economy Index，CDEI)。财新数字经济指数主要由产业指数、融合指数、溢出指数和基础设施指数4个方面组成，涵盖了大数据产业、智慧供应链等27类二级指标。该指数重点在于衡量数字经济对我国社会生产效率提升的作用研究，具有一定的创新意义。但美中不足的是该套指数尚不能完整反映我国数字经济发展运行情况。

5.1.2.5 国家统计局《数字经济分类》

为真实准确反映我国数字经济发展状况，国家统计局于2021年6月3日，公布《数字经济及其核心产业统计分类(2021)》(简称《数字经济分类》)，首次确定了数字经济的基本范围，作为衡量我国数字经济发展水平的重要统计标准。

《数字经济分类》分别从"数字产业化"和"产业数字化"两个部分明确数字经济的基本范围，主要将其分为数字产品制造业、数字产品服务业、数字技术应用业、数字要素驱动业、数字化效率提升业5大类。其中，前4大类为数字产业化部分，作为数字经济发展的基础，即数字经济核心产业，是指为产业数字化发展提供数字技术、产品、服务、基础设施和解决方案以及完全依赖于数字技术、数据要素的各类经济活动。第5大类为产业数字化部分，重点衡量数字技术与实体经济的融合程度。即应用数字技术和数据资源为传统产业带来的产出增加和效率提升。该部分涵盖智慧农业、智能制造、智能交通、智慧物流、数字金融、数字商贸、数字社会、数字政府等数字化应用场景，着重体现数字技术已经并将进一步与国民经济各行业产生深度渗透和广泛融合。

从上述5种指标体系可以看出，我国对于数字经济的研究较为丰富，形成了很多特定的数字经济指标体系。除了上述提及的5个数字经济指标体系之外，还有赛迪顾问数字经济指数、上海社科院全球数字经济竞争力指数等众多数字经济指标体系。其中，他们都创新应用了较多大数据平台，研究内容也较为完善。此外，这些指标体系有一个共性就是新，大多是近几年萌生的，所以理论研究不够深。因此，本书在加强理论研究的基础上，构建了数字经济综合评价指数模型。

5.2 数字经济指标模型

5.2.1 指标选取原则

基于数字经济内涵特征及发展规律，本书进行指标构建时遵循了以下原则。

(1) 全面性原则

数字经济发展评价涉及产业数字化等很多因素,同时数字经济发展较为复杂,系统综合性较强。对数字经济发展的综合评价就是要做到全面完整地测算产业数字化的发展程度与规模。

因此,多角度全方位地设置衡量数字经济发展程度的指标,才能够充分体现产业数字化发展的整体特征,不能遗漏任何一个指标。

(2) 科学性原则

指标体系的设置能够从各个角度反映数字经济的发展现状,并且指标体系的设置应该考虑指标的内在逻辑,能够体现数字经济的内在结构特点。构建的指标体系中每个指标的衡量方式及计算维度应该全文保持一致,确保指标具有可比性。

(3) 简明性原则

数字经济系统内部结构复杂,容易受到各种因素波动影响,所以,在构建数字经济发展综合评价指标体系时力求简单明了。各评价指标应该具有典型代表性,不能过多过细,使指标过于繁琐,相互重叠,避免指标信息遗漏,出现错误、不真实现象,并且数据易获且计算方法简明易懂。

(4) 针对性原则

数字经济发展综合评价涉及的方面很多,设计指标时,应该根据研究目的和评价方向构建综合评价指标体系,而不是建立一个任何发展系统都能往里套的评价模板。因此,指标设计应该具有针对性,选取指标时应该符合数字经济发展综合评价的方向,选择对其发展影响较大的指标。

5.2.2 数字经济指标模型

5.2.2.1 "三力一体"数字经济指标模型

"三力一体"的数字经济指标模型是在充分吸收现有国际、国内数字经济评价指标模型分析的基础上设计产生的新的分析模型,与传统线性的指数分析模型不同,更多从立体化、体系化的角度去分析中国数字经济的发展,综合考虑影响数字经济发展的关键因素、资源保障,使其评价更加系统、更加科学[2-4]。

数字经济基础支撑力:是指支撑城市民生服务、城市治理和产业融合的数字经济发展最关键的数字化基础支撑能力,包括传统数字基础设施、新型数字基础设施两部分。本次评估重点考察互联网宽带接入端口数(亿万/万个)、光缆线路长度(千米)、数据中心、

5G 发展水平、规划 5G 基站数量等指标。

数字经济关键竞争力：是指通过“三化”即数字产业化、产业数字化、治理数字化，作为衡量数字经济的关键因素，重点评估数字支柱产业的规模增长以及 5G、人工智能等数字新兴产业化，农业、工业、服务业数字化发展水平，同时综合考察公共治理数字化水平，以全面反映数字经济发展水平。

数字经济核心牵引力：用来分析数字经济能否保持不竭动力，数字经济人才、资本投入、技术创新均对数字经济发展起到重要牵引作用，本书重点考察高新技术企业年末从业人员、高新技术企业科研活动人员、高等学校(机构)硕士毕业生数(人)、研究与试验发展(R&D)经费支出、技术市场吸纳技术资本投入等指标，全面反映数字经济发展中环境影响重要性。

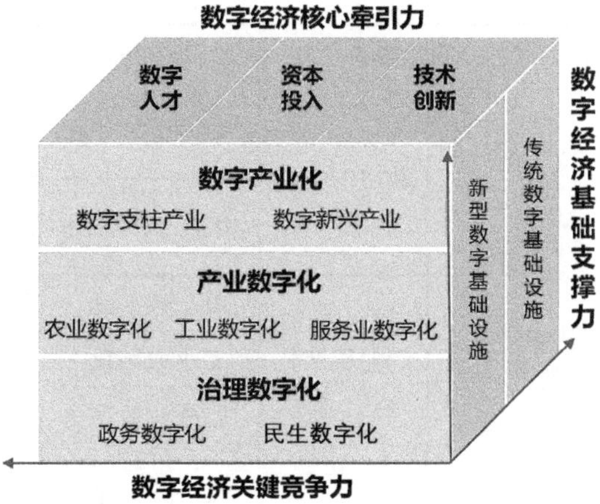

图 5-1　“三力一体”数字经济指标模型

本书将数字经济的发展当做一个有机的生命体来研究，明确数字经济发展过程中的三大关键竞争要素：数字产业化、产业数字化、治理数字化，并围绕数字经济关键竞争力，通过夯实数字经济基础支撑，强化核心牵引力，营造良好的数字环境，使数字经济拥有不竭动力并持续发展壮大，这就是“三力一体”的数字经济指数模型的价值所在(图 5-1)。

5.2.2.2　模型指标说明

结合上述“三力一体”的数字经济综合评价指标模型的构建，数字经济发展指数由数字经济基础支撑力、数字经济关键竞争力(数字产业化、产业数字化、治理数字化)、数字经济核心牵引力等 5 个一级指标、12 个二级指标、41 个三级指标组成，用来对我国选取 31 个省、直辖市和自治区(以下简称“各省”，暂不包括港、澳、台地区)的数字经济发展水平进行评价。

表 5-1　数字经济指数模型

一级指标	二级指标	三级指标
数字经济基础支撑力	传统数字基础设施	重点选取：互联网宽带接入端口数(亿万/万个)、光缆线路长度(千米)等指标
	新型数字基础设施	重点选取：数据中心、5G 发展水平、规划 5G 基站数量等指标

（续表）

一级指标		二级指标	三级指标
数字经济关键竞争力	数字产业化	数字支柱产业	重点选取：信息传输、计算机服务和软件业、电子信息制造业、科学研究与技术服务业、电信业务量等指标
		数字新兴产业	重点选取：物联网市场规模、云计算市场规模、大数据市场规模、人工智能产业市场规模等指标
	产业数字化	农业数字化	重点选取：农村电商发展水平、企业信息化发展水平、企业电子商务发展水平等指标
		工业数字化	
		服务业数字化	
	治理数字化	政务数字化	重点选取：在线服务成效度、在线办理成熟度、服务方式完备度、服务事项覆盖度、办事指南准确度等指标
		民生数字化	重点选取：数字旅游、数字教育、数字出行、数字金融等指标
数字经济核心牵引力		数字人才	重点选取：高新技术企业年末从业人员、高新技术企业科研活动人员、高等学校（机构）硕士毕业生数（人）、十万人硕士毕业生数（人/十万人）等指标
		资本投入	重点选取：研究与试验发展（R&D）经费支出、技术市场吸纳技术资本投入　高新技术产业（技术引进经费支出）、（购买境内技术经费支出）等指标
		技术创新	重点选取：规模以上工业企业：R&D 项目数、R&D 人员全时当量、经费（亿元）　高新技术产业：R&D 项目数、R&D 项目经费（万元）、企业数、专利申请数[高技术产业有效发明专利数（件）]等指标

5.2.3　指标数据收集

基于所构建的“三力一体”的数字经济水平综合评价指标模型，广泛查阅了全国统计年鉴、31 个省/市/自治区统计年鉴；中国互联网发展报告、中国互联网络安全报告、中国知识产权年报、政府信息公开年报等报告；Wind 宏观经济数据库、两化融合发展联盟网站等各类统计年鉴、经济数据库、研究报告，选取了 31 个省/市/自治区 2016—2022 年 7 年的指标数据。

5.2.4　数字经济指标权重

表 5-2　数字经济指数权重情况

一级指标		指标权重	二级指标	指标权重
数字经济基础支撑力		10.13%	传统数字基础设施	4.08%
			新型数字基础设施	6.05%
数字经济关键竞争力	数字产业化	21.95%	数字支柱产业	11.72%
			数字新兴产业	10.23%
	产业数字化	16.01%	农业数字化	4.44%
			工业数字化	5.05%
			服务业数字化	6.52%
	治理数字化	6.89%	政务数字化	0.04%
			民生数字化	6.85%
数字经济核心牵引力		45.02%	数字人才	13.03%
			资本投入	11.25%
			技术创新	20.74%

5.2.4.1　数字经济基础支撑力

数字经济基础支撑力中各指标权重之和为10.13%，在中国数字经济立方体发展中排第四位[数字经济核心牵引力(45.02%)>数字产业化(21.95%)>产业数字化(16.01%)>数字经济基础支撑力(10.13%)>治理数字化(6.89%)]，对数字经济立方体的发展贡献度中等。

具体来看，从数字经济基础支撑力中各具体发展指标的贡献程度角度来看，新型数字基础设施对数字经济体发展的贡献程度最大。可以看出新型数字基础设施已成为数字经济发展的重要支撑，决定了数字经济发展的高度、广度和深度。因此在数字经济发展中，应加快5G网络、数据中心等新型基础设施建设，赋能千行百业，着力壮大新增长点、形成发展新动能。

5.2.4.2　数字经济关键竞争力

1）数字产业化

数字产业化中各指标权重之和为21.95%，在中国数字经济立方体发展中排第二位，对数字经济立方体的发展贡献度较高。数字产业化作为数字经济发展的基础产业，为数字经济的发展提供技术、产品、服务等方面的支持，对数字经济体的发展尤为重要。

具体来看，从数字产业化中各具体发展指标的贡献程度角度来看，数字支柱产业（考察信息传输、计算机服务和软件业、电子信息制造业、科学研究与技术服务业、电信业务量等规模效应明显的传统数字产业）、数字新兴产业（重点考察物联网、云计算、大数据、人工智能等新一代新兴技术产业市场规模）两大指标权重分布较为均匀，对数字经济的贡献程度无明显差异。

2）产业数字化

产业数字化中各指标权重之和为16.01%，在中国数字经济立方体发展中排第三位，对数字经济立方体的发展贡献度中等。与数字产业化相比，产业数字化涉及产业领域更多、市场规模更大，是未来数字经济发展的主攻方向。

具体来看，从产业数字化中各具体发展指标的贡献程度角度来看，三者的贡献相对均匀，其中服务业数字化优于工业数字化优于农业数字化。未来，此次新冠肺炎疫情将倒逼我国产业数字化转型加速推进，产业数字化的结构也会不断优化。

3）治理数字化

治理数字化中各指标权重之和为6.89%，在数字经济立方体发展中排最后，该指标与公民生活密切相关，重点反映能够提供便捷、高效、快速的数字服务。

具体来看，从治理数字化中各具体发展指标贡献程度来看，民生数字化的占比最高，可以看出公众对数字教育、数字医疗、移动政务服务、数字旅游、共享经济等发展的需求旺盛。

5.2.4.3 数字经济核心牵引力

数字经济核心牵引力中各指标权重之和为45.02%，在数字经济立方体体发展中排第一位，对数字经济立方体的发展尤为重要。立足数字产业化、产业数字化、治理数字化，不断加强人才支撑、资金支撑以及技术创新，培育良好的数字经济发展环境，为中国数字经济发展提供不竭的动力。

具体来看，从数字经济中各具体发展指标贡献程度来看，技术创新指标的贡献度最大，对数字经济的高质量发展起决定性的作用。因此，数字经济体的发展应充分发挥关键数字技术创新的牵引作用，以创新为本，实现数字经济向更大范围、更高层次和更深程度拓展。

5.3　数字经济发展水平：总体概况

5.3.1　全国数字经济发展水平持续快速攀升

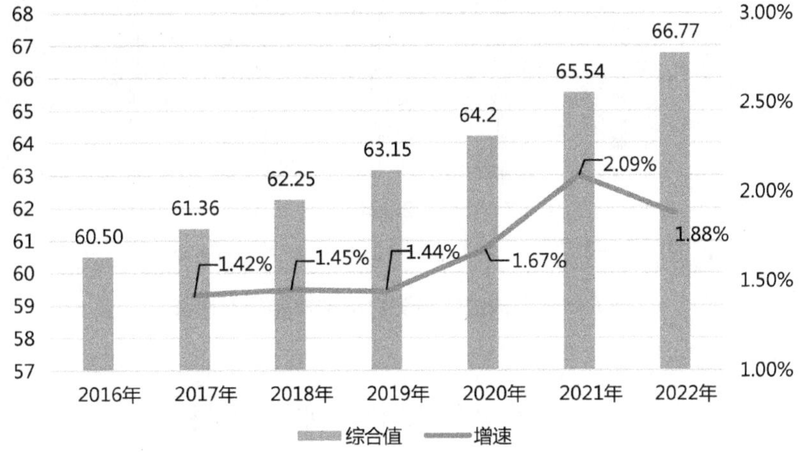

图 5-2　全国数字经济发展水平综合指数

近 5 年来，全国数字经济发展水平呈现快速攀升的态势，从综合评价指数上来看，从 2016 年的 60.50 逐步上升到 2022 年的 66.77，增幅高达 10.36%。2021 年的增速最快（2.09%），主要是由于疫情的暴发推进了数字经济发展进程，催生了在线教育、数字医疗、线上办公等新兴业态逆势成长，加之中央对“新基建”的布局，各地纷纷出台数字经济相关发展规划，数字经济成为中国经济逆势增长的新动能。从发展潜力上看，假设数字经济发展以 1.66%（2016—2022 年的均增长率）的速度增长，预计 2025 年我国数字经济综合发展指数将高达 69.01。

5.3.2　全国数字经济内部结构持续优化升级

从内部结构上来看，由产业数字化、数字产业化、治理数字化组成的数字经济关键竞争力一直持续占据主导位置，作为推动数字经济发展的主引擎。但同时也可以看出数字经济核心牵引力的指数也是逐年在递增，对数字经济的贡献度也在持续增长，到 2018 年反超数字经济基础支撑力，成为推动数字经济的第二大驱动力，这也表明良好的数字经济发展环境，将为数字经济的发展提供不竭的动力。

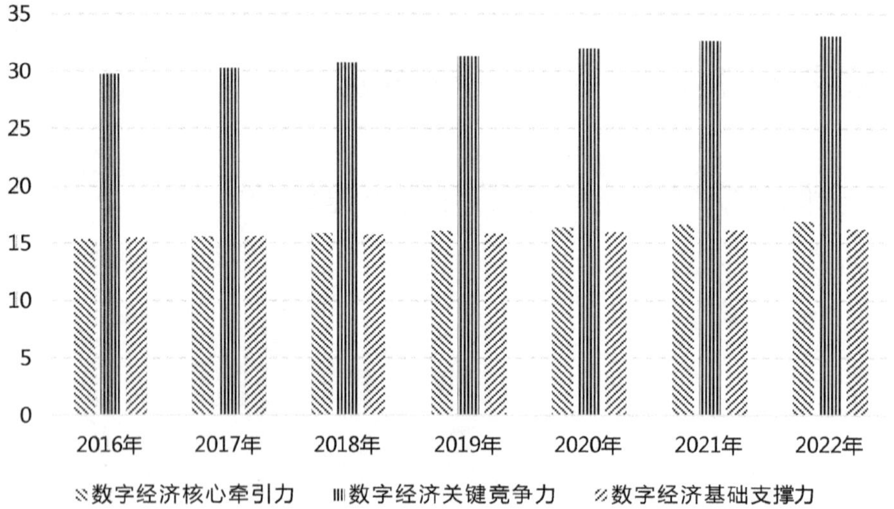

图 5-3　全国数字经济内部结构年度对比图

5.3.3　全国数字经济发展仍然呈现东强西弱格局

当前，我国各区域对数字经济体现出很高热度，各省市纷纷出台数字经济规划或战略，并给予资金支持，将数字经济发展作为未来经济发展的重点方向，地方政府正在将数字经济打造成为未来经济发展的重要新动能。

2020 年，31 个省、市、自治区的数字经济发展水平评估结果如图 5-4 所示。

根据测算结果，31 个省/市/自治区的数字经济发展水平从高到低可以分为 4 个梯队。

第一梯队，即数字经济发展一线省/市：包括广东、江苏、浙江、上海和北京 5 个省/市。第一梯队的沿海 5 省/市凭借中心构建基础优势，加上垂直、水平无边界打造，在数字经济发展浪潮中响应迅速，起到了引领发展的作用，数字经济整体发展势头良好。

第二梯队，即数字经济发展二线省/市：包括四川、山东、福建、湖北、安徽、江西、湖南、陕西、河南、河北、重庆、云南 12 个省/市。第二梯队在边界拓展和融合中相对第一梯队稍显弱势，但在数字经济中心构建中各具特色。

第三梯队，即数字经济发展三线省/市/自治区：包括广西、辽宁、内蒙古、黑龙江、贵州、山西、天津、新疆、甘肃 9 个省/市/自治区，第三梯队主要分布于东北、西北和西南地区，其中东北地区是我国传统老工业基地，在中心建设和垂直产业融合中进展缓慢，数字经济发展相对滞后，西北和西南地区整体在中心和边界都不具备优势，数字经济发展低于

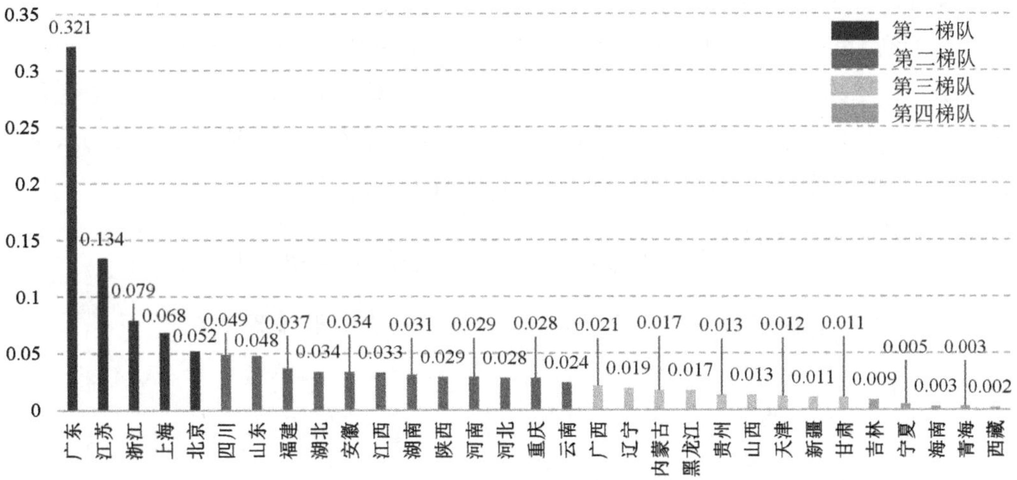

图 5-4　2022 年 31 个省/市/自治区数字经济发展水平排名

全国平均水平。

第四梯队，即数字经济发展四线省/自治区：包括吉林、宁夏、海南、青海和西藏 5 个省/自治区，第四梯队则主要分布在西北和内陆边疆地区。

5.3.4　区域数字经济规模与经济发展水平呈现强相关性

2022 年，31 个省/市/自治区的数字经济发展指数与 GDP 对比结果如图 5-5。

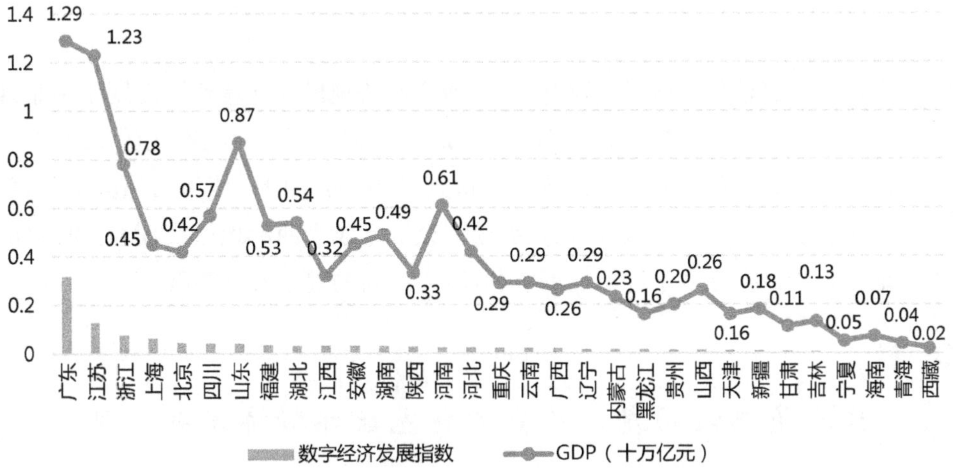

图 5-5　2022 年 31 个省/市/自治区数字经济发展指数与 GDP 对比

根据测算结果,31 个省/市/自治区数字经济发展指数与 GDP 分布趋势大体相同,有将近 80%的省/市/自治区的数字经济发展指数排名与 GDP 排名误差不超过±3,甚至有些省份(广东、江苏、四川等)两者排名一致。但并非简单的正相关关系,部分地区数字经济发展水平与经济规模存在较明显差异,如北京 2022 年 GDP 实现 4.16 万亿元,全国排名 13,而数字经济位居全国第 5 位,高于 GDP 排名 8 位。

5.3.5 区域之间数字经济发展的不平衡情况加剧

2022 年,全国各区域数字经济发展指数与 GDP 对比结果如图 5-6。

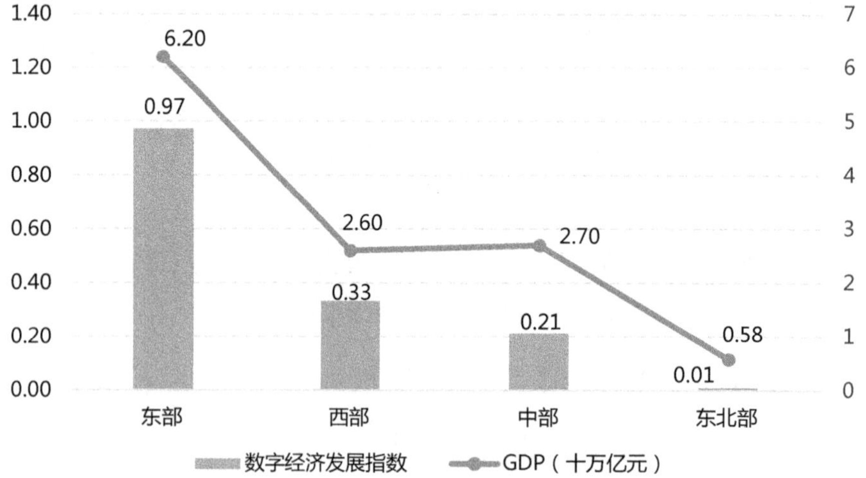

图 5-6　2022 年全国各区域数字经济发展指数与 GDP 对比

当前,我国数字经济发展区域差异化显著,数字经济规模与区域经济发展水平呈现较强的相关性。2022 年东部地区数字经济规模指数最大(0.97),西部地区次之(0.33),然后是中部地区(0.21),东北老工业基地数字经济的体量则较小,为 0.01。值得关注的是,西部地区虽然在 GDP 排名上落后中部地区,但在发展数字经济已成为西部地区实现经济振兴的重要选择,西部地区正积极拥抱数字经济发展红利,努力在新的赛道实现突破。

专　栏

长三角南北两翼产业带的特色数字经济发展之路

2018 年在长三角区域一体化刚刚上升为国家战略之际,一条覆盖长三角三省一市的

G60科创走廊便呼之欲出。在这条覆盖"一廊一核九城",即上海松江、嘉兴、杭州、金华、苏州、湖州、宣城、芜湖、合肥的"人字形"南北两翼产业带中,处在"人"字形"捺"笔画的南翼产业带,覆盖了上海松江区,途经浙江的嘉兴、杭州和金华。处在"撇"笔画的北翼产业带,从上海松江区出发,途经江苏苏州,与浙江湖州相连,最后经安徽宣城、芜湖,一直延伸到安徽省省会合肥。

在数字经济语境下,南翼产业带的一个突出特点是,在阿里云大数据平台支撑下,整合了浙江众多的中小企业集群。在这些中小企业集群当中,聚集了各类轻工、纺织和小家电等轻资产的中小微企业。与之相对比,长三角北翼产业带则聚集了大量的电子信息、机械装备等重资产的产业。

长三角南翼产业带的最突出特点,是以浙江温州商人闯世界市场和义乌小商品城开发建设为代表的数字经济模式。这种外向型经济模式之所以产生,源于众多集中扎堆的中小微企业对世界市场的商品需求信息的渴求,由此催生了淘宝等大型互联网和电商网络交易的平台经济。与之相对比,长三角北翼产业带以"订单经济"为主,这种模式的特点是企业大多来源于早期的乡镇企业改制,以及之后陆续被政府规划入工业园和高新区的企业。

当前,长三角南北两翼产业带正处在全新的一体化窗口期。在数字经济方面,南翼产业带向北翼延伸。突出的特点是浙江模式中"需求拉动"的电商平台经济,正在向制造经济模式转型和融合。以支撑南翼电商平台经济的核心元器件芯片为例,阿里、海康威视等以平台为依托的运营模式,其早期的核心元器件和技术支持主要依赖国外市场。出于摆脱国外种种技术锁定和产业安全的考量,目前,长三角尤其是浙江这些巨型网络平台企业,正迫切需要依托北翼产业带,发挥长三角北翼产业带在电子信息产业研发和制造等方面的优势,并且紧紧围绕"中国芯"的研发和生产,逐渐向产业链的上游延伸,一直拓展到芯片材料和芯片研发等环节,从而形成国际营销信息集成电商平台芯片研发、芯片材料的切换,即完成从市场到技术的模式切换。

基于同样的逻辑和思路,当前长三角北翼产业带的代表性企业,由于早期在参与外资代工和配套生产时,严重依赖外资经济模式,形成了以引进、消化、吸收、再创新为主要特点的被动技术升级的路径。目前,长三角北翼这条产业带,正面临着房价过高等因素导致商务成本攀升过快的倒逼,使得园区内的企业,必须依托长三角一体化、长江经济带等国家区域发展战略和"一带一路"倡议,通过园区开发和园区共建,发挥园区飞地经济优势,开拓国内外市场空间,推动产业向外转移,实现从技术到市场的模式切换。

成渝地区：形成以成都、重庆“双核辐射”数字经济总体格局

当前，成渝地区双城经济圈建设已上升为国家战略。成渝地区位于“一带一路”和长江经济带的联结点，是我国实现“双循环”发展的重要支点之一，同时，川渝两地作为首批“国家数字经济创新发展试验区”，数字化发展基础良好。

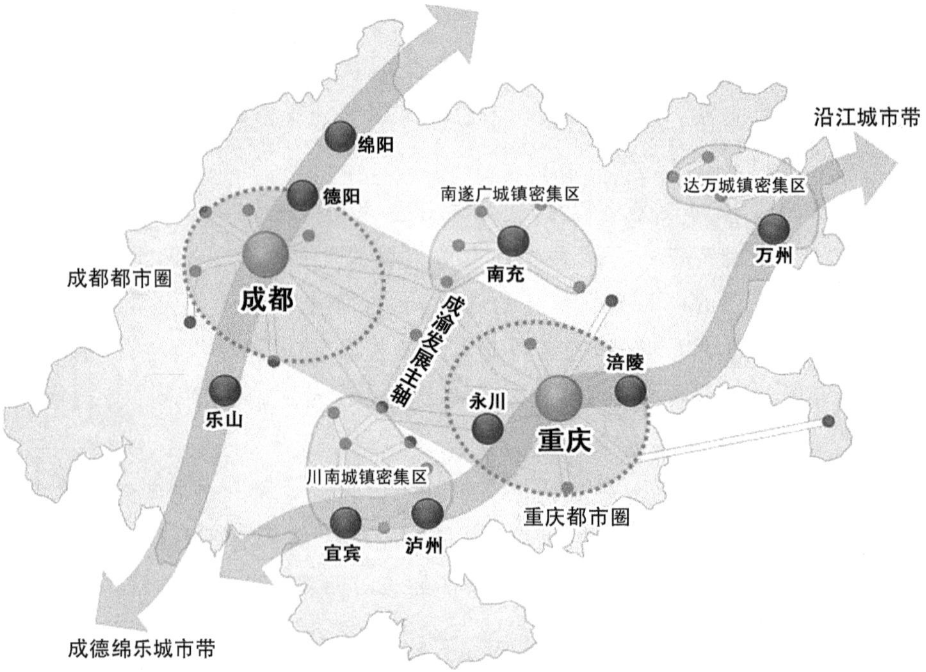

成渝地区双城经济圈

成渝地区双城经济圈的定位是成为具有全国影响力的重要经济中心、科技创新中心、改革开放新高地、高品质生活宜居地，即“两中心两地”。目前成渝地区在数字经济领域已形成了一批特色产业，崛起了一批创新企业，可以预见数字经济将为成渝地区打造“两中心两地”提供新的驱动力，同时也是成渝地区高质量发展的新增长极。

成渝地区目前已经形成以成都、重庆“双核辐射”数字经济总体格局；成都高新区与重庆高新区作为西南地区科技发展核心引擎，“双区联动”打造区县高端数字经济发展新模式。

2020 年 4 月，重庆高新区、成都高新区签署《重庆高新区成都高新区“双区联动”共建具有全国影响力的科技创新中心战略合作协议》，根据双方签署的战略合作协议，重庆高

新区、成都高新区双方将重点从"一城""一廊""一高地""一区""一港""一机制"6个方面进行合作共建，推动建设具有全国影响力的科技创新中心。

"一城"即以"一城多园"模式合作共建西部科学城，双方将以建设综合性国家科学中心为目标，增强原始创新能力，共同向国家争取重大科技创新平台、重大政策支持，联合创建国家制造业创新中心、国家技术创新中心、国家产业创新中心，协同布局一批研究方向密切关联的重大科技基础设施、一流高校院所、交叉前沿研究平台、国家重点实验室、新型研发机构等，加快形成"基础研究—技术创新—产业创新"全链条体系。

"一廊"则是联手成渝地区高新区共同打造成渝科创走廊，构建"成渝总部研发+周边成果转化"协同创新及成果转化模式，推动创新成果在科创走廊沿线园区产业化。牵头组建成渝地区高新区发展联盟，整合成渝地区国家高新区、重点高校院所、科技行业协会、重点科技服务机构等创新资源。

在共建"一高地"方面，将以重庆高新区、成都高新区为载体共建新经济合作示范区，推动两地公共技术服务平台共享共用，联手打造智能终端、大健康两大世界级产业集群。制定示范区产业协同发展规划，探索培育数字医疗、无人驾驶等新经济赛道。联合发布成渝场景机会清单，吸引市场化机构参与两地新基建、数字经济、人工智能发展，共建数字经济与新一代人工智能创新发展示范基地。

"一区"指的是推动科技成果转化，共建西部创新创业引领区。以推动创新成果转化和产业化、提升创新创业水平为核心，共建成渝校地协同创新共同体、成渝英才信息共享平台、成渝科技服务超市、成渝一体化科技金融服务平台、成渝孵化载体业界共治理事会等，共办具有全国影响力的创新创业大赛，推动人才、基金、孵化载体、创业大赛等要素的有效集聚，形成两地优势互补的创新创业服务体系，促进以硬科技为主的高水平创新创业。

"一港"是指双方将加强国际科技合作，共建内陆自贸港。共同向上争取重庆高新区、成都高新区纳入内陆自由贸易港试点，率先开展自贸港政策承接和体制机制先行先试，扩大技术、人才、资本、数据等领域对外开放，突破人员自由通关、国际科技合作、国际产业合作等全方位改革，加快建设"一带一路"国际科技创新合作示范区和国际技术转移中心。加强与"一带一路"沿线各国高科技园区间的合作，共建中新、中韩、中日等国际科技创新合作示范区。建立外国人工作许可制度和人才签证制度，支持永久居留身份证外籍高层次人才创办科技型企业。探索扩大知识产权跨境交易，完善知识产权纠纷多元化解决机制。共同策划及承办大型国际化会议。

"一机制"则是共建要素自由流动机制，双方将坚持市场化方式，推动科技资源向重庆高新区、成都高新区两大创新极核集聚，并在多个创新节点合理流动；推行“人才互认互通”政策，试行高端人才跨区域公共服务、社会保障共享机制；建立科学仪器设备共用平台，形成成渝地区科技资源数据目录体系，推动大型科学仪器设备跨区域共享；积极探索两地企业证照“一网通办”试点，提升交互投资便捷性。

此外，成渝地区数字经济飞轮效应的实践效果也非常突出，在数字经济发展飞轮效应“新基建”和“数字政务”两大抓手以及其他各个因素的共同推动下，实现了速度和质量的双发展和正循环。

5.4 数字经济发展水平：分区域评估

5.4.1 东部地区虹吸效应明显，具有显著的创新引领特点

从东部地区数字经济“三力一体”指数贡献度可以看出，数字经济核心牵引力指数高达 0.423 7，这也说明了东部地区作为我国数字经济发展的区域核心，区域创新能力受到创新政策环境、人才流动、资本流动、技术水平、产业发展等多种因素影响，数字经济的崛起为区域创新中要素流动、协同发展、产业升级等提供了新的技术支撑。

从图 5-7、图 5-8 中可以看出，数字经济发展一线省/市（广东、江苏、浙江、上海和北京）均集中于东部经济发达地区，与其综合经济发展水平基本一致。同时发现这些省份处于京津冀、长三角、珠三角、粤港澳大湾区等我国发达城市群、经济圈中，得益于该地区经济基础优越、虹吸效应显著，可以为数字经济的发展提供充足的人才、资金等资源保障。

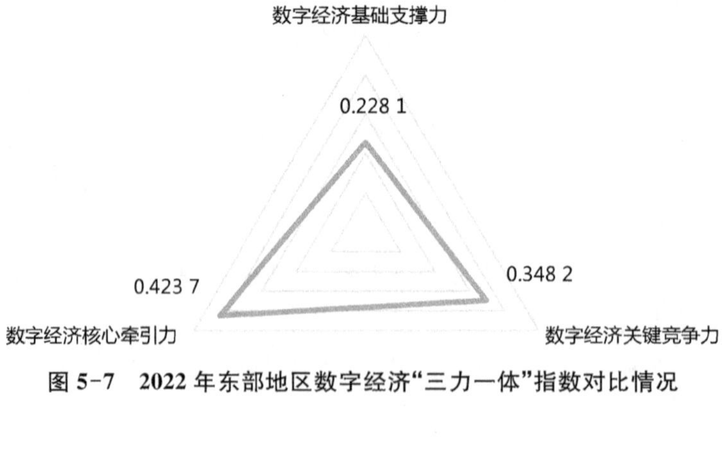

图 5-7 2022 年东部地区数字经济“三力一体”指数对比情况

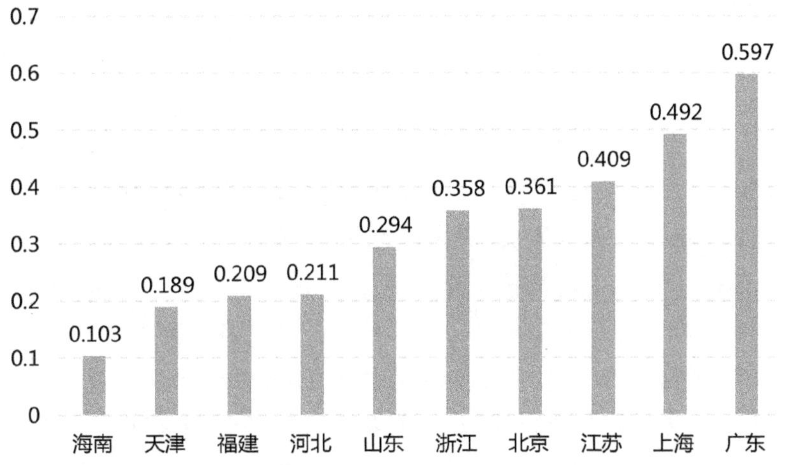

图 5-8　2022 年东部地区各省/市数字经济发展水平

专栏

东部地区代表省市典型做法

福建：围绕“数字丝路”、智慧海洋、卫星应用等开展区域特色试验

经过 20 年耕耘，“数字福建”已深刻融入福建经济、政治、文化、社会、生态等各个方面，全省形成以电子信息制造业为基础，以软件和信息技术服务业、通信服务业为增长点，以大数据、物联网、云计算、人工智能、卫星应用产业为突破口的数字经济发展新格局。

建设数字丝路信息枢纽。围绕与“一带一路”沿线国家和地区在信息化领域的交流合作，福建从强化信息互联互通枢纽功能、建设国际经贸合作信息化平台、建设人文交流信息化纽带等 3 个方面发力，升级完善网络基础设施、建设国家离岸数据中心（平潭）、建设“海丝”空间信息港、建立丝路网络安全协作机制、促进“丝路电商”合作、建设“丝路智慧口岸”、建设“数字丝路”经济合作试验区、建设华侨华人数字化公共服务平台等。目前，福建已征集筛选了 51 个“数字丝路”建设项目纳入实施方案，总投资额超过 500 亿元。

打造智慧海洋交互平台。福建移动依托高品质网络平台和业界领先的智能中台体系，积极探索 5G、大数据、AI 等新技术与海洋场景的结合点，打造智慧海洋全业务交互平台，积极聚合生态，进一步为数字福建的建设和智慧海洋发展贡献力量。2019 年 3 月以来，福建移动在惠安海域部署了泉州首批覆盖海面的 5G 基站，开始了以智慧信息化手段服务海洋管理、环境监测等工作的探索。2019 年 4 月 5G 无人监测船完成首航，实时将船只巡航视频、监测图像、检测数据回传，改变了传统的人工巡航和环境检测监管模式，极大降低了水质监测成本，缩短采样时间和操作难度，同时提升安全性。

打造“海丝”卫星互联互通枢纽。福建省主要从数字政务、乡村振兴、智慧城市、闽台融合和海天丝路5个方面实施“卫星+”示范应用工程。目前，福建卫星应用产业发展态势较好，初步建立了以企业为主体、行业应用为导向、公共平台为支撑、产业延续为承载的功能格局。统计数据显示，福建直接从事卫星应用的企业有100多家，涵盖从芯片设计、移动电话、车船载导航设备到地理信息应用测绘等产业链各个环节。

2022年7月，自然资源福建省卫星应用技术中心省地质测绘院分中心挂牌运行，在海量数据存储、数据智能化快速处理、海量数据管理及应用等方面建设取得的较好成效，为福建省自然资源厅、生态环境厅、农业农村厅等相关厅局提供了技术服务和数据支持。

5.4.2 西部地区形成协同联动规模效应，增速明显，潜力巨大

相对于东部发达地区而言，西部地区的地级市普遍具有新兴产业发展滞后、传统产业发展比重大、生态资源和生态资产优越、政府财力有限、市场主体弱小等特征。从图5-9中西部地区数字经济三力指数贡献度可以看出，数字经济核心牵引力指数高达0.518 2。各地政府纷纷出台数字经济相关政策，大力发展数字经济，政策驱动数字经济发展特征显著。

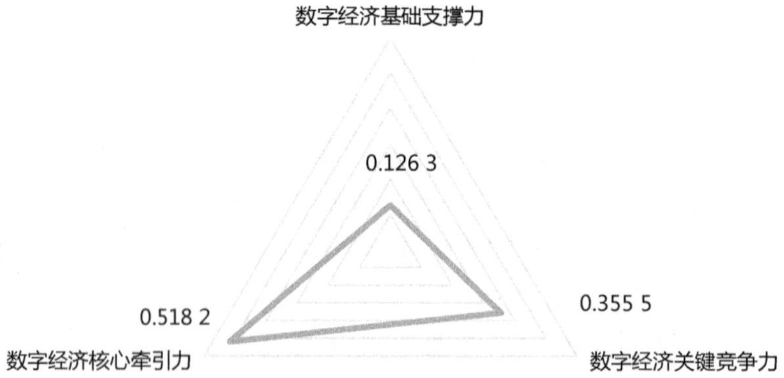

图5-9 2022年西部地区数字经济“三力一体”指数对比情况

从图 5-10 中可以看到，位于数字经济发展二线省、市中的四川（0.491）、陕西（0.473）、重庆（0.46）在西部地区数字经济发展中遥遥领先于其他省份。以四川、重庆为代表的成渝城市群和以陕西为代表的关中平原城市群已逐步形成西部地区数字经济发展的两大核心引擎，通过不断发挥区域引领作用，逐步形成联动规模效应，不断推动西部地区数字经济向高质量发展迈进。

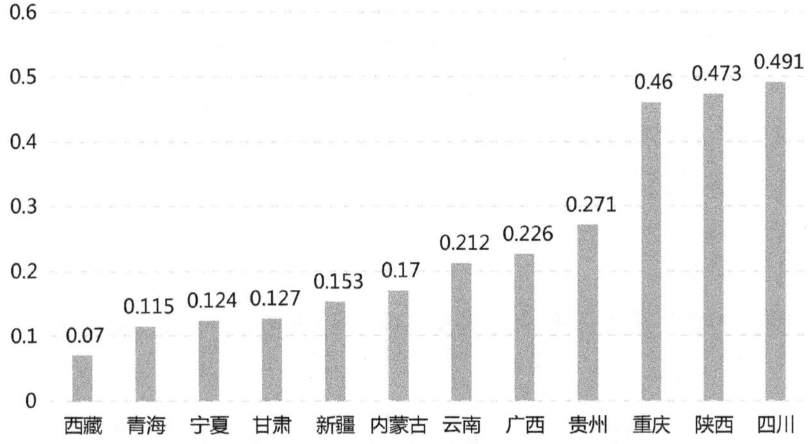

图 5-10　2022 年西部地区各省/市/自治区数字经济发展水平

专　栏

西部地区代表省市典型做法

四川：成功争创国家数字经济创新发展试验区

重点探索数字产业集聚发展模式，完善新型基础设施，开展超大城市智慧治理，加强数字经济国际合作，以智能化应用为重点，促进互联网、大数据、人工智能和实体经济深度融合，实现成渝城市群高质量发展。

构建“5+1”现代产业体系，提出一方面要推动五大支柱产业重点领域突破发展，创建制造业高质量发展国家级示范区和打造世界级产业集群；在电子信息产业方面，将着力开展 5G 网络商用示范，争取在川实施北斗综合应用示范工程，打造成德绵眉泸大数据产业走廊等。

推进大数据产业集聚区和产业园建设，提出要打造“成德绵眉泸雅”大数据产业集聚区，建设 3～5 个大数据产业基地；积极开展成都天府国际机场 5G 网络商用示范；打造国家超高清视听创新基地，建设天府文创城、成都游戏动漫基地、区域数字出版基地、四川传统文化影视内容基地和四川电竞产业基地等。

重庆：集中力量打造“智造重镇”，集中打造工业互联网发展高地

重庆市是国家重要的现代制造业基地，拥有最丰富的产业门类、最佳的产业应用场景、最广阔的市场空间。

作为中国最早发展大规模集成电路的城市之一，重庆半导体产业已成为当地产业链条中应用领域最广、渗透范围最深的产业，以多样化的技术、标准、产品，支撑起该市 2 亿台智能终端、6 000 万台笔记本电脑、3 000 万台家电、200 万辆汽车的生产。

重庆瞄准智能产业“芯屏器核网”全链条发力，形成了以万国半导体、紫光等为代表的集成电路产业集群，以京东方、惠科金渝等为代表的新型显示产业集群，以奥斯特、超硅半导体等为代表的高端电子材料产业集群……2022 年重庆全市软件产业营业收入达到 2 750 亿元，同比增长约 10.5%。

坚持把大数据智能化创新作为推动高质量发展的战略选择，加快数字产业化、产业数字化，推动数字经济和实体经济深度融合，集中力量建设“智造重镇”和“智慧名城”。

5.4.3 中部地区呈现齐头并进的格局，各项指标均衡发展

从中部地区数字经济“三力一体”指数贡献度可以看出，数字经济关键竞争力指数高达 0.523 1，说明目前支撑中部地区数字经济发展的重点聚焦在产业数字化、数字产业化以及治理数字化等传统评价指数上，因此，加快推动数字经济与本地特色产业深度融合将成为中部地区实现弯道超车的重要抓手。

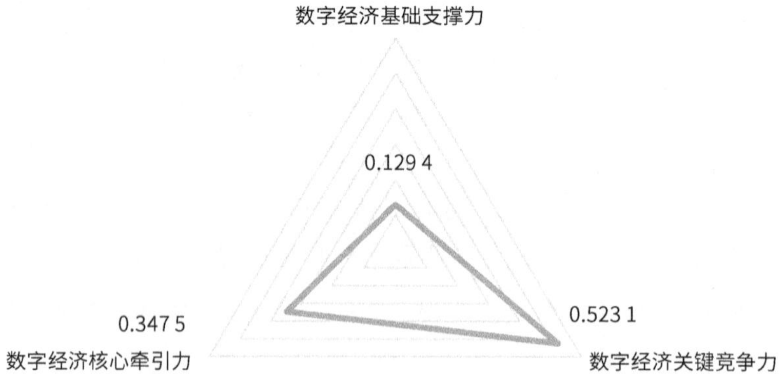

图 5-11 2022 年中部地区数字经济“三力一体”指数对比情况

从图 5-12 中可以看到，河南（0.412）、湖北（0.391）、安徽（0.389）、湖南（0.346）、江西（0.330）排名前四的省份均处在数字经济发展二线省份，整体呈现均衡发展的格局。河南作为中部地区较早发展数字经济的省份，在本次综合评分中高居榜首。早在 2016 年，河南就获批成为全国 8 个大数据综合试验区之一。在《2020 年河南省数字经济发展工作方案》中，明确提出从数字园区提升发展、数字基础设施建设等方面发力数字经济，力争全年数字经济规模占 GDP 的 30%以上。为推进数字经济发展，安徽拿出真金白银扶持，每年专项安排 2 亿元支持数字经济项目，对总部新落户安徽的全国电子信息百强企业给予 200 万元的奖补，领军企业可获奖补 100 万元。复工复产后，湖北进一步发布了《加快发展数字经济培育新的经济增长点的若干措施》，旨在以数字经济为抓手，培育新的经济增长点，促进全省疫后重振。

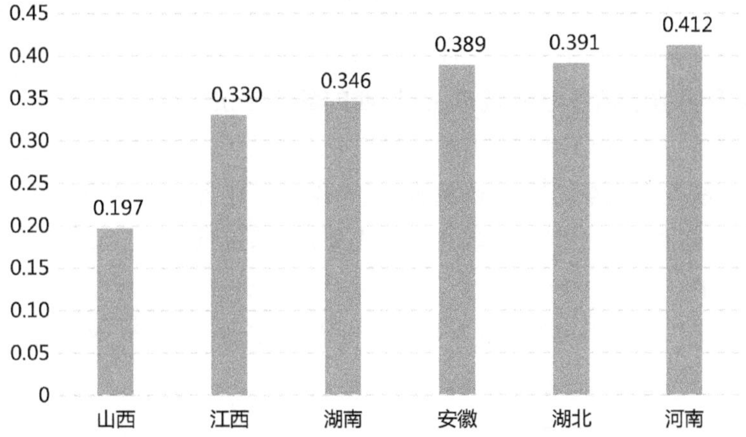

图 5-12　2022 年中部地区各省市数字经济发展水平

专栏

中部地区代表省市典型做法

郑州：打造中部地区数字“第一城”

郑州以国家中心城市建设为统揽，大力推进互联网、大数据、人工智能和实体经济深度融合，加速城市数字化进程。

2020 年，郑州市政府印发《郑州市加快数字经济发展实施方案（2020—2022 年）》，郑州将大力推进互联网、大数据、人工智能和实体经济深度融合，全面推动“数字产业化、产业数字化”，加速城市数字化进程。加快构建数字经济发展新生态，全力打造中部地区的数字产业化发展引领地，产业数字化发展示范地，建设中部地区数字“第一城”。

郑州以网络建设为基础，加快5G“一网四基地”(5G基础网络、研发创新基地、生产制造基地、应用示范基地、信息安全基地)建设，构建5G产业生态体系。截至2020年9月，郑州5G基站数量累计达到9 358个，占河南省的32%。二级指标中，郑州在城市服务政策规划方面表现良好。郑州上线在线政务服务平台“郑好办”App，包含市政务服务网上线运行的政务服务、便民服务共477项，其中，公积金提取“刷脸秒办”办结业务超过7万笔，支取金额超过11.4亿元，渠道占比达54%，大幅提高城市服务精细度。

同时在全球的营商环境友好评比当中，也是进入了全球营商环境友好城市100强。在城市治理层面，建设了数字郑州的城市大脑，并且评比进入了全国数字城市前十强。在产业融合层面，2022年郑州累计入选项目983个，总投资10 099.6亿元。其中先进制造业、数字产业等项目533个，占比达到54%。

武汉：跻身全国数字经济一线城市，引领西部数字经济发展

当前，武汉市委、市政府把数字经济作为城市战略发展的重中之重，提出突破性发展数字经济，确定建成全国数字经济一线城市，成为全球数字经济产业链、价值链、创新链上重要节点的目标。近年来，武汉数字经济发展态势强劲，成绩斐然。截至2020年年底，数字经济占武汉GDP比重已经超过40%，成为促进企业复工复产的“生力军”和对冲经济下行压力的“稳定器”，已然突破“四成”GDP占比的武汉数字经济，当前正在朝着新目标奋进：5年数字经济要占全市经济总量过半。

截至2022年年底，武汉市5G基站数量突破3.4万个。基本实现三环内连续高质量覆盖和远城区重点覆盖，固定宽带平均下载速率在全国主要城市排名前列；国家标识解析顶级节点加快建设，已接入二级节点7个，标识注册量累计超过16亿次，居全国顶级节点第三。为数字经济“铺路架桥”，武汉已经建成数据中心机架数达3万个，正在建设机架数9万个。此外，武汉正在研究支持超算中心建设方案和政策，规划全市超算算力规模达到1 000P。

在武汉光谷东湖科学城率先启动人工智能计算中心项目建设，该中心建成后形成相当于50万台电脑的算力之和，可用于自动驾驶、城市大脑、智慧医疗、智慧交通、网络安全、智能数字设计与建造、语音识别、自然语言处理等应用场景。

在武汉建造的全国首个卫星物联网工程——行云工程第一、二阶段建设任务已完成，2022年实现小规模组网和业务运营，初步实现天基物联网服务。另外，武汉已投入使用

5G 车路协同测试道路 321 千米，并计划在 3～5 年内形成不低于 500 千米的智能测试道路。

同时武汉不断优化数字经济发展生态，多措并举，资金、人才、产业等多要素发力，已吸引国内外众多知名企业，金山软件只是其中之一。去年以来，浪潮华中总部、腾讯数字产业总部、中国电子云全球总部、华为 AI 算力中心、华为武汉云、苏宁易购湖北电商总部、菜鸟华中区域中心等一批数字经济重大项目相继签约；阿里巴巴华中总部等一批项目开工建设；国家工业互联网研究院湖北分院、信通院中部基地等一批国家级机构揭牌。这些头部企业和重大项目相继落地，将持续推动武汉数字经济发展，为构建新发展格局作出贡献。

5.4.4 东北地区发展相对滞后，“核心–边缘”分异格局形成

从东北地区数字经济三力指数贡献度可以看出（图 5–13），数字经济基础支撑力（37.92%）以及数字经济关键竞争力（45.29%）两项指数对数字经济贡献率超过 83%，而数字经济核心牵引力对数字经济的贡献度仅有 16.79%，由此可见，政府在数字经济方面的人才、政策、资金的投入不足是导致东北地区数字经济发展落后的重要原因。

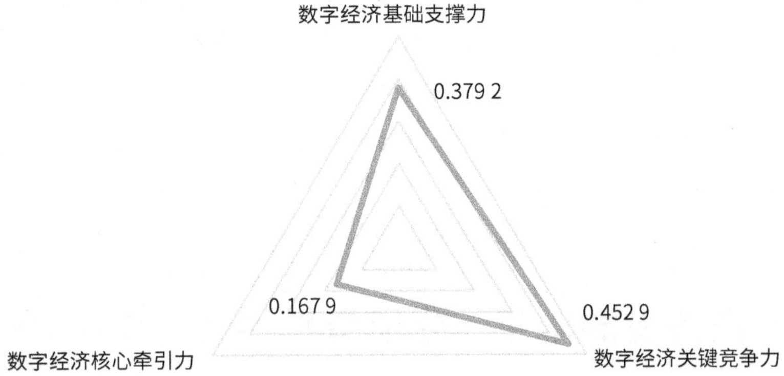

图 5–13　2022 年东北部地区数字经济“三力一体”指数对比情况

从图 5–14 中可以看到，辽宁、黑龙江以及吉林在全国数字经济综合指数排名中分别位于第 19、21、27 名，位列第三、第四梯队。东北地区数字经济整体发展水平较全国其他地区存在滞后，内部极化明显形成，辽宁数字经济综合指数 0.207，远高于黑龙江（0.134）与吉林（0.117）两省，以辽宁为核心，黑龙江、吉林为边缘的空间分异格局逐步形成。

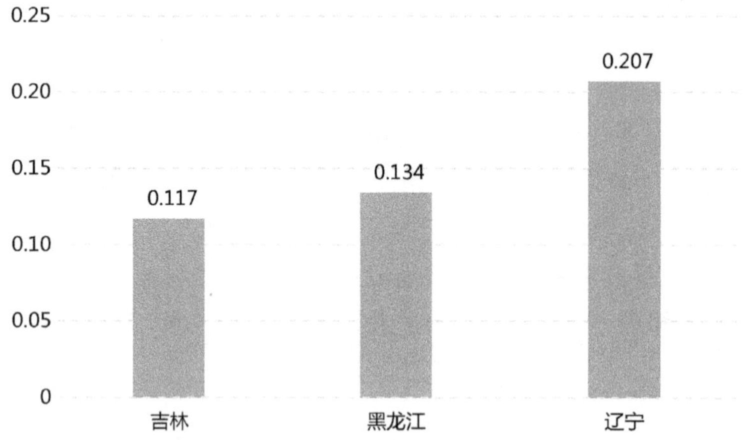

图 5-14　2022 年东北部地区各省数字经济发展水平

专　栏

东北部地区代表省份典型做法

辽宁：首个"星火·链网"骨干节点落户辽宁营口，助力辽宁数字经济发展

"2020 新基建创新发展大会"在辽宁营口成功举办，会上举办了"星火·链网"骨干节点的启动仪式，这标志着"星火·链网"——国家级区块链新型基础设施的国内首个骨干节点落户营口。"星火·链网"是国内最早启动建设的骨干节点，该节点致力于打造辽宁乃至东北三省区块链建设发展的核心锚点，成为"智慧辽宁"的新名片，助力辽宁产业数字化转型。

5.5　数字经济发展水平：分项指数评估

5.5.1　数字经济基础支撑力

5.5.1.1　整体呈现"你追我赶"的局面，差距不断缩小

受经济、文化、教育和政策等多种环境因素影响，我国不同城市之间的数字基础设施发展水平差距较大，从图 5-15 中可以看出，广东以综合评分 0.74 排名第一，成为数字基础设施的领跑者，江苏(0.63)、浙江(0.61)、山东(0.57)、四川(0.49)，位列前五名，基础设

施普及程度较高。但随着各地纷纷出台"新基建"等相关政策、规划文件,第二、三线省份差距逐渐缩小,数字经济发展四线省份也在奋力追赶。

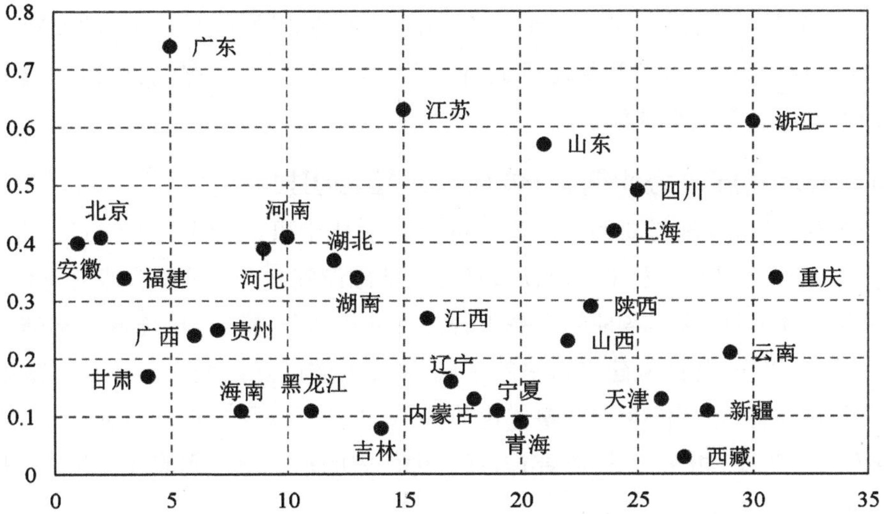

图5-15 2022年各省/市/自治区数字经济基础支撑力情况

5.5.1.2 东部地区持续领跑,西部地区表现亮眼

东部地区依旧处于领先地位,四大地区的综合平均值为0.535,其余3个地区均低于平均值,差距较为明显(图5-16)。但西部地区却在该指标上表现亮眼。一直以来由于发

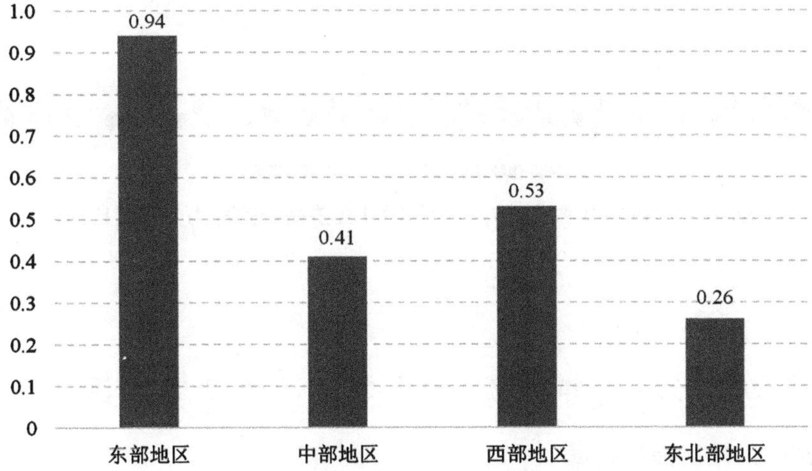

图5-16 2022年各区域数字经济基础支撑力对比情况

展历史、自然条件等因素的影响，西部地区的基础设施建设，长期滞后于中、东部地区。但目前在国家“一带一路”建设、脱贫攻坚、乡村振兴、西部大开发等重大战略指引下，西部地区开工建设了一批交通、水利、能源传统基础设施和民生保障工程，以增强西部地区基础设施和公共服务的承载能力，进一步缩小西部地区在基础设施建设方面的差距。同时在新基建如此火热的当下，借助新基建机遇，西部地区将发挥其独有优势，迎来绕道超车的机会，反超中部以及东北部地区。

5.5.1.3 各地发展较为均衡，一体化建设趋势明显

在各省传统基础设施与新型基础设施的分项对比中可以看出（图 5-17），北京（传统基础设施 0.64，新型基础设施 0.61）、广东（传统基础设施 0.88，新型基础设施 0.72）等大部分省/市呈正相关性，说明各地越来越重视两者的均衡化发展。传统数字基础设施在区域间的差距不断缩小，各区域建设水平趋于成熟，提升空间逐渐减小。在新型基础设施评价中，各地争相发力，东部沿海地区整体优势突出，工业互联网建设重点在广东、浙江等经济发达省份高度集聚，相比之下，以吉林、辽宁为代表的东北地区则略显落后，未来仍有广阔的提升空间。

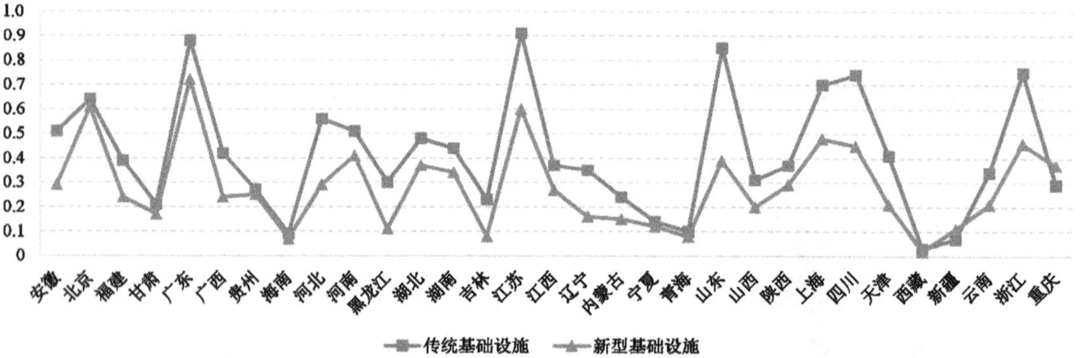

图 5-17　2022 年各省/市/自治区数字经济基础支撑力分项对比图

专栏

新基建初步形成东部引领、中西部协调的区域协调发展机制

5G：东部沿海地区提前布局

2022 年底工信部发布的《2022 年 1 月—11 月通信业经济运行情况》显示，5G 网络建

设稳步推进。截至2022年11月末,5G基站总数达228.7万个,比上年末净增86.2万个,占移动基站总数的21.1%,占比较上年末提升6.8个百分点。

东部地区5G建设和用户普及率领先。截至2022年11月末,东部、中部、西部和东北地区5G基站分别达到109.3万个、49.2万个、56.2万个、14万个,占本地区移动电话基站总数的比重分别为23.3%、20.7%、18.5%、19.8%。5G移动电话用户分别达2.43亿户、1.26亿户、1.37亿户、0.35亿户,占本地区移动电话用户总数的比重分别为33.4%、32.3%、31%、29.3%。

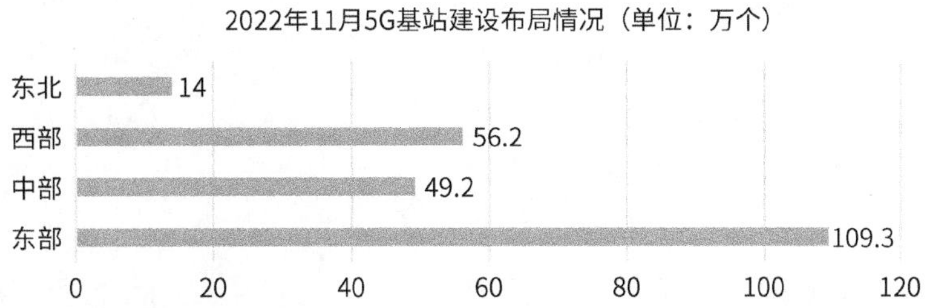

大数据中心:西部地区后发优势明显

2022年2月,国家发改委、中央网信办、工业和信息化部、国家能源局联合印发通知,同意在京津冀、长三角、粤港澳大湾区、成渝、内蒙古、贵州、甘肃、宁夏等8地启动建设国家算力枢纽节点,并规划了10个国家数据中心集群。至此,全国一体化大数据中心体系完成总体布局设计,"东数西算"工程正式全面启动。

截至当时,我国数据中心已拥有超500万标准机架,算力达到130EFLOPS(每秒13 000亿亿次浮点运算)。长期以来数据中心主要分布在东部沿海地区,但随着土地、能源供应日趋紧张,大规模建设数据中心恐难以为继。西部地区作为天然冷源,同时具有可再生能源充裕或毗邻能源区域,电价较低的优势,可以承接东部地区算力需求。截至2022年4月,全国10个国家数据中心集群中,新开工项目25个,数据中心规模达54万标准机架,带动各方面投资超过1 900亿元。预计到2025年,西部地区数据中心机架和算力占比将上升至60%。

人工智能:京津冀产业基础雄厚

根据2021年的统计结果,京津冀、长三角和粤港澳大湾区已成为我国人工智能发展的三大区域性引擎,成渝城市群、长江中游城市群也展现出人工智能发展的区域活力,产业集聚区初显区域引领和协同作用。

《2021—2022 中国人工智能计算力发展评估报告》显示，中国人工智能城市综合排名前十的城市依次为北京、杭州、深圳、南京、上海、苏州、广州、济南、成都、合肥。北京、上海、杭州三座城市在人工智能赛道上已经走在前列。在产业集聚方面，以上城市的“滚雪球效应”十分显著。人工智能算力释放的场景在金融、制造、能源和公共事业、交通和互联网等行业体现得尤为显著。截至 2022 年 9 月 20 日，人工智能概念股共有 210 只，其中北京市达 51 家，占据全国的 24%，超五分之一。北京市人工智能产业布局较早，产业链条相对完善，各重点细分领域均有头部企业，如传感器的行业龙头京东方科技，AI 芯片的中星微电子、寒武纪等，计算机视觉的商汤科技、旷视科技等，自然语言处理的百度、搜狗等。此外，北京市拥有全国近一半的人工智能高层次学者，是国内甚至全球首屈一指的人工智能产业人才中心，成果产出与迭代速度较快。

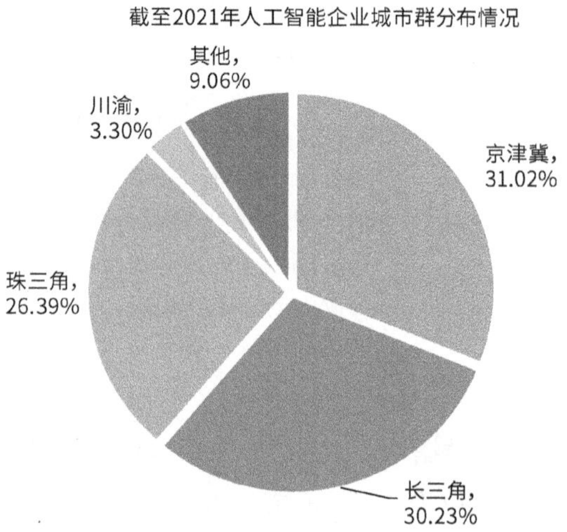

5.5.2 数字经济关键竞争力

5.5.2.1 头部省/市引领发展趋势明显，其余省/市/自治区发展任重道远

从数字经济关键竞争力综合评价指标中可以看出（图 5-18），以广东、江苏、北京、山东等数字经济头部省/市基本明确，领跑全国数字经济发展。以四川、河南、安徽、河北为代表的第二梯队，呈现追赶和发展趋势，与头部省/市的差距也在不断缩小。其余省/市/自治区虽也在尽力追赶，但鉴于自身发展的局限，想要短时间跻身第一、第二梯队，任重道远。

5.5.2.2 东部地区远超其他地区，东北部地区有较大提升空间

从图 5-19 中可以看出，东部地区与其他地区的差距十分明显，治理数字化（4.879）、产业数字化（4.446）、数字产业化（3.832）等分项指标也均位列第一。但同时可以看到西部地区无论是综合评分还是分项指标上都略胜中部地区，说明西部地区正在积极拥抱数字经济发展红利，努力在新的赛道上实现新的突破，为逐渐缩小东西部差距注入新的动能。

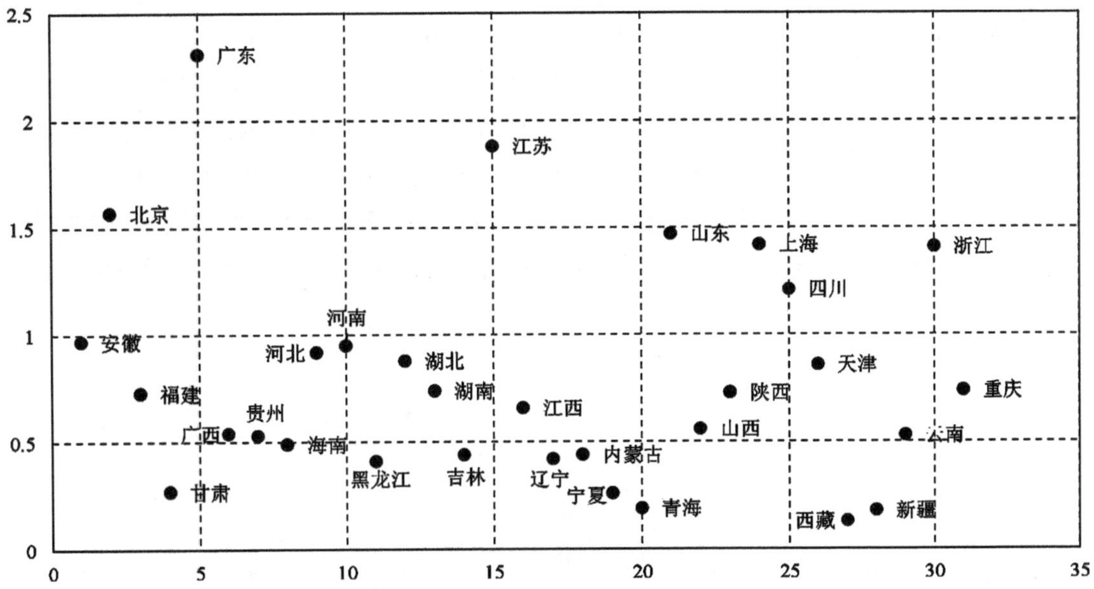

图 5-18　2022 年各省/市/自治区数字经济关键竞争力排名情况

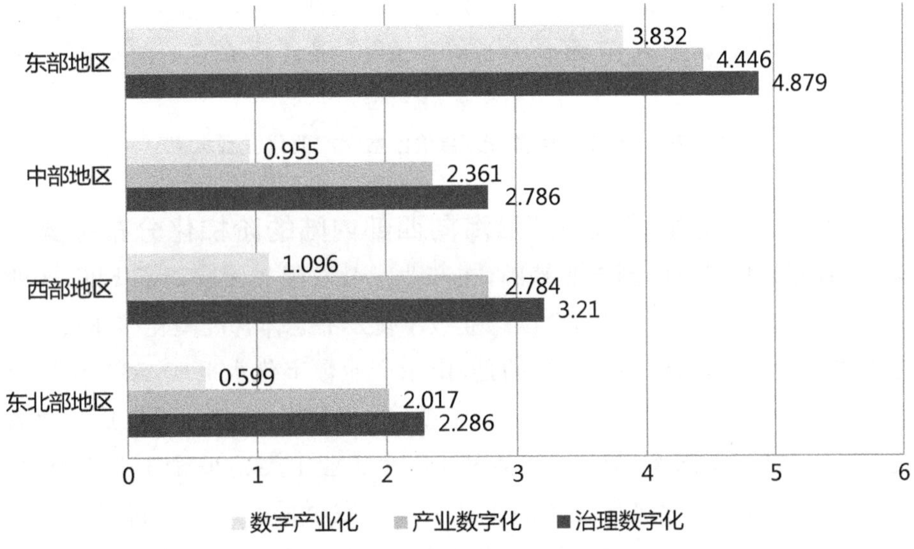

图 5-19　2022 年各区域数字经济关键竞争力分项对比图

5.5.2.3 各地数字产业化发展不均衡，各地优势明显

从作为数字经济持续增长的内生动力的数字产业化发展指标来看，全国数字产业化集群主要分布在东部经济发达地区，与数字经济综合评价指数大体相当，处于数字经济第三、四梯队，数字产业化发展水平则稍显逊色，与东部地区差距明显，在未来的发展过程需要更多的投入和关注。同时从分项指标维度来看(图 5-20)，广东(支柱产业 0.79、新兴产业 0.73)、北京(支柱产业 0.51、新兴产业 1.02)等部分省/市呈现发展不均衡的特征，应依据地区特征继续推动得分较高的指标保持优势，同时注意补齐短板，实现数字经济全面、平衡发展。

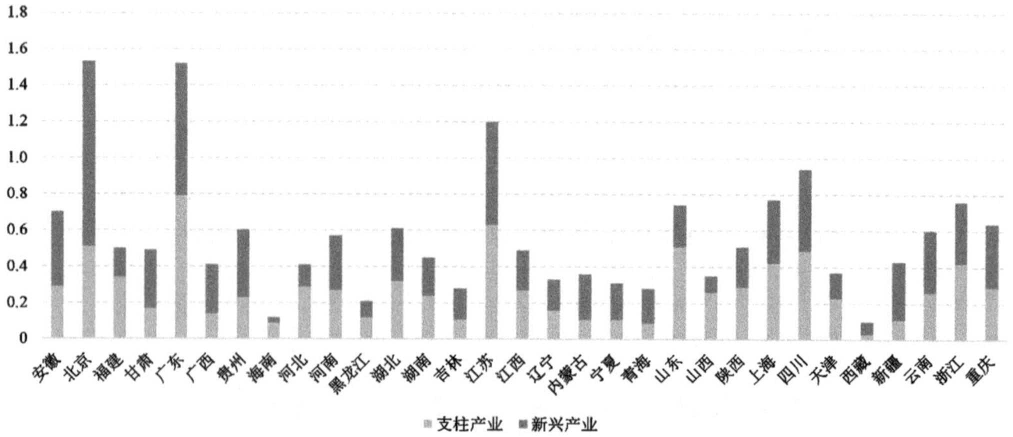

图 5-20　2022 年各省/市/自治区数字产业化发展水平

5.5.2.4 产业数字化呈现从东部沿海向西部内陆的阶梯化分布态势

近年来，我国依托雄厚的制造业基础，在产业融合发展方面取得了飞跃，产业数字化成绩喜人。从图 5-21 中可以看出，全国产业数字化发展总体梯度变化整体较为平缓。东部地区依旧处于领先地位，但值得一提的是，山东产业数字化水平(0.539)位居全国第三位，仅次于广东(0.717)、江苏(0.574)，充分证明了山东产业数字化发展成效卓著。在产业基础方面，山东拥有全部 41 个工业大类和 197 个工业中类、526 个工业小类，是全国门类最齐全、结构最完备、产业链最完整的工业大省。截至目前，山东两化(信息化与工业化)融合发展水平已达 62.4，居全国第二位；海尔卡奥斯、浪潮云洲连续入选国家跨行业跨领域平台，并培育建成一批在全国具有一定影响力的行业平台，全省约 15%的规上企业已应用工业互联网。同时，四川也以(0.412)的成绩跻身前十，居中西部第一。四川省

各地正将传统产业数字化转型作为推动制造业高质量发展的关键，并通过数字产业集聚发展为数字经济赋能。

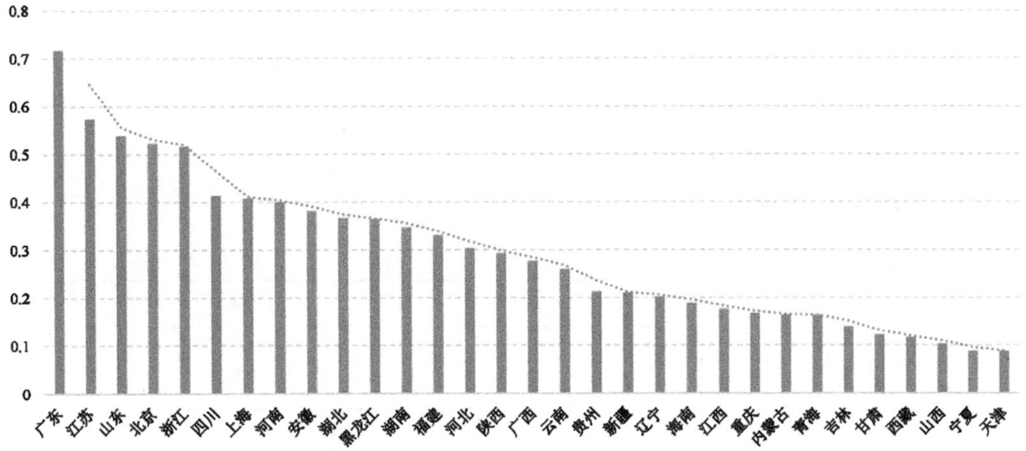

图 5-21　2022 年各省/市/自治区产业数字化发展水平

专　栏

苏州打造数字产业化发展“雁阵”

“雁行理论”认为，当雁鸟以“V”字队形飞行时，比每只雁鸟单飞更省力，即编队飞行的大雁能够借助团队的力量飞得更快飞得更远。

为推进苏州市数字经济发展，苏州市工信局组织开展了 2020 年苏州市软件和信息服务业推动数字产业化发展“头雁”企业评选工作。日前，30 家头雁企业和 22 家头雁培育企业的公示期满，首批 52 家头雁企业组成的数字产业化发展“雁阵”正式亮相。

苏州市工信局启动 2020 年苏州市软件和信息服务业推动数字产业化发展“头雁”企业评选工作后，经企业申报、市(区)初审推荐、形式审查、专家评审等程序，12 月 30 日，公示了 2020 年苏州市软件和信息服务业推动数字产业化发展“头雁”企业名单，共 52 家企业入围，包括 30 家头雁企业和 22 家“头雁”培育企业。其中，人工智能领域有 5 家“头雁”企业和 4 家“头雁”培育企业，大数据云计算领域有 9 家“头雁”企业和 6 家“头雁”培育企业，工业软件领域有 4 家“头雁”企业和 4 家“头雁”培育企业，通用软件领域有 10 家头雁企业和 6 家“头雁”培育企业，区块链领域有 2 家“头雁”企业和 2 家“头雁”培育企业。2021 年 32 家企业上榜“头雁”与“头雁”培育企业。

软件和信息服务业“头雁”企业评选培育，是推进苏州数字经济发展的重大工程。以“头雁”振翅带动“雁阵”高飞，是苏州做大做强数字经济的重要路径。苏州诞生了首批数字产业化发展“头雁”企业，激活了企业界的“数字思维”，然后组成“雁阵”，朝着建设全国“数字化引领转型升级”标杆城市的目标，不断飞行。

5.5.3 数字经济核心牵引力

5.5.3.1 内陆省份快速崛起，虹吸效应有望被打破

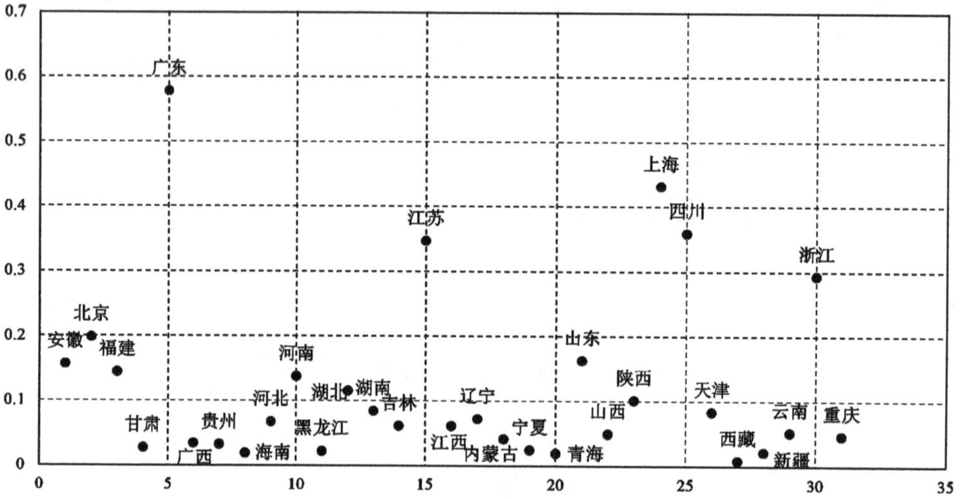

图 5-22 2022 年各省/市/自治区数字经济核心牵引力情况

从图 5-22 中可以看出，以广东(0.578)、上海(0.432)、江苏(0.347)、浙江(0.293)为代表的东部地区在数字经济氛围营造方面综合表现突出，领先地位显著。但内陆地区的后发势头不容小觑，四川位列数字环境指标 TOP3，河南、安徽、湖北等内陆省份快速崛起，逐渐打破沿海地区营商环境优越、产业资源虹吸效应显著的局面，为内陆地区吸引、承接更多的优质数字经济资源落地埋下伏笔。

5.5.3.2 东部地区领先优势显著，中西部地区潜力巨大

作为资本密集型、技术密集型经济，数字经济发展离不开数字人才、科技创新与资金投入等核心生产要素，丰富的科技资源与人力资本为数字经济发展提供技术支持、智力支持。从图 5-23 中可以看出，我国四大地区数字经济发展环境差距明显，东部地区一如既

往地处于领先地位，中部地区与西部地区整体发展水平相当，西部地区在科技创新、数字人才方面位居第二，这也得益于政府加大资金、政策的倾斜力度。

东北地区数字经济发展环境水平相对较低，需要加强相关的投入、提升关注度。

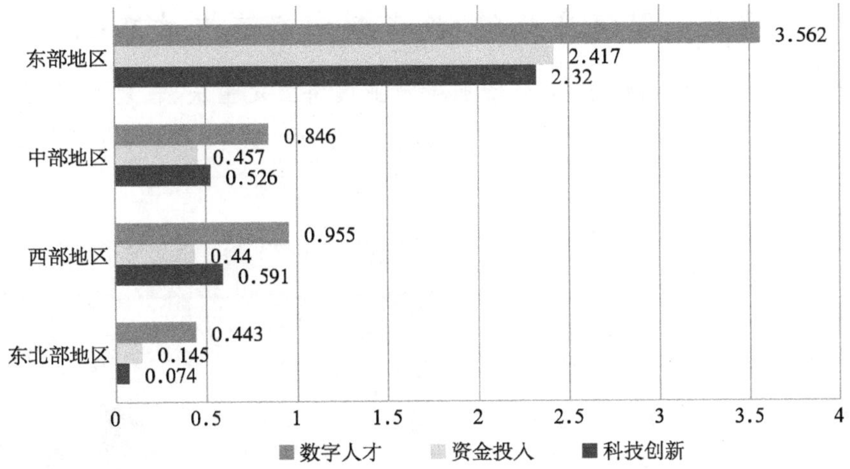

图 5-23 2022 年各区域数字经济核心牵引力分项对比

5.5.3.3 广东领先优势显著，其余地区发展水平差异较小

从图 5-24 中可以看出，广东是毫无疑问的领跑者，在数字人才、资金投入和科技创新 3 个分维度中均居首位。其次北京、上海、浙江、江苏等地区排名靠前，均拥有良好的数字

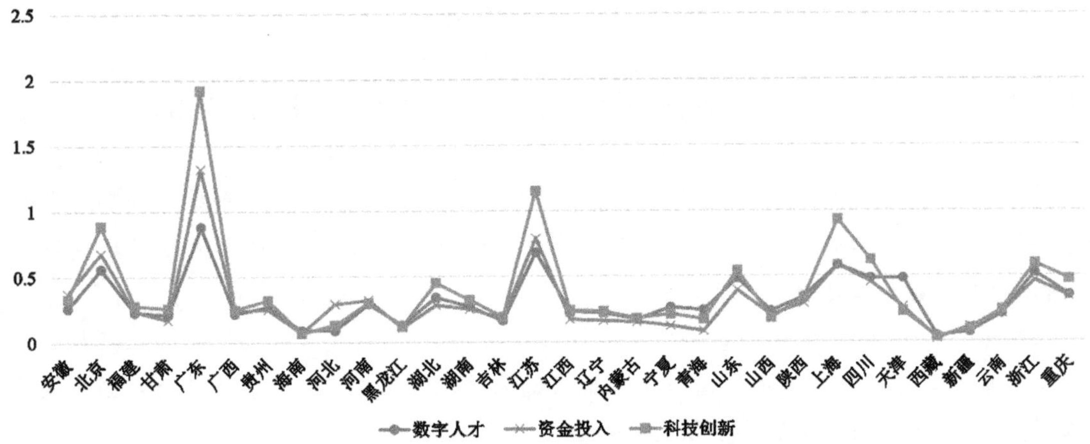

图 5-24 2022 年各省/市/自治区数字经济核心牵引力分项对比

经济发展氛围。其余数字经济三、四线省/市/自治区综合得分普遍较低，整体发展水平有待进一步提升，打破东部地区“虹吸效应”还需要一段时间。

专栏

重庆：围绕产业链，抢占数字经济人才高地

中部地区重庆市数字经济人力资源服务产业园将立足重庆、辐射西部、面向全国，建设专业性创新型的市级人力资源服务产业园，将对全市的数字经济人力资源服务业发展，起到示范、引领作用，并与综合性产业园错位发展、优势互补。

重庆市数字经济人力资源服务产业园位于重庆工业互联网生态园内，将组建数字经济人才认证中心、培训中心、实训中心三个实体平台，重点培养数字经济人才、工业互联网人才，助力北碚构建人力资源协同发展的数字经济产业体系。

产业园将按照“一园多点”模式建设运营，以北碚蔡家数字经济人力资源服务产业园为核心，以重庆大学、西南大学、重庆邮电大学等合作共建单位为分园区。园区将联合北碚区数字经济人才协会整合人力资源服务机构、工业互联网平台企业、高校师资等资源，合力开展数字经济人才培养和服务。

为进一步加强数字经济人才培养，当日北碚区数字经济人才培训中心同步揭牌。该中心将充分运用中国工业互联网研究院、航天云网等行业龙头企业的人才评价、师资、场地等资源，围绕人工智能、物联网、大数据、云计算、工业机器人等领域开展培训。

为推动川渝人才服务贯通、人才资源共享，绵阳市与北碚区签署《“绵州英才卡”与“缙云英才卡”服务互认共享协议》，两地将在行政审批、学术交流、研修疗养等方面整合优质服务资源，支持持卡高层次人才共同申报国家级科研项目、联合开展重大项目研究和攻关，助力双城经济圈建设。

持卡人在绵阳、北碚各级政务服务大厅办理工商登记、行政审批、税务、知识产权等政务服务事项时，可享受“绿色通道”；在两地实施人才培育项目时，及申报市级或区级人才项目支持时，同等条件下优先予以支持。

为支持两地的科技型企业、高新技术企业发展，绵阳市科学技术局与北碚区科学技术

局签署合作协议，共建绵碚科技创新券（科技人才服务券）。双方将按年度各出资 100 万元专项资金，组建 200 万元的创新券专项资金，两地企业可用该资金购买对方区域科技创新人才和团队的技术咨询和技术服务。

参考文献

[1] 周曙东，董倩．区域数字经济发展指数测度方法及应用研究[J]．调研世界，2022(12)：68-78．
[2] 孟亚洁．数字经济助力我国经济高质量发展[J]．通信世界，2022(14)：26-27．
[3] 邹琪，樊丽．数字经济发展与城市创业活跃度因果关系的识别[J]．统计与决策，2022(23)：17-22．
[4] 蒋媛媛．中国数字经济宏观影响力评估[M]．上海：上海社会科学院出版社，2021．

第 6 章　新 ICT 对数字经济产业化路径影响

2020 年 2 月 14 日，习近平总书记在中央全面深化改革委员会第十二次会议上强调，要鼓励运用大数据、人工智能、云计算等数字技术，在疫情监测分析、病毒溯源、防控救治、资源调配等方面更好发挥支撑作用。2 月 21 日召开的中央政治局会议提出，“推动生物医药、医疗设备、5G 网络、工业互联网等加快发展”。2 月 22 日工信部关于加快推进 5G 发展、做好信息通信业复工复产工作电视电话会议上提到“5G 在抗击疫情上发挥了重要作用，同时也将成为复工复产后经济增长的强劲动力”。可见，新 ICT 不仅在抗击疫情的各类微观领域发挥着作用，同时，作为实现“十三五”规划目标、做好“十四五”规划开局的重要手段，新 ICT 开始登上宏观经济调控的舞台，使得数字经济成为宏观经济发展的重要稳定器[1]。

6.1　重点关键技术对数字经济影响路径分析

6.1.1　5G

根据中国信通院《5G 经济社会影响白皮书》预测（图 6-1），5G 带动的直接产出方面，预计 2025 年、2030 年将分别增长到 3.3 万亿元、6.3 万亿元，年均复合增长率为 29%。在间接产出方面，2025 年、2030 年，5G 将分别带动 6.3 万亿元和 10.6 万亿元，年均复合增长率为 24%。

5G 将全面构筑经济社会数字化转型的关键基础设施，产生“通信能力×计算能力×垂直行业”的乘法效应，进而驱动数字经济继续快速增长。根据爱立信《5G 潜在商机报告（2017）》预测（图 6-2），2026 年全球由 5G 催生的数字化收入规模将达到 13 000 亿美元，

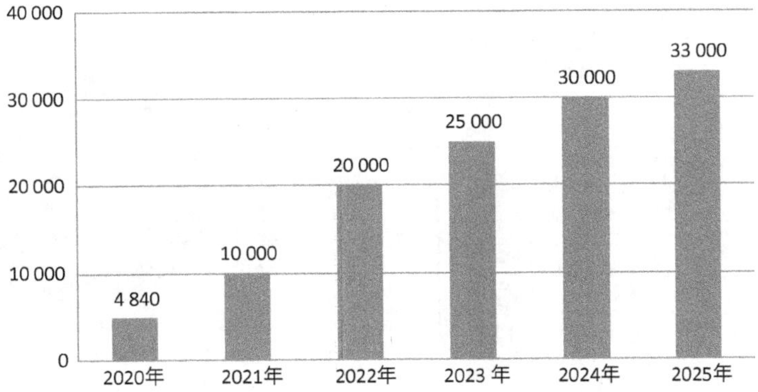

图 6-1　2020—2025 年中国 5G 市场规模(单位：亿元)

资料来源：中国信息通信研究院　前瞻产业研究院整理

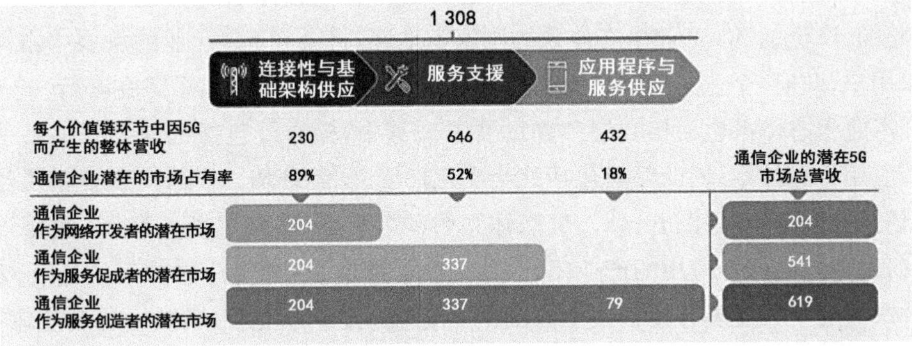

图 6-2　2026 年 5G 为全球创造的潜力收入(单位：十亿美元;来源：爱立信)

在制造业、能源与公用事业、公共安全等领域存在巨大商机。中国在经历了移动通信领域“2G 跟随，3G 突破，4G 并跑”的跨越式发展，亟须紧抓 5G 这一历史新机遇，加大统筹推进力度，营造产业生态环境，加快 5G 产业化进程，深化各领域融合应用，从线上到线下、从消费到生产、从平台到生态，全面开创 5G 发展新格局，积极落实我国网络强国、“数字中国”、智慧社会建设战略，推动我国数字经济发展迈上新台阶。

当今，全面部署 5G 产业已是大势所趋。5G 产业由两个部分组成。一是 5G 产业化，即 5G 技术相关产业的创新发展，具体包括元器件制造商、电信设备供应商、终端制造商、软件服务提供商、通信运营商等；二是产业 5G 化，即 5G 在传统产业中的融合应用(5G+)，进而引发人类在生活、生产、生态上的深刻变革(图 6-3)。

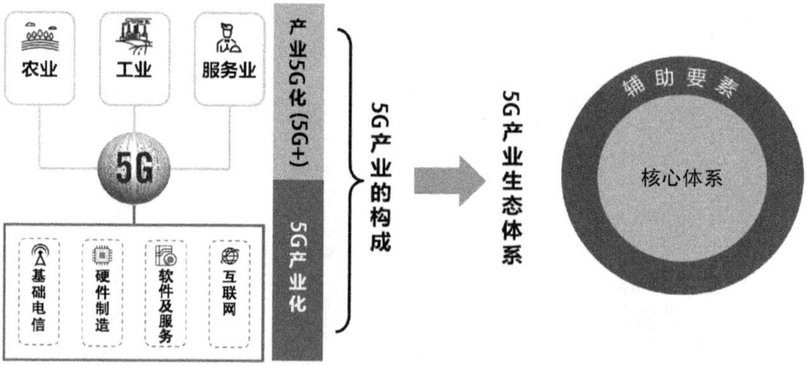

图 6-3　5G 产业的构成

商业生态系统理论、国家创新系统理论认为，产业的发展是整个产业生态体系共同作用的结果。各国在 5G 产业上的竞争实际上就是产业生态体系的竞争，那些能够率先建立起完整的、广泛的 5G 产业生态体系的国家和地区，将会在 5G 产业的发展中占得先机。因此，以用户（政府、企业、公众等）为中心构建全方位的 5G 生态体系势在必行[2]。

5G 产业生态体系包括核心层和辅助要素。其中，核心层包括创新生态体系、技术生态体系、应用生态体系；辅助要素包括社会文化环境、国际环境、政策体系、要素供给、基础设施和信息安全环境等（图 6-4）。生态体系中的各要素、各成员相互依赖、紧密连接，形成了从研发生产到融合应用的产业闭环，共同推动整个 5G 产业生态体系的升级、繁荣。

5G 产业的繁荣发展有赖于 3 个方面的力量驱动。一是技术驱动。移动互联网技术为用户提供无处不在的网络，以及增强现实、虚拟现实、超高清视频、移动云等更加身临其境的极致业务体验，带来未来移动流量的超千倍增长；物联网技术的发展使移动通信技术渗透到更广阔的行业和领域，“万物互联”缔造出规模空前的新兴产业市场。二是市场驱动。移动数据流量的爆发式增长、移动终端和物联感知设备规模大幅提升，都给移动通信技术带来了新的挑战。三是需求驱动。个人用户在超密集、高速移动等场景下对数据传输速率和时延“无感知”的通信体验要求越来越高；行业用户则要求更强的灵活性和可扩展性，以适应车联网、工业控制等严苛行业的海量设备连接和多样化需求。此外，无论个人用户还是行业用户，在不断追求高质量业务体验的同时，都期望更低的成本、更优的安全机制，以及更绿色环保的网络和设备。这 3 个驱动力之间还存在递进关系：技术发展推动市场繁荣，进而引发用户更大的需求（图 6-5）。

由此可见，5G 产业的成功，不仅取决于技术的优劣，更取决于能否摸清用户的需求痛

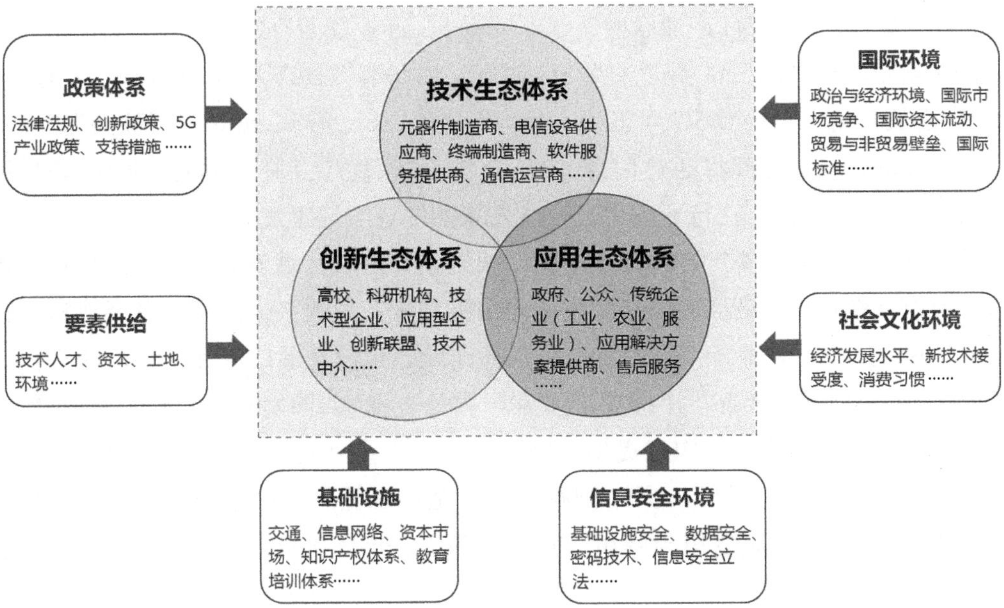

图 6-4 5G 产业生态体系构成

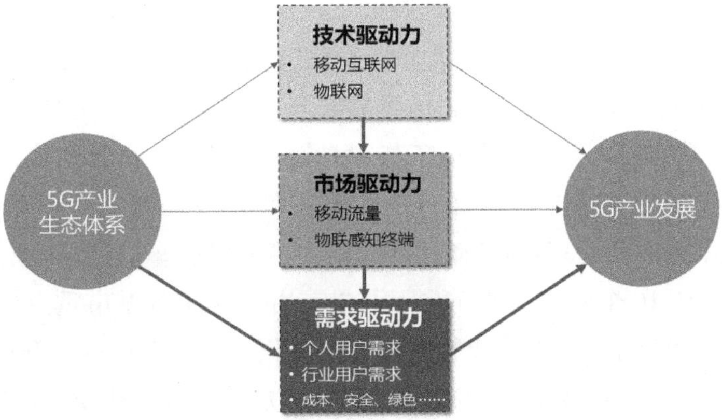

图 6-5 5G 产业生态体系推动产业发展的机制

点，能否找准落地方向。5G 产业生态体系的构建恰恰能够为这 3 个驱动力的加强，尤其是为需求提供解决方案，营造优质的产业环境，进而加速 5G 产业的迭代升级。

中国的 5G 产业生态体系正在积极构建，以加速 5G 商业价值的挖掘和提升。多个

5G产业联盟陆续成立。如2018年5月,“浙江省5G产业联盟”“上海电信5G+8K产业联盟”成立;9月,“湖北5G产业联盟”“江苏移动5G产业联盟”成立;10月,成都市双流区“5G产业创新联盟”成立;11月,“上海5G创新发展联盟”“江苏省5G产业联盟”成立;12月2日,由长三角三省一市5G联盟共同参与组建的“长三角5G创新发展联盟”正式揭牌成立。产业联盟成员之间将通过信息共享、合作创新、优势互补,共同推动5G领域网络建设、核心技术、关键设备、行业应用及产业人才的培育与健康发展。

除成立产业联盟,多个层次的合作协议相继签订。从区域看,2018年6月长三角三省一市政府联合通信运营商签署《5G先试先用推动长三角数字经济率先发展战略合作框架协议》,围绕连接、枢纽、计算、感知等信息基础设施建设开展广泛深入的战略合作。在产业链上游,紫光展锐牵头芯片行业十多家国内外企业,共同发布《共建5G产业生态倡议书》,对更广泛的产业生态构建提出战略性建议。在产业链下游,6月中国联通与华为宣布签署5G战略合作协议,10月中国移动与诺基亚也签署了框架协议。在垂直行业应用上,NEC与三星、大唐电信与腾讯公司等签署5G合作协议,共同推进端到端的解决方案。

无论是产业联盟的成立,还是合作协议的签订,其目的都是为了探索5G在各行各业的创新融合,加快5G应用落地。5G产业的巨大商机正蕴藏在垂直行业的深度应用之中。三大通信运营商相继在多个城市开展试点,首批试点城市包括北京、雄安、南京等18个城市。中国移动早在2016年2月就成立了5G联合创新中心,以推进5G通信技术成熟、孵化创新应用、构建共赢生态为目标,开展涉及基础通信能力、物联网、工业互联网、车联网、VR/AR、云端机器人等6大领域工作,目前已汇聚241家合作伙伴,其中垂直行业合作伙伴180家,在全球建立了14个开放实验室和30个行业联合创新项目。中国联通也面向5G成立了开放实验室,对基础网络与能力、物联网、车联网、工业互联网展开研究合作,截至9月已在16个城市开展5G规模试点,并明确了各城市重点任务,如上海开展“5G+边缘计算”,南京主攻“5G+智慧教育”。中国电信成立5G联合开放实验室,启动了“Hello 5G”行动计划,正从技术创新和产业应用两方面全力推动5G发展:技术创新上,截至2018年6月共主导5G国际标准项目及任务31项,提交国际文稿457篇,申请技术专利190项,承担国家科技重大专项课题19项;产业应用上,从业务视角提出包含终端发展、网络建设、使能平台、业务平台和应用场景的5G智能生态,并针对深入推进网络智能化、业务生态化、运营智慧化提出主张。

随着更多产业要素的合作加深,健康生态下的5G端到端技术将愈发成熟,更多的创新应用和产品将被孵化，这些都为中国5G产业发展奠定了坚实基础。

我国要借助5G建设"数字中国"、网络强国和智慧社会，行业要借助5G进行转型升级，公众要借助5G获得极佳体验，这些目标的实现离不开一个融合创新、健康繁荣的产业生态体系。该体系的加速构建可以从以下四个方面全面推进。

(1) 加快出台产业规划，引导产业全方位有序发展

对于战略性新兴产业，产业规划对明确发展重点、优化产业布局、提升综合实力、推进可持续发展具有极其深远的意义。目前，国家层面《信息通信行业发展规划(2016—2020年)》(工信部规〔2016〕424号)、《信息产业发展指南》(工信部联规〔2016〕453号)等文件从战略上对5G的发展方向和重点任务进行了明确；省级层面，仅北京、浙江等少数省/市出台5G产业发展指导意见或行动方案。因此，为了保障5G产业全方位有序发展，应鼓励出台更广泛、多层次、更具针对性、更有利于产业生态整体发展的区域5G产业发展规划。

(2) 健全协作创新机制，促进科研转化与经济发展紧密结合

5G产业的发展应坚持以创新为核心驱动力，以建立健全产学研用协同创新机制为手段，汇聚通信和相关行业优势资源，打造贯穿创新链、应用链的5G产业生态体系。在加强科研院所前沿技术研发的同时，更应该重视科研院所与企业、科研成果与生产过程的对接，强调科技的市场化。充分利用高新产业园区、综合创新实验室等集成化资源，将5G科研优势转化为产业发展的核心竞争力，最终引领全球范围5G产业更深层次的变革。

(3) 深度挖掘商业模式，推动试点示范的成熟和广泛应用

5G的业务需求呈现明显的多样化特征。尤其面对垂直行业用户，由于存在跨行业的知识、政策壁垒，难以精准把握行业痛点。因此，除了攻克技术难题，5G更需积极应对商业模式挑战。比如，"众包小蜂窝"(Crowd-sourcing Small Cell)模式，通过将运营商、商场、企业、电信设备商、互联网企业和开发者一起"众包"，将小基站批量安装在电线杆、广告牌等基础设施上，解决5G小基站部署痛点，并能进一步发挥大数据能力。"微型电信服务"(Micro Operation)模式，让既有电信运营商不再只提供普适性的单一服务，而是依据用户需求打造因地制宜的小众服务。爱立信总结了全球八大产业的200多个5G用例，通信运营商基于这些用例的试点应用，未来可倒逼5G网络部署，进而推动应用场景的丰富，助推商业模式的深刻变革。

(4) 扩大先进成果宣传，提高科技发展的社会感知度

科技的发展需要体现人文关怀，先进科技成果更应获得较高的社会认同以体现更长远的社会价值。对5G产业发展而言，创新应用大赛能够充分发挥行业的需求引领作用，也能够提高先进成果的社会感知度，进而提高未来的采纳度。2015 亚洲创新设计大赛-5G 专题竞赛、2018 年中关村 5G 创新应用大赛、“绽放杯”5G 应用征集大赛等行业赛事发挥了集思广益、孵化应用、挖掘商机的作用。5G 产业生态中一系列创新型企业和行业解决方案脱颖而出，为未来的 5G 商用奠定了基础。

6.1.2 物联网

在国家“十四五”规划纲要全文中 5 次提到“物联网”一词，除了划定数字经济的 7 大重点产业外，其余 4 次提到的场合均体现出对物联网发展重点的表述。

“十四五”规划纲要中提到物联网的内容主要包括：“分级分类推进新型智慧城市建设，将物联网感知设施、通信系统等纳入公共基础设施统一规划建设，推进市政公用设施、建筑等物联网应用和智能化改造”。“推动物联网全面发展，打造支持固移融合、宽窄结合的物联接入能力”。从这些表述中可以总结为基础设施、接入能力、应用场景三方面的布局。

6.1.2.1 物联网感知设施将被视为智慧城市公共基础设施

智慧城市的推进已超过 10 年时间，在不少领域形成了明显的成果，尤其是各类互联网手段的应用，市民也感受到了对衣食住行等生活领域的改变。不过，面向更高进阶的城市智慧化任务，进一步升级的公共基础设施显得尤为重要，这其中包括城市物联网感知设施。将感知设备嵌入到城市各个角落，形成泛在感知网络，采集各领域数据，是城市数字化的基础。当前，对于城市管理者来说，显然还未形成大规模感知数据的来源，“十四五”规划纲要中也明确要探索建设数字孪生城市，这依赖于未来在城市中物联网感知网络的部署。

6.1.2.2 固移融合、宽窄结合是物联网接入能力的要求

“十四五”规划纲要中提到打造支持固移融合、宽窄结合的物联接入能力，正是目前业界推进的方向。

固移融合方面，作为物联网产业主管部门，工信部高度重视移动物联网的发展，在 2017 年和 2020 年分别发布了促进移动物联网发展的文件，并在全国推动移动物联网优秀案例征集，截至 2020 年底，三家运营商移动物联网连接数达 11.36 亿户；固定物联网则更多针对局域物联网的接入，通过固定宽带网络和网关设备实现相对固定的物联网设备的接入，这一领域国内市场竞争较为激烈，部分企业已脱颖而出，例如“小米”和“涂鸦”的

平台均实现了局域物联网设备接入数量超过 2 亿个。

宽窄结合方面,2020 年工信部发布的促进移动物联网发展文件(25 号文)有明确的指引,其中提到"建立 NB-IoT、4G(含 Cat. 1)和 5G 协同发展的移动物联网综合生态体系",正是推进物联网连接形成宽带到窄带、高成本到低成本的多层次接入体系。目前,NB-IoT 已成为窄带、低速率和低成本物联网接入的核心方式,Cat. 1 仅用了一年的时间就成为中速率物联网接入的主要方式,而 4G Cat. 4 + 及 5G eMBB 则组成了高速率、高带宽物联网接入的主要方式。

6.1.2.3 市政公共设施和建筑依然是物联网的重要应用场景

一直以来,城市公用事业是物联网应用的主要场景。举例来说,NB-IoT 的发展历史就是伴随着城市水务、燃气智能化升级的历程而共同成长的,目前水表、燃气表已成为 NB-IoT 连接规模最大的设备。当然,仅仅实现抄表的智能化远远不够,以智能抄表为契机,推进物联网在整个行业的广泛深入应用才是目标。当前,市政公共设施智能化水平依然有限,从"十四五"规划纲要来看,这一领域将是未来 5 年物联网重点发力方向。

另外,城市建筑中也存在大量物联网应用的场景。GSMA 在其年度移动经济报告中预测,2019—2025 年期间,全球智慧建筑领域将新增超过 50 亿连接,成为新增连接数最多的细分领域,其中节能方面就在智慧建筑中形成明显的投资收益。在加快发展方式绿色转型要求下,以物联网助力建筑智能化将成为绿色发展的一个重要路径。

专 栏

无锡物联网产业集聚区

无锡依托良好的集成电路和先进制造业基础,通过科学规划布局发展物联网产业,形成了关联芯片、感知设备、网络通信、智能硬件、系统集成、应用服务等在内的较为完整的产业生态。

目前无锡市已汇聚了微软、英特尔、西门子、华为、阿里巴巴、浪潮等国内外知名企业,2019 年无锡物联网产业营收超 2 800 亿元,截至 2020 年上半年,无锡已累计建立 NB-IoT 基站 5 500 个,覆盖商业用户 150 万户,成为全国首个 NB-IoT 全域覆盖的地级市。

1. 无锡国家传感网创新示范区总体布局

在产业布局上,无锡国家传感网创新示范区形成以新吴区为核心,滨湖区、梁溪区为重点的"一核多元"发展格局,引导有基础、有条件、有资源的地区建设物联网专业园区和特色小镇。

新吴区：以软件园、星洲工业园、科技创业园等为主要载体，大力发展智能化、网络化、集成化、系统化、低成本的新型传感器件，突破物联网应用大规模发展在核心部件上的瓶颈。

滨湖区：以国家工业设计园、山水城科教产业园等为主要载体，大力发展物联网嵌入式系统软件和应用软件，聚集一批技术创新能力强、市场前景好的行业系统集成和应用研发、制造、服务企业。

梁溪区：梁溪区以太湖广场周边、清扬路两侧高品质商务载体为依托，围绕物联网产业整体配套，大力发展物联网相关金融服务、认证检测、商业保险、产权交易、商务和技术咨询等现代服务业，吸纳物联网区域性企业总部。

2. 三个特色小镇成就物联网产业高地

(1) 鸿山物联网小镇

小镇概况：位于无锡的东南部的新吴区，规划面积 3.9 km^2，是无锡政府与阿里云合力打造的中国第一个物联网小镇。目前已引进华为、阿里云、中软国际、深南电路、亚太科技、和晶科技、摩拜单车、伍亿伍物流、鸿元物联网等企业。

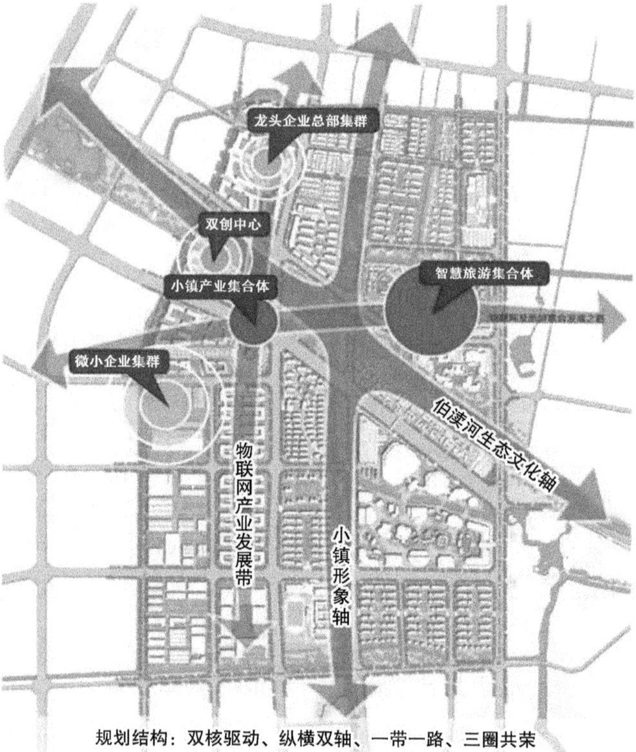

规划结构：双核驱动、纵横双轴、一带一路、三圈共荣

发展定位：以建设示范应用、构建数据平台为主攻方向，突出智慧工业、智慧交通、智慧旅游、智慧家居、智慧医疗、智慧农业六大应用领域，着力发展“物联网＋大数据”产业，打造物联网产业集聚区、创新创业区、应用示范区、感知体验区。小镇聚焦综合集成应用，目前正在着手开展物联网公共基础设施建设。

(2) 慧海湾小镇

小镇概况：位于无锡高新区(新吴区)新安片区，由新吴区政府与中电海康集团合作共建，规划面积3.75 km²。目前已引进江苏物联网研究发展中心、无锡物联网产业研究院、复旦大学无锡研究院等科研机构，中电海康基地、智能交通产业园、海尔物联生态园、朗新科技产业园、亿利集团、灵汐科技类脑芯片、华进半导体、中邮普泰、纽豹智能识别等重大项目。

发展定位：拥有无锡国家软件园、传感网国际创新园等科技产业载体，聚焦智能传感器全产业链，以龙头企业为引领，以中电海康无锡物联网产业基地建设为依托，推动构建以面向物联网应用的芯片、微系统、模组为重点，以STT-MRAM技术应用为特色，以边缘计算为核心的产业生态。

(3) 雪浪小镇

小镇概况：位于无锡太湖新城的核心区，规划面积3.5 km²，小镇名誉镇长为杭州云栖小镇创始人王坚。目前已引进富华高技术研究院、远景全球智能物联网创新中心、博世中国软件创新中心、“雪浪云”工业互联网平台等一批重大项目。

发展定位：聚焦工业互联网，探索“小镇＋平台＋生态＋集群”的产业发展新模式，计划建设雪浪物联网产业园、云都大数据产业园、浪潮大数据产业园，并以这三大产业园为依托和平台，打造一个万物互联网时代服务新制造的第三方平台公司和标杆企业的聚集地。

6.1.3 大数据

中国大数据产业发展受宏观政策环境、技术进步与升级、数字应用普及渗透等众多利好因素的影响，市场需求和相关技术进步成为大数据产业持续高速增长的最主要动力。2021 年，我国大数据产业规模增加到 1.3 万亿元，复合增长率超过 30%。

经过多年技术和产业的发展，大数据领域内部逐渐细化，形成数据存储与计算、数据管理、数据流通、数据应用、数据安全五大核心领域。如图 6-6 所示，数据源通过数据存储与计算实现压缩存储和初步加工，通过数据管理提升质量，通过数据流通配置给其他相关主体，通过数据应用直接释放价值，并由数据安全技术进行全过程的安全保障。

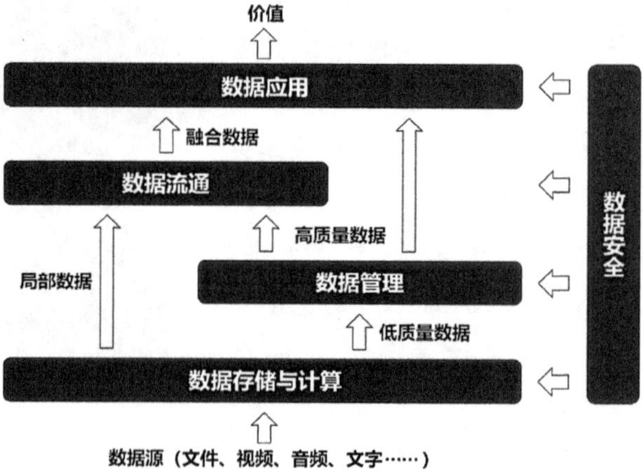

图 6-6　大数据产业五大核心领域

大数据是数字经济的关键生产要素。通过数据资源的有效利用以及开放的数据生态体系使得数字价值充分释放，驱动传统产业的数字化转型升级和新业态的培育发展，大数据在与各领域融合发展的过程中，催生出了许多新型的业务形态。

① 在制造业领域，可以利用大数据提供对制造业企业生产进行评价和改进的服务，包括产品故障诊断与预测、分析工艺流程、改进生产工艺，优化生产过程能耗、工业供应链分析与优化、生产计划与排程。

② 在金融领域，可以利用大数据对高频交易、社交情绪以及信贷风险进行分析，从而衍生出基于大数据分析的金融创新服务。

③ 在农业生产领域，大数据将与农业生产、经营、管理和服务全产业链融合，为传统农业提质增效提供现代化解决方案，催生出了智能无人机植保系统、农情大数据监测系统、智能农机系统等新型业态。

6.1.4 云计算

我国云计算产业快速推进，多个城市开展了试点和示范项目，涉及电网、交通、物流、智能家居、节能环保、工业自动控制、医疗卫生、精细农牧业、金融服务业、公共安全等多个方面，试点已经取得初步的成果，将产生巨大的应用市场。

根据 Canalys（科纳仕咨询）发布的中国云计算市场报告显示，2021 年中国云基础设施市场规模达 274 亿美元，2026 年市场规模将成长到 847 亿美元，2021—2026 年 CAGR（复合年均增长率）达 25%（图 6-7）。

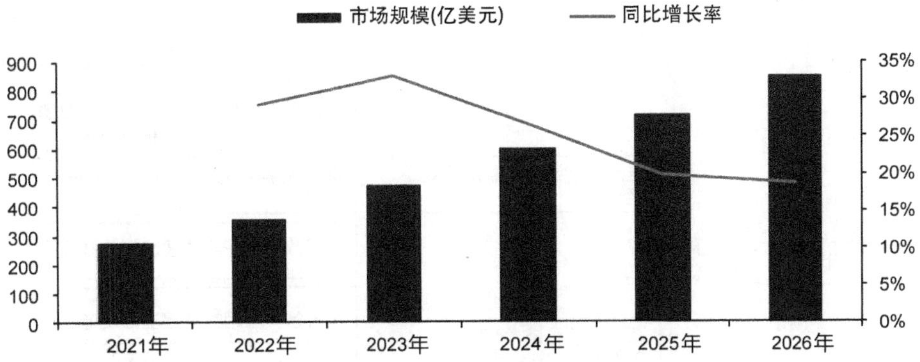

图 6-7　2021—2026 年中国云计算市场规模

资料来源：Canalys，国金证券研究所

云计算正成为推动数字经济发展的重要驱动力，为各行各业提供了丰富的云工具和云服务，大幅降低创新投入成本和企业数字化转型升级的门槛，催生各领域大数据的创新应用，增强数字经济发展数据资源的驱动能力，促进政务信息开放、数字经济治理和公共服务体系的不断优化。

① 在视频领域，各大云服务商将云边协同模式在视频云产品中落地实践，通过产品化的 SDK、遍布全国的边缘计算节点以及强大的云端处理能力，为视频行业客户提供包含“采集-预处理-编码封装-边缘推流-云端处理-边缘分发-播放”的端到端一站式解决方案，垂直行业覆盖游戏文娱、在线教育、新闻媒体、零售电商等各领域。

② 在游戏领域，“云边协同 + 游戏”使得近年大热的 AR、VR 以及云游戏变得更加容易落地实践。一方面，通过云边协同可以根据不同场景需求分别在近用户的边缘侧和云端进行游戏画面渲染计算，减少由于高延迟和低刷新率造成的头晕等不适应感，实现完整的 AR、VR 体验；另一方面，对于大规模多人在线游戏而言，通过云边协同可以基于位置匹配玩家，实现同一地域玩家就近通过同一个边缘节点进行连接，降低游戏互动时延。

③ 在工业领域，工业现场的边缘计算节点具备一定的计算能力，能够自主判断并解决问题，及时检测异常情况，更好地实现预测性监控，提升工厂运行效率的同时也能预防设备故障问题，将处理后的数据上传到云端进行存储、管理、态势感知。同时，云端也负责对数据传输监控和边缘设备使用进行管理。中心云与边缘云在资源管理、远程控制、安全管理、运维监控等方面协同运作，保证现场接入设备能够快速、准确、方便地进行相关生产操作，同时预防设备、产品故障及加强数字化建模与实体映射，真正实现数字化生产（图6-8）。

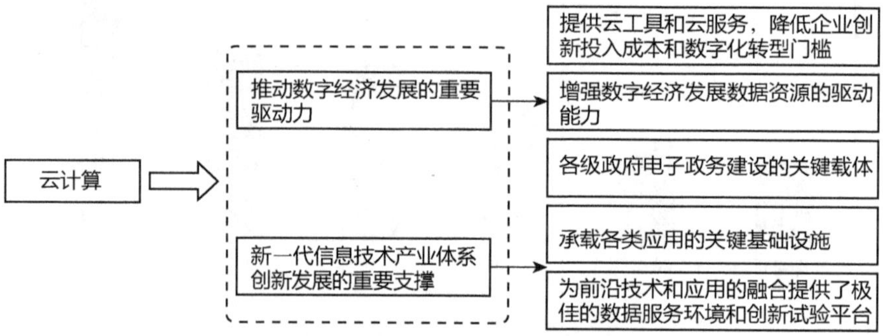

图 6-8　云计算成为推动数字经济发展的重要驱动力

专　栏

中国电信率先打造全国首个5G+MEC智慧商业数字孪生平台*

2020 年新冠疫情严重冲击传统商业经济，加速了商业综合体数字化转型步伐，重构商业场景、打造线上线下深度融合的新型信息消费模式成为行业共识。中国电信率先打造全国首个 5G+MEC 智慧商业数字孪生平台，为实体商业构筑 5G 新基建数字能力底座。平台依托中国电信全球领先的云边协同 5G SA 网络，拥有高精度点云地图及空间三维重建等核心技术，依托自主研发边缘计算平台将用户侧应用能力下沉到商业综合体就近边缘节点，提供低时延、高带宽、云渲染的算力保障。平台现已落地赋能合肥万象城、北京西单大悦城、上海正大广场、广州正佳广场、苏州吾悦广场、杭州银泰广场、成都宽窄巷

* GSM & 信通院发布《中国 5G 垂直行业应用案例(2021)》。

子、福州苏宁广场等 100 余家头部商业综合体、商业步行街和自贸港，惠及两万余家零售商户，助力实体商业加速新型基础设施建设和数字化转型，帮扶商户培育扩大线上线下融合的信息消费模式，推动客流回暖，加速消费复苏。

6.1.5 人工智能

近十年来，我国人工智能取得了长足的发展，以计算机视觉、语音识别等为代表的感知智能已经走在了世界前列。随着互联网和移动互联的普及，海量数据为人工智能发展提供了良好土壤。大数据、云计算等技术的发展，GPU、NPU、FPGA 等各种人工智能芯片的应用，极大地提升了机器处理海量视频、图像等的计算能力。在算法、算力和数据能力不断提升的背景下，人工智能技术已逐步从人工智能技术与各行业典型应用场景融合赋能阶段向效率化、工业化的成熟阶段演进。自 2015 年开始，中国人工智能产业规模逐年上升，2021 年规模达到 1 998 亿元，2026 年将超 6 000 亿元，CAGR 为 24.8%。人工智能的发展也将带动相关产业蓬勃发展，2026 年将超过 21 000 亿元，CAGR 为 22.4%（图 6-9）。

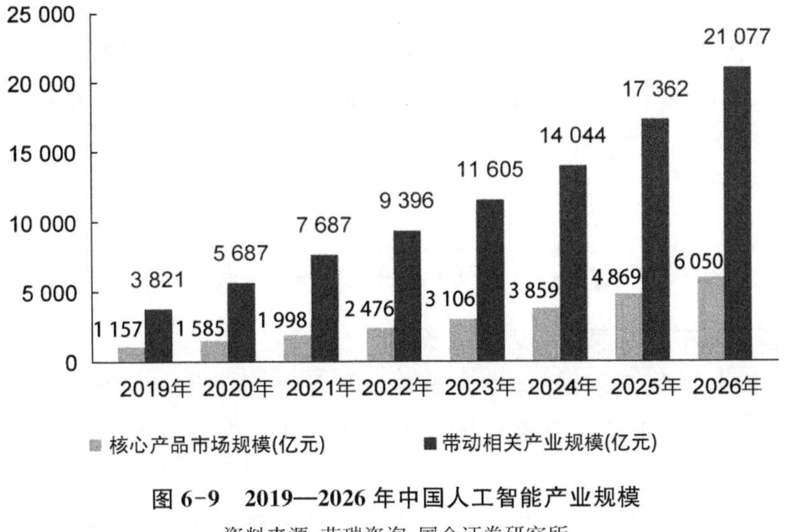

图 6-9 2019—2026 年中国人工智能产业规模

资料来源：艾瑞咨询，国金证券研究所

人工智能与交通、医疗、城市安全、教育等相互融合，将使各个行业快速地实现智能化，切实融入人们的生活中（图 6-10）。

人工智能推动人与智能机器交互方式的变革，智能终端设备的应用将逐渐普及，人们

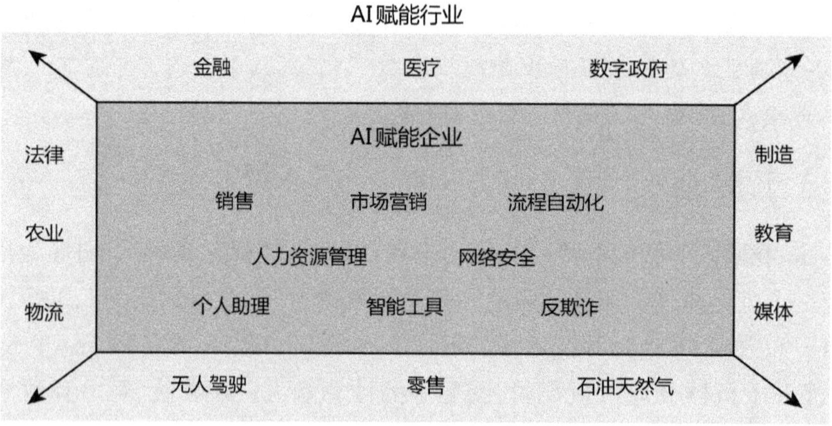

图 6-10 人工智能赋能企业与行业

资料来源：德勤 前瞻产业研究院整理

将会以更加自然的方式和智能机器交流，未来人机交互方式也更加多元、无处不在。

人工智能为 IT 的基础设施层面带来巨变，传统的 CPU、操作系统、数据库将不再成为舞台的中央，新型的人工智能芯片、便捷高效的云服务、应用开发平台开放的深度学习框架、通用的人工智能算法将成为新的“基础设施”。下一阶段人工智能将作为数字经济融合实体经济催化剂，成为中国数字经济发展的核心驱动力。

专 栏

人工智能相关的新业态——数字孪生

1. 数字孪生城市将从萌芽期迈入成长期

数字孪生城市的内涵是在城市信息的建设过程中，在虚拟的数字环境中再映射出城市环境中的物理环境和管理流程活动，通过数字孪生理念和统一的平台，实现高效可持续的城市管理方式。

数字孪生城市的发展是循序渐进的，数字孪生城市概念并没有广泛推进，但是由于其理念是遵循物本原则，即在数字世界里孪生一个城市，因此无论智慧城市进程发展到哪一步，数字孪生城市都是不可逾越的阶段，而且演进必然遵循以下规律：从建筑行业向园区规划、城市规划、公共安全、交通、水利、商业、旅游等行业逐步扩展，从单体的建筑向建筑群、经济开发区、园区、整个城市扩展，从 2D 图向 3D 图、3D GIS 图扩展，从建筑 BIM 走向城市 CIM，从单纯的平面展示向立体、VR、全息投影显示，从最基本的城市建设向城市安全、城市治理、城市服务、产业发展延伸，从单体智能向群体智能、城市电脑逐步演进。

2. 数字孪生从高端装备制造向全行业拓展

因为工艺精确度要求最高，数字孪生源于高端装备制造，且在这个领域应用价值最大。采用三维数字化设计技术和预装备技术，三维设计工作站做零件设计、装配设计，取代过去高端装备需要成千上万人手工画图工作。全三维数字化设计研制周期缩短，减少返工量，质量更高、成本更低、国际市场上的竞争力更好。数字孪生也正在从高端制造向生活消费品制造、基础设施领域拓展。

6.1.6　区块链

6.1.6.1　区块链推动数据要素高效流通

区块链有助于数据要素确权。区块链的逻辑能够为数据权属确定及数据共享和开放形成支撑，利用区块链的数字签名、共识机制、智能合约等技术可以对数据进行确权，将数据要素的所有者、生产者和使用者都能够作为重要的节点加入区块链网络中实现数据的授权访问和使用，建立安全可信的身份体系和责任划分体系，再根据不同的身份赋予相应的访问权限，并对数据的产生、收集、传输、使用与收益进行全周期的记录与监控，为数据的流通提供了坚实的技术基础。

创新数据共享和开放模式。区块链技术建立的分布式的信任体系能为实现数据完整性提供架构保证。区块链上每一个区块包含了前一个区块的哈希值和时间戳，所有区块一经形成便无法更改，将数据的访问和使用行为等信息进行全网广播、匹配、核查和认定，保障数据存储、读取、使用等整个过程可追踪、不可篡改，可以提供数据行为的全程记录，有助于加快公共数据开放进程，促进数据资源的高效利用。

区块链助力构建数据监管治理体系。区块链依靠智能合约取代传统的数据协议实现全自动化流程管理，能及时自动检测发现交易问题，并将警告记录和处理记录在区块链上，便于追溯问责，有助于监管部门开展数据要素市场的治理和监管工作。

6.1.6.2　促进“新基建”主体多方协作

将区块链与网络基础设施结合，可以在确保安全的前提下构建分布式物联网，提升城市网络设备之间的通信效率和可信水平，进一步推动网络互联的移动化、泛在化和信息处理的高速化、智能化，构建“人-网-物”互联体系和泛在智能信息网络。区块链将有助于完善工业互联网，提供更加丰富多源的工业产业链和供应链上下游真实可信数据，实现数据的精准采集和实时上传，有利于产业链协同、供应链管理、供应链金融领域的扩大应用。

在能源电力基础设施方面，通过区块链技术将电力用户、电网企业、供应商等设备连接起来，实现不同主体数据共享，有利于多方参与协作，基于智能合约技术能够实现发、输、变、配、用、调等全过程的资源协调配置，大大提高智慧能源体系运维管理的效率。

6.1.6.3 区块链加速推动产业数字化转型

区块链技术应用于传统产业中，有助于促进数据资源优化配置，推动实体经济向智能化和数字化方向转型，促进产业提质增效。一是助力实现产业链数据共享和协作。区块链技术可以实现企业内部信息系统数据的分布式存储，提高互联互通的效率，将供应商、生产商、检测机构、物流、监管部门、消费者等参与主体以分布式节点上链，实现商品需求、客户管理、销售跟踪等信息的快速及时传递和信息协调，区块链有效解决了信息共享不充分的问题，提高信息资源的利用率和系统运作效率。二是助力产品全生命周期管理。基于区块链的分布式、安全、加密、可追溯的数据存储技术可以实现农业、工业等产品的全生命周期追溯，实现链上产品信息同步，并对所有链上的产品信息进行实时监控，为用户提供可供溯源的产品。三是助力服务业形成新兴业态。区块链技术通过数据可追溯建立信用评价机制，可促进传统服务行业形成公开透明、互利互信的合作机制，基于区块链网络的多方交叉验证，有助于解决中小企业融资难、信任成本高的问题，驱动传统服务业转型发展。

专栏

区块链相关的新业态——数字货币

数字货币是数字经济的货币发展形态。数字货币以区块链技术为核心，建立在复杂网络理论基础上，充分体现了不可篡改和加密安全等特点，实现底层数字货币，中间层数字金融账户体系，覆盖了央行支付体系、商业银行、非银机构等垂直化总分账户体系，同时实现了各国央行的支付清算系统的互联互通，顶层数字身份验证体系等，通过大数据和云计算，实现传统货币体系向数字货币体系的转变。

从 2019 年底开始，我国数字人民币试点、测试相继在深圳、苏州、雄安、成都四地及北京冬奥会场启动，到 2020 年 10 月增加了上海、海南、长沙、西安、青岛、大连 6 个试点测试地区，其正式名称为“数字货币电子支付(DCEP)”。DCEP 是人民币的完全数字版本，使用授权的应用程序(“数字钱包”)即可下载。其采纳区块链等安全技术，并具有近场通信(NFC)功能——当两个钱包(通常为移动设备)接触时，即可进行离线转账。

市场发展趋势促使世界各国金融机构开始探索数字货币，目前全球超过 85% 的央行正在研究或试点数字货币。2020 年 10 月，国际清算银行(BIS)与欧洲央行、英格兰银行、美联储以及日本银行等七家大型央行合作发布报告，评估央行数字货币(CBDC)的可行性。该报告重点讨论数字货币与现金及其他支付方式共存的原则，如何在不影响金融稳定的情况下采用数字货币，以及数字货币的哪些优势可以提高金融创新和效率。瑞典和泰国等一些国家同样正在进行数字货币试验，巴哈马最近也推出其首个国家 CBDC。

世界各地部分国家与组织数字货币举措（2017年11月至2021年2月）

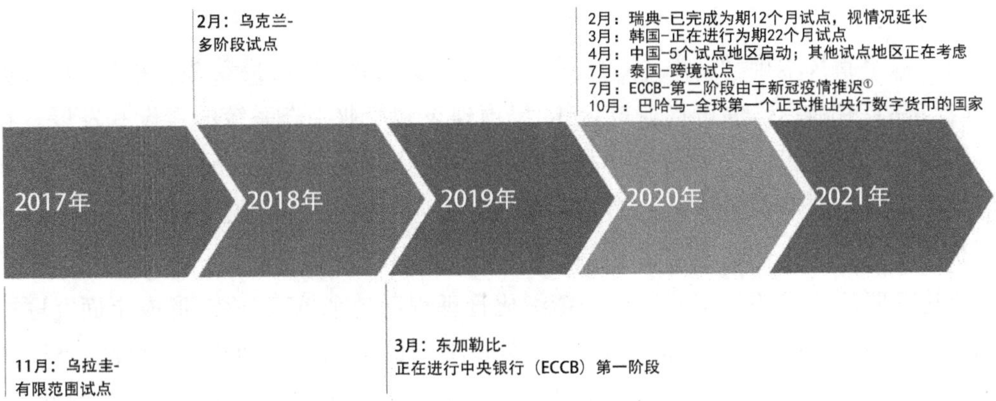

注：①第二阶段包括计划在四个成员国推出数字货币试点。

资源来源：国际清算银行；中央银行；普华永道分析。

随着世界数字化进程加速，商业交易更强势地转向数字平台，DCEP 的潜能也在增加。目前，人民币在全球支付中占比约 4%，DCEP 可进一步助力中国企业在国内开展贸易，这也必将促进中国企业的全球贸易活动。此外，DCEP 可有效防范欺诈交易，其广泛使用将提高人民币口碑，还可提升人民币在以美元和欧元主导的全球货币市场上的地位。

目前数字人民币试点范围有序扩大，应用场景逐步丰富，应用模式持续创新，系统运行总体稳定，初步验证了数字人民币在理论政策、技术和业务上的可行性和可靠性。数字人民币试点测试坚持稳妥、安全、可控原则，以受邀白名单用户小额交易为主，目前参与人数、参与笔数、净兑换的金额总体上还是比较小的。试点过程中各方面对数字人民币都有比较高的兴趣，试点地区用户的积极性比较高，试点场景现在覆盖了生活缴费、餐饮服务、交通出行、购物消费、政务服务等多个领域。

6.2 多技术融合赋能数字化转型

数字新技术深刻改变了人类的思维、生产和生活方式，使经济数字化成为经济创新发展的重要动能。大数据、云计算、物联网、人工智能、区块链等数字新技术提高了信息提取的能力，降低了数据传输成本，为经济社会的各个领域的数据应用场景提供了强大而廉价的计算能力。在电子商务领域，数字新技术推动了经济共享精神的发展，催生了一批创新成果，如共享汽车、共享单车，促进了交易成本的降低，有效缓解了供需主体之间由于信息不对称产生的矛盾。

同时，数字新技术推动金融、人才、服务等关键资源的整合，推动多方深度参与，加快与实体经济的深度融合，促进产业链合作、渠道建设和产业生态系统的建设和发展。在制造领域，数字化新技术的发展有助于挖掘传统制造业的发展潜力，加快制造业的发展速度，催生出一系列新型制造模式，如网络协同制造、大规模个性化定制服务、服务型制造等，加快了制造业智能化的前进步伐，推动了产业经济的快速向前发展。在城市管理方面，现代化互联网技术的应用使城市的精细化管理程度越来越高，逐渐形成全面互联的智能化城市管理和服务体系[3]。数字新技术融合推动以创新为关键要素的数字经济的发展，实现经济发展由要素驱动向创新驱动转变、由低成本竞争向质量效益竞争转变、由粗放制造向绿色制造转变，加快建设开放型、创新型和高端化、信息化、绿色化现代产业新体系，推动传统产业转型升级，加速新旧发展动能转换，促进三次产业数字化融合，推动实体经济和数字经济融合发展(图 6-11)。

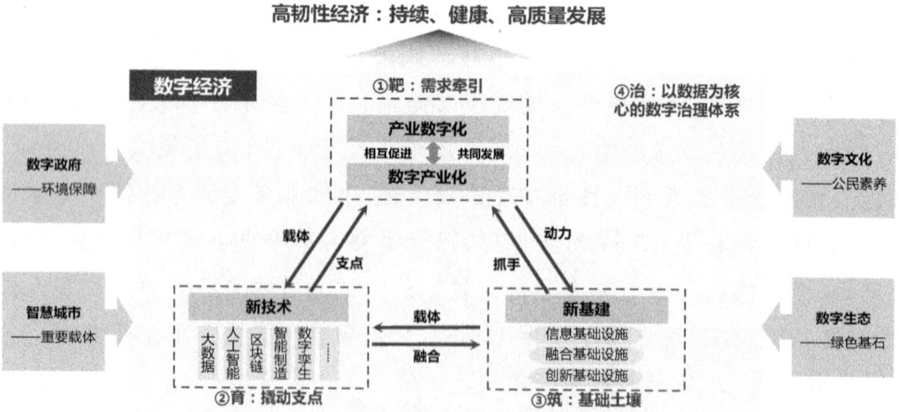

图 6-11　数字经济发展模型

6.2.1　新基建：构建数字经济坚实底座

新基建是适应数字经济生产模式的新型基础设施，具有公共性质，能够促进数字化产业、产业数字化、数字化治理等领域的经济活动发展。虽然当前学界对于"新基建"的内容有不同维度的划分，但基本内容可以分为三类，即信息基础设施、融合基础设施和创新基础设施。新基建本身就代表着一种范式，那就是要以产业数字化推动数字经济继续繁荣，而数字化能力将决定企业的竞争力、经济发展动能以及社会福利水平的提升。只有充分考虑中国数字经济面临的问题，才能真正理解新基建促进数字经济发展的内在机理。

6.2.1.1　新基建促进新科技应用

新一轮科技革命的主导技术是由信息技术、新材料技术等构成的技术集簇或技术群体。新一代信息技术具有高度的创新性、渗透性、倍增性和带动性特点，与传统产业融合并提升其效率，以至于能够深刻改变人们的思维方式、生产生活和传统发展模式。伊斯梅尔和马隆提出了指数型组织的概念，这些组织能够利用人工智能、大数据等指数型技术实现快速增长。他们认为平台型企业都是指数型组织，以数据为发展基础。传统企业则依赖稀缺资源，行动缓慢，而指数型组织灵活、适应性强、反应迅速，几乎能够跨越任何行业壁垒，并因此得以爆炸式增长。因此，新型基础设施建设不单是为数字经济"修路"和补充动能燃料，而且会助力相关产业加速实现数字化和指数级增长[4]。

新基建能够促进产业数字化水平的提升。例如，"AI + 医疗"等应用场景目前虽然还在起步阶段，但基础设施越完善，就用得越多、越完美、越智能；自动驾驶虽然强调"自主"，但其实更依赖传统的交通基础设施，以及新型的数据库、宽带和卫星通信基础设施。新基建可以为这些新兴的智慧经济范式和创新场景提供更多的应用机会，进而不断提升各种场景的智能化水平。新基建的关键是新 ICT 集簇和新的通用目的技术，发展的意义不在产值大小，而是要起到"酵母"一样的作用，使得人工智能等新一代通用目的技术相互结合、相互优化，并与各个行业场景不断融合，推动行业数字化发展。

随着新基建的实施，5G 技术等新科技之间相互促进，将共同带来新的产业突破和增长，也会衍生出一些充满想象力的应用场景和创新案例。探讨新基建给数字经济带来的发展空间，这也许并非一个技术问题，甚至不是经济问题，而是一个想象力问题。时代在巨变，人们的认知也要随之改变，"拿着旧地图，找不到新大陆"，不能让工业思维限制了行业发展的想象力。如果说工业时代的蒸汽机、电力和内燃机主要是通过"规模效应"定义商业生态，那么数字化技术则是在硬件、数据、算法等基础上实现了一系列"联动效应"或者“指数效应”，使得产业数字化的生态空间越发丰富和成熟。

6.2.1.2 新基建加速数字化转型

正如历次工业革命所带来的巨变一样，以新一代信息技术为代表的通用目的技术正在与各种产业相互渗透、相互融合，多点突破、齐头并进，产生巨大变化。尤其对于产业数字化发展、行业应用及商业模式的演进或重塑并非单一技术所能实现，而需要5G等多项新科技合力完成。新基建的关键作用在于确保各种技术所驱动的应用能够有机高效地整合在一起，并使它们发挥出更加完整且智能化的作用。

新基建能够为产业数字化提供加速度。一方面，新基建能够帮助企业发现新的市场空间。例如，拼多多之所以能够做大，做到“市场下沉”，依赖于中国农村交通基础设施的改善，以及乡村快递网络的搭建。基础设施的改善能够把原本封闭的农村市场空间打通，并整合进数字经济的市场网络中。新基建能够破除阻碍万物互联的痛点和堵点，加速数据要素的流通与分享，更加彻底地释放现有人口的消费能力，基于中国14亿人口、9亿劳动力资源、1.2亿市场主体的超大容量，打造出一个统一的、体量巨大的网络空间市场。另一方面，新基建能够彻底发挥新科技的催化作用。以无人驾驶技术为例，无人驾驶场景的实现不仅依赖于道路、街道等传统的交通基础设施，而且还包括依赖于5G通信系统、大数据和云计算数据库和标准等信息基础设施。5G是典型的信息高速通道，大带宽特征能够提升移动通信的人机交互性，低延时特征能够实现自动驾驶和控制的即时性，多连接特征能够满足多类型智能终端的信息接入要求。总之，在新一轮科技革命和产业变革过程中，新型通信基础设施能够助力实现“万物互联”，增强数据要素的流动性，推动互联网产业形态平台化、网络化，加速制造业及实体经济向数字化、网络化、智能化转型。

6.2.1.3 新基建带来发展新动能

新基建能够聚集创新要素。出于对未来经济增长的悲观预期，在零利率甚至负利率的情况下，企业仍然缺乏投资意愿，除了风险规避，还有一个原因就是企业缺乏投资机会。如果说曾经的“互联网泡沫”是经济增长的“低垂之果”，那么产业数字化就是“枝头之花”。推动实施新基建，能够引领投资焦点，打好产业数字化发展的攻坚战，可以让新科技在更加广阔的范围来推动经济增长。当前，科技创新空前密集活跃，新科技交叉融合，传统生产方式、业务流程、商业模式和产业链格局正在被颠覆。新科技正在引发以绿色、智能、泛在为特征的群体性技术创新，以及信息、生命、制造、能源、空间、海洋等领域的基础性、原创性突破，带动前沿技术、颠覆性技术不断涌现。这种变革和增长将依赖于员工的个体价值和创造力，以及管理者本身的领导能力，新的人力资本、智力资本会不断地聚集，创造出新的激励模式和管理模式。

新基建能够消除"科技鸿沟"。新科技革命与产业变革过程中，必然有一部分人是受益者，有一部分人是受损者。例如，一些互联网领域从业者是受益者，而那些被颠覆行业的从业者是受损者。以互联网平台为代表的数字化产业发展的同时，产业数字化并未得到同步发展，两者之间存在严重的发展不均衡状态。数字化产业以"轻资产"为特征，网络效应带来"赢者通吃"，少数平台有了更大的垄断力和影响力，因此产生了"科技鸿沟"。科技鸿沟是指新科技发展所带来的产业之间的不平等，具体表现在财富差距和认知差异。那些最早拥抱数字化产业的人获得了较高的收入，在企业上市后可以实现财务自由，企业也可以保持较高的市值。数字化产业的受益者往往会认为传统产业从业者是"野蛮人"，他们顽固而保守，并拒绝任何新技术、新业态、新模式。新基建则具有普惠性的特征，能够惠及所有的数字化产业和产业数字化从业者，从而消除"科技鸿沟"，并为市场带来公平。

新基建的内容之一是创新基础设施，以5G、工业互联网、物联网、人工智能等为代表的新基建技术集簇，对促进产业数字化发展具有强大的赋能作用，推动数字经济新时代的到来。除了创新基础设施，新基建建设过程中还需要注重相关规则、制度和规范等制度性基础设施的建设，例如人工智能应用的道德规范、工业互联网的共享协议等。在新基建实施过程中，还要注重信任和社会资本的培育，未来，新基建一定会塑造出良好的科技硬件和制度软件基础设施，从而支撑和服务中国数字经济的健康发展。

6.2.2　智慧城市：创新数字化应用场景

在智慧城市规划和建设中，数字经济是非常重要的一部分，直接关系着市场经济的发展程度，同时，数字经济的发展反过来又能够对智慧城市建设起到一定的推动作用，因此，数字经济对于城市经济现代化发展有着不可忽视的重要作用。

6.2.2.1　开拓城市数字信息收集方式

数字经济的运营过程中，对于用户群体的数据数量与质量的要求非常高，其解决方案就是通过对收集得到的用户群体大数据进行分析提取，从而设计出高适配性的经济发展方案。但是，传统数字信息收集方式效率过低、种类单一，不能较好地满足数字经济的数据需求，因此，我们要开拓新的高质量的数字信息收集方式。我们可以在用户的移动端、网络数据终端、网页数据上进行用户数据提取，或者与其他APP公司进行数据交换合作，以提高数据收集的效率，同时，我们要规划分配好用户群体的数据分类，对不同年龄段的用户群体数据要做好分类，不然会产生数据投射结果偏差，对新开发的产品市场输入产生消极影响。此外，我们还可以定期开展网页调查的形式，通过一定程度的奖励制度鼓励用户人群进行网页调查，还可以通过占卜、性格小测验收集用户的性格导向，建立用户数据库，整合大数据构建用户模型，输入产品使用数值模拟市场投入结果。

6.2.2.2 运用数字经济调控城市生态模式

如今城市的现代化进程最重要的一部分是城市生态系统的规划，由于时代发展迅猛，数字化技术运用程度越来越高，人们的生存环境已经高度智能化了，同传统的城乡结合生态系统产生了一定的分离，在这种情况下，我们要合理科学地规划好城市生态系统的设置，力求让人们在数据高度智能化的城市区域也能够和谐舒畅地生活。因此，我们需要借助数字经济来调控城市生态模式，以保证人们合理舒适的生活质量。在良好的城市环境中，经济的发展将为人们的生活缔造更加便利美好的生活景观。我们一般借助数字经济对城市的生态模式进行调控，包括天气预警与数据统计，利用数字技术对城市生态系统中的自然元素进行精确的范围布置，结合经济效率与绿色环保理念，发展出既能够满足经济发展需求，又能够提供舒适生存环境的城市生态系统。

6.2.2.3 迎合信息消费市场

近年来，受国际形势及新冠疫情等因素影响，我国经济面临供给冲击、需求收缩、预期减弱等重大挑战，消费作为经济发展基本动力与提升民生福祉的关键手段，已成为扩大内需、稳定增长的重中之重。我国信息消费发展势头强劲，已成为引领消费的重要引擎。我国信息消费规模从 2012 年的不到 2 万亿元增长到 2021 年的 6.8 万亿元，年均增幅超过 15%，增速为同期消费增速的 1.6 倍，占最终消费的比重从 6.4%提升到 10.4%，预计到 2025 年信息消费有望达到 8.2 万亿元。信息消费还有力拉动了传统消费，让供需对接更加精准，线上线下消费加速融合，促进消费整体规模的扩大。根据工信部发布的数据，2020 年，信息消费每增加 100 亿元，带动 GDP 新增产出 551 亿元；而在 2013 年，信息消费每增加 100 亿元，带动的 GDP 新增产出为 338 亿元，信息消费对经济增长的带动效应大幅提升。

在政府引导下，新产品、新服务、新业态大量涌现，不断激发新的消费需求，线上新型消费、智慧 + 沉浸式消费、在线公共服务、5G 消息、智能终端产品、智能家居等智慧型产品和服务成为全新消费热点与亮点，为促进新型消费注入新动力[5]。

在新型智慧城市建设中，信息消费所占市场的现占有值、潜力与爆发力都是非常可观的，人们在电子竞技、电商途径、实时通信、信息金融交易等方面投入了大量的时间与金钱，因此，数字经济的发展要着重迎合信息消费市场，在地区的互联网信息接收基础设备上投入资金，提高 Wi-Fi 等无线讯号信息提供端的普及率，帮助地区人民获得信息交流、信息交易、信息消费的基础条件，同时积极开发信息消费产品，通过对市场上评价一般的数字模拟产品进行一定的改良与深入研究，结合用户体验数据，开发出更符合用户心理需求的数字产品，以求创造更大的信息市场消费价值。在电子竞技方面，我们尽量贴合电子竞技赛事进行一定的网络宣传，利用电子竞技赛事的热度推送周边产品，以创造虚拟连接现实产品的市场价值。

6.2.2.4　完善地区无线局域网设备端普及程度

数字经济基础条件是大数据信息的整合，而部分地区由于地理位置偏远，无线局域网信息终端基础设备不足，地区人们在信息交流上效率较低，这对地区经济的发展能够产生较严重的制约，而且地区人们所具备的大量数据信息也未能够及时地传达到数字技术统计端，不利于数字经济的数据收集。正因如此，我们要投入一定资金帮助偏远地区建设无线局域网信息基础设备，提高人们的信息传输效率，既可以推动当地地区经济发展，又能够满足人们对信息交流、信息消费的需求，甚至可以为数字经济大数据收集提供大量具备参考意义的用户数据，完善数据库，创造更高的社会经济效益，提升人们的信息生活水平。

6.2.2.5　创设信息交通系统

创设信息交通系统是新型智慧城市建设进程中基层建设的重要一环，传统城市交通对市民的日常学习生活与工作有着较大的影响，在市民的关注事项中所占比重较大，因此我们要革新传统交通系统，创设信息交通系统。目前应用较多的公共交通工具是地铁、公交车与出租车，为了提高市民进行日常出行的效率，保证市民交通安全，信息交通系统将对整个地铁线路进行实时监管、数据监测，在地铁付费与安检流程上采用新型自动化程序，无需专人进行安检与收取费用，从而减少人力支出，同时缩减付费与安检的琐碎流程，提高出行效率；在公交车方面主要是设置无线局域网终端，方便乘客进行信息交流，同时提供所坐车辆的精确定位，以及目标地点时段，帮助乘客进行行程安排，同时在信息端口中对接道路路况实时报道，方便司机及时安排路线转换，提高市民出行效率；在出租车方面主要是在每辆经过注册的出租车上安装定位导向装置，能够实时查询到出租车具体位置与路线，能够及时地对交通事故的发生进行地点转接，根据实际情况及时呼叫救护车对事故人员进行急救。经过长时段的公共交通系统的信息收集，我们可以建立一个庞大的数据库，构建路线模型，从中寻找出效率与安全度最高的线路，作为公交线路与出租车线路的参考。

6.2.3 数字政府：以政府数字化引领全面转型

数字政府是以新一代信息技术为支撑，通过重塑电子政务、融合智能技术架构的新型政府运行模式。国家“十四五”规划纲要指出，要将数字技术广泛应用于政府管理服务，推动政府治理流程再造和模式优化，不断提高决策科学性和服务效率。进一步将数字政府做为国家顶层设计，数字政府建设的重要性不言而喻。

数字政府建设离不开数据驱动。在当今数字经济新时代，建立健全国家数据资源治理体系是实现资源高效配置和激发数字化发展活力的关键，同时也是赢得全球数字竞争和标准主动权的有力战略措施。在建设时还应确保公共数据安全，加强市场监管执法和政务数据保护，解决信息孤岛、数字鸿沟现象，加快数据产权立法进程，推动数据标准化发展，实现跨产业、跨部门、跨区域、跨系统资源共享，依托大数据中心实现数据统一采集、统一存储和统一使用，并鼓励第三方深化对公共数据的挖掘利用，引导领头羊企业参与，探索创新数据交易模式[6]。

企业作为数字政府的技术承建者，更应该肩负起服务社会的重任。公共服务供给主体多元化能够有效解决“市场失灵”问题，多主体统筹协调能够将信息互联互通，减少交易成本，提升资源利用效率。目前以 BAT（百度、阿里、腾讯）为首的互联网企业、ICT（信息、通信和技术）产业巨头和一些传统电子政务服务商，逐渐参与到数字政府的建设当中，以其强大的信息技术水平和数据处理能力成为政府数字化市场的主要参与者，其中阿里云在数字政府里提供“互联网＋监管”、办公协同、政务等需求，引领着数字政府云化新趋势。

政务信息化转型不单单指技术的进步和迭代，更强调的是组织架构和思维方式的重塑和革新。数字政府建设意味着政府行政管理从传统的粗放式逐步向精细化演进，从单向关联到“互联网＋政务服务”多向互动，从服务供给到以用户需求为中心，从局部治理走向去中心化、一体化治理。

“互联网＋政务服务”的政府平台，能够极大提升政务服务水平，一网通和“不见面”审批实现了全国一体化政务服务一站办理，省级平台和国家部门系统的深度融合，也能打通地方与中央、部门间的信息壁垒，实现数据信息的互联互通和充分共享。

此外，数字政府还能起到引领各行业数字化转型的重要作用，并助推数字经济发展，通过推进行政审批制度改革、完善政府治理体系促进传统行业、企业实现创新融合发展，为新产业、新业态、新模式创造优质的营商环境，促进数字技术与实体经济深度融合。

近年来，随着大数据、5G、人工智能等新兴信息技术的广泛应用，政务已经逐渐向数字化转变，各地都在积极探索数字化政府建设，基本实现了政府的信息化办公，同时也暴露出一些短板。例如，当前数字政府建设存在供需不平衡、资源不能有效配置的难题。受地区社会经济发展水平和技术基础差异的影响，各地投入数字政府的建设力度大不相同，以深圳、广州为代表的发达城市的政务信息化发展水平位居全国前列，而三、四线城市及乡镇的建设投入力度严重不足，存在一定的资金和技术人员匮乏问题。

值得注意的是，数字政府的内核在于政府治理理念的转变。数字政府践行“以人民为中心”的发展理念，从群众视角出发，利用数字技术，打造一站式公共服务融合服务体系，做到“信息多跑路，百姓少跑腿”，解决群众办事难、办事慢的问题。数字政府建设将大力促进政府职能转变，通过建设智能化服务型政府，为社会提供更优质的公共服务，达到提升治理效能、改善民生和服务群众的目的[7]。

相信随着信息技术的不断发展，数字政府继续如火如荼地在各地推进，将推动现代政府治理模式的巨大变革，并大力促进国家治理体系和治理能力现代化，也为智慧政府的创新提供全新逻辑下的思考。

政府信息化走到今天，是数字化的作用。而数字政府的快速发展，反过来对数字经济又起到了一定的推动引领作用。目前，数字经济正在改变中国的经济结构。

6.3　新一代信息技术嵌入性对智慧城市建设驱动力研究(以区块链为例)

随着大数据、云计算、物联网、移动互联网、人工智能等信息技术的快速发展，以互联网技术普及应用与信息科技有机结合为标志的第五次信息技术革命带来了新的城市建设以及社会发展形态，城市信息化逐步转变为与城市治理、人们生活方式变革以及经济转型升级综合的城市发展的高级形态，智慧城市建设已经上升到全球国家发展和获得新一轮发展优势的重要手段和主要战略，国家战略角度明确提出的“数字中国”主要建设重点“数字经济”以及“智慧社会”也就是新型智慧城市建设的内容。区块链技术被认为是第五次颠覆性的科技浪潮的核心潜在技术，已经陆续在金融深化、社会管理、医疗等多个领域发挥作用。在智慧城市建设中最为关键的信息资源共享方面区块链技术具有广阔应用前景，在技术上能够促进一系列城市发展价值目标的实现，比如透明、智能、民主、开放、安全、共享、共治等新一代政府追求的目标，可以低成本高效率推进数字治理倒逼体制机制适配，实现社会革新软着陆。

6.3.1 区块链技术特征及嵌入性分析

区块链是计算机技术的新型应用模式。首先，该技术是多种技术的融合，将分布式数据存储、共识机制、点对点传输、加密算法等多种技术以“去中心”或“多中心”等新的结构方式融合在一起；其次，区块链技术是以多种底层技术为主，支持数据记录、存储和应用的新型信息基础设施，具有去中心化、开放性、不可篡改和自治性等安全性和稳定性特征，在使用中具有广泛的可靠性；再次，区块链技术带来更多的新型应用场景以及全新的商业模式，将区块链的数据透明性、安全性和系统的高效性与不同用户场景应用需求相结合，独到的安全技术起到了“弱中介化”或“去中介化”作用，应用到劳动密集环节中，则能够降低劳动成本、消除重复工作、节约交易成本；最后，区块链技术的嵌入性可以根据组织需要提供模块式的应用，根据使用对象以及范围的不同，可以建立较大范围的公有链，也可以限定在一个企业的私有链，或者是一个或几个行业的联盟链（见表 6-1），这就使区块链的应用范围提供了更大的前景。

表 6-1 区块链技术分类、特征及应用

分类	特征	嵌入性	公有链（全社会）	私有链（企业或组织内部）	联盟链（若干机构或行业联合）
参与者			任何人	组织内部	联盟成员
共识机制	通过加密算法和防伪协议，数据一致自动安全交换、更新	自组织资源整合嵌入性	PoW/PoS/DPoS	分布式一致性算法	分布式一致性算法
记账人	自动记账，录入数据不可篡改性并组织内公开而信息高度透明	自组织治理嵌入性	各环节所有人	组织内自主确定	联盟内各成员沟通而定
中心化程度	每个节点完整存储整个数据库，内在自有信任机制无需中心化管理	虚拟嵌入性	去中心化	多中心化	多中心化
突出特点	安全性、稳定性和可靠性极高：单个节点独立、永久数据存储、如需修改得超过 51%节点同意等	双边嵌入性网络关系	信用的自建立	透明和可追溯	效率和成本优先
典型应用	根据场景及技术特征，应用非常广泛	—	虚拟货币等	审计、发行等	支付、结算等

从社会嵌入角度来看，科技革命的创新及作用是否得到发挥，就是这种新兴技术能否创新地将其中的人才、资源、制度、智力等要素对原有的经济社会进行有效嵌入重组，从而通过重组、震荡、调整等实现新的平衡过程，而结果是要让同等投入创造更大价值或者较小投入创造同等价值，而更重要的不能带来“创新性破坏”或颠覆社会及经济的发展而带来危机或不确定性。智慧城市建设是多技术融合，对社会、经济以及城市建设带来深远影响，而区块链技术在其中最主要的作用就是建设技术融合的基础，技术的网络嵌入性融合梳理了社会和经济的复杂关系；自组织治理嵌入性解决安全以及由此相关的诚信、信任问题；自组织资源整合嵌入性使得一直存在的“信息孤岛”和“信息荒岛”有望使得高于技术层面的社会和经济层面自发的解决，同时双边嵌入性解决了点与点之间互联与连接的约束和融合问题；虚拟嵌入性更多的是将“去中心化”的智慧城市复杂的巨系统有效整合、协同与共享。所以研究区块链技术的嵌入性对智慧城市的影响就是要研究这种创新技术的嵌入性特征带来的变化如何以最优的影响路径和最低的社会成本实现技术与社会、城市建设的有效结合。

6.3.2 区块链技术嵌入性在智慧城市的创新及应用

6.3.2.1 区块链自组织资源整合嵌入性解决“数权”问题，有望解决共享、标准等最关键的“数据可用”难题

“信息”和“数据”是智慧城市推进中的关键要素，而“数据”是智慧城市建设成功与否的核心，通过共享和开放应用如何转变为“资产”在城市管理及发展过程中发挥作用，但数据的使用就是通过人与城市的方方面面各项活动的产物，所以解决“人”的因素主观性如何与“数据”客观信息权属是非常重要的，目前的数据境况是，既都认可其重要性又不知如何大规模使用，尤其涉及开放和共享方面，大数据虽“大”但无法发挥“大用”而非常尴尬，区块链技术最大的创新就是通过自组织资源整合嵌入性将散布不同末端的以“人”客观的通过技术手段予以融合，明确了数据及信息权利，从而为数据共享与开发提供了最重要的“数权”确认和流通的基础。

6.3.2.2 区块链自组织治理嵌入性的“去中心化分布式”思想有利于构建新型智慧城市的复杂巨系统下新的信任体系

目前城市及社会主要是中心化的信用体系，而围绕之所建的信息化系统同样是中心化的应用体系，该种体系从垂直上看，具有较高的执行力和穿透力，去中心化打造的是新

型的完全分布式信任体系，通过“区块＋链＝时间戳”的方式永久保存信息的写入时间，同时报送给所有链接上的各个节点，宣示和完成信息所有权技术认定；而信息原则上在各个链节上可以给所有用户使用，但所有使用归属权仍是由原用户所有，同时通过一定的激励机制，在信息产权明确的基础上，从信息不可篡改以及难以伪造的特征，政府也可以通过绩效考核的方式明确信息共享的范围、深度、利用率等，从而促进分享信息；对于城市中所涉及的个人、企业以及相关机构也可以采用类似积分制的方式鼓励分享信息，重要信息有偿共享、授权使用，这样就实现了信息产权资产化。

6.3.2.3 区块链技术双边嵌入性作为重要纽带对新型智慧城市各参与方具有促进与约束的双重作用

相对于目前的互联网、社交网络以及传统的数据库系统，无论何种结构性数据，中心化所带来的数据安全以及数据可信问题需要第三方或多方认证才能实现，信息不对称造成信任壁垒太高，从而造成了目前“信息孤岛”“数据荒岛”等现象（如表6-2所示），相对于目前使用较多的社交网络以及传统数据库来说，区块链技术的去中心化因各个节点独自存在且相互监督，安全、透明的同时不需要新增成本去验证数据，从城市来看，具有促进信息共享天然“基因”的区块链技术与城市组织的结合，对于城市管理中发展智慧政府与透明治理、促进网络化协作、排除欺诈与干扰、促进制度创新等多个方面具有明显的促进作用，意义深远，同时区块链技术的可追溯、不可篡改等特征又对数据的安全性加以约束，从而对新型智慧城市中参与各方具有双重作用。

表6-2 区块链与其他技术场景应用对比表

技术	区块链	传统数据库	互联网	社交网络
主要用户	储存、记录交易数据	存储信息	作为通道发送和接收信息	作为交互通道提供沟通交流
去中心化	是	否	是	否
高度防篡改	是	否	在某些情况下	否
在线	是	否	是	是
适合私人使用	同一组织内私有区块链可供多方使用	是（系统内不同用户在开放权限内使用）	是（内部专网）	否

6.3.2.4　区块链技术的网络关系嵌入性符合新型智慧城市发展演进的需要

区块链技术有着自己的体系，对应于智慧城市建设所对应的各个层级，在网络层、数据层、激励层、共识层、合约层和应用层等多个层面有着基于哈希函数、Merkle 树、共识机制、现代密码学、智能合约编程语言和 P2P 网络通信技术等形成的数据记录、交换、处理和存储等自己的核心组合技术。形成的私密数据的加密存储与传输、参与节点身份的匿名性、共同维护数据的共识机制、可编程的智能合约、通过公钥和私钥匹配的数据读写权限的控制等方面从不同角度、不同层面共同保障确保信息共享共用，这就相当于对新型智慧城市建设中的整体架构、各个层级都有了对应的核心技术予以保驾护航，同时通过内嵌场景式的带有一定商业模式的应用设计，区块链技术内在机理与新型智慧城市建设需求一致性。

6.3.2.5　区块链技术与多方融合虚拟嵌入性天然符合新型智慧城市未来发展的方向

区块链技术“去中心化”以及由此带来的不需要第三方提供信用的“去中介化”，交易成本大幅降低，同时多种技术组合结合应用场景在多个领域产生了全新的商业模式。从需求端来看，在金融、医疗、公证、通信、供应链、域名、投票等领域区块链技术将与现实社会对接而产生众多场景应用。从投资端来看，区块链相关项目得到了众多投资者青睐，投资密度加大带来了研发、人才、政策等众多资源的投入。从市场应用来看，区块链创新应用使得商业模式在规模化的同时整体成本降低并提升效能。从底层技术来看，区块链多技术融合突破性创新未来甚至可能在数据记录、数据传播及数据存储管理方式等方面颠覆互联网的底层基础协议。从社会结构来看，区块链在技术嵌入法律要求、创新经济规律以及实现分布式自治高效的社会治理模式等方面给城市建设带来较大创新变化和应用。

6.3.3　区块链技术在智慧城市建设中的未来发展与不足

“数字中国”和“智慧社会”是智慧城市建设的两大主要方向，技术只是手段，但最终建设目标是以满足人类美好生活为己任。区块链技术更多的作用在于社会性，当将这一技术放到城市级范围考虑时，从嵌入性角度出发，其对自组织、自治理以及共享层面等方面的贡献，有望更好解决复杂环境下的技术所需解决的经济与社会问题。区块链能够整合各项资源，以符合城市管理及治理规律的方式，去推进新型智慧城市的建设，体系化提供集约智能的信息基础设施、公共资源共享与汇聚融合、无处不在的惠民服务、透明高效的数字政府、智慧高效的城市管理、精细精准的社会治理、融合创新的数字经济，以及自主可控的网络和信息安全等等一系列与城市内在发展需求一致的信息服务。这与新型智慧城市发展的方向和目标是一致的。

同时区块链技术还有很多不足与不确定性，区块链去中心化、信息可追溯、集体维护的特性受到现行观念、制度、法律制约，在技术层面，区块链应用技术面临高技术门槛，产品化也存在障碍，尚需突破性进展。首先，无论去中心化还是多中心化，“中心”一旦出现技术问题，就会带来整个信用体系的瘫痪以及管理机制的混乱；其次，中心化信用体系内部算法控制从机制上来看又是不透明的，同时技术监管也同样带来缺少法律或专业监管的问题；最后，构建中心化信用体系难度及成本都较高，完全“信任”涉及“人”与“人”之间的信任、“人”与“技术”之间的信任以及“人”与“组织”之间的信任，随着时间推移，将逐步伴随信息不对称情况出现，同时也存在高能耗问题、数据的存储空间问题、大规模交易环境下抗压能力问题。对此，需要包容、审慎以及坚持不断投入开展研究，区块链技术需要持续改进迭代升级或创新，把握区块链即平台和区块链即服务的定位，明确智慧城市运作的过程与面临的条件，使新 ICT 能更好地为智慧城市建设服务。同时始终坚持以需求为中心，以服务及场景应用为导向，以安全为前提，助力建成信息开放共享、信息资源价值充分挖掘的数字政府与新 ICT 产业融合，为经济社会转型升级及社会管理和治理水平的提升提供技术支撑，最终形成资源开放共享的智慧城市生态系统。

6.4 新冠疫情防控背景下的新 ICT 对数字经济发展的影响研究

6.4.1 疫情突显新 ICT 对数字经济发展的重要作用

新冠疫情的暴发一定程度上打乱了经济发展节奏，所幸在疫情背后，借助新 ICT，使数字经济生机蓬勃，释放出巨大潜力：大数据技术应用于追踪潜在感染人群、预测疫情蔓延趋势等，人工智能、物联网应用于战疫一线的医疗机器人、无人快递车，数字孪生、5G 用于直播火神山、雷神山医院建设，平台经济则演化为“宅经济”成为新常态。同时，新 ICT 也暴露出诸多不足，比如基层大数据的缺失导致社区网格管理仍然以人工形式开展、重要的医疗和生活物资难以实现供需匹配、网络谣言一度造成信任危机甚至为别有用心者利用等。可以说，疫情的暴发成为新 ICT 助推数字经济发展成效的一面镜子，使我们更加深刻地认识了两者的紧密关系。

（1）实体经济仍然是不可动摇的坚实基座

新冠疫情减少了人的物理集聚，但一定程度上加速了数字世界中生产生活的虚拟集聚：物联网加强了"物-物"协作分工，移动互联网加强了"人-人"的无接触联系等。但以数字世界为基础的数字经济必定是要建立在以物理世界为基础的实体经济之上，才能发挥叠加和倍增效用，而新 ICT 则成为实体经济的数字翅膀，使其从"陆地之王"变成"空中之王"。

（2）数据资源是数字经济发展的价值源泉

数据资源是人类世界、数字世界、物理世界这三元世界得以连接的枢纽。发展数字经济必须进行物理硬件和科学技术的提前储备。在新冠疫情应急管理中，正是由于缺少坚实的扎根基层的数据基础，才导致难以精准调度紧急救灾物资、精确识别"传染源"、精准破除谣言等情况。

（3）平衡价值挖掘和数据隐私是数字经济发展的重要保障

在数据资源价值挖掘的同时必须充分考虑数据提供者的隐私问题。疫情控制期间，利用支付宝、手机定位、车票、身份证等社交媒体大数据的分析挖掘，在识别和预测疫情风险区域人口流动方面发挥了作用，但由于关乎公众个人信息隐私和网络信息安全，亟须完善相关法律法规，加快数字经济健康发展的制度设计。

（4）以人为本的新 ICT 应用是数字经济发展的核心要义

数字经济终归要为提升人民幸福感服务。远程办公、在线教育等"云端"场景在稳定疫情中的生产、生活秩序方面发挥了关键作用，但虚拟集聚不可能彻底代替物理接触。数字经济的核心依然是借助数字化、智能化手段，在创新生产、服务民生中解决社会主体真实需求，从而提高自身价值。

6.4.2　疫情引发的数字化需求裂变及当前数字化建设的不足

社会主体多元共治意识和能力的不断提高，以及数字化应用的不断下沉，促使社会的数字化需求也在不断发生裂变。新 ICT 的融合互动，有助于满足社会多层次、多领域的需求，还能充分考虑伦理道德等社会因素的约束力，最终实现社会整体的泛在化、智能化、快速化、透明化（图 6-12）[8]。

随着后疫情时代的来临，社会主体的需求裂变过程整体呈现以下 4 种特征。

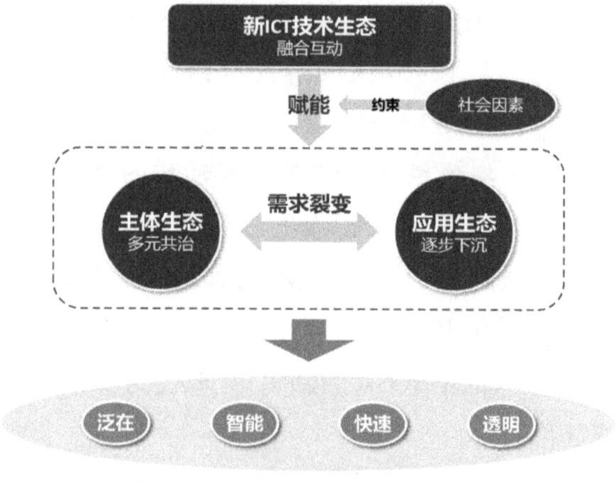

图 6-12 新 ICT 赋能数字化需求裂变

6.4.2.1 需求场景从线下移到线上

"无接触"需求导致传统线下企业服务缺位，大量市场需求转移到线上，在线医疗、在线教育、在线办公、在线娱乐，以及需求更加旺盛的在线消费服务在此次疫情控制期间发挥了重要作用。

6.4.2.2 需求频率逆向变化

由于需求场景和需求重点的转移，需求频率也发生了变化。如随着"宅经济"的发展，外卖点单、线上买菜等以往相对低频的需求大爆发，与之形成极大反差的是服装、化妆品等销量大减。由此也引发了诸如"共享员工"等新业态的产生。

6.4.2.3 需求市场加速下沉

随着在线业务的频率上涨，在线业务的市场正在加速从一、二线城市向三、四线城市下沉，从城市、区县向街道、社区下沉，从青壮年群体向低龄和高龄群体延伸，在线业务的使用时长上也大幅上涨。

6.4.2.4 满足需求的方式从人工变为智能

疫情控制期间，由于人工的暂时缺席，各行业对自动化、智能化的需求不断增长。随着人力成本的提升、人口红利的锐减，劳动力密集型行业将继续转变生产方式、提高自动化能力，这也成为智能技术大发展、大应用的巨大契机。

然而，从社会主体的角度来看，在满足通信运营商、政府部门、传统企业、公众的相关需求方面，这次疫情也暴露出数字化建设的诸多不足。

1）通信运营商方面

通信基础设施和网络早已成为人们与世界保持联系和互动的关键通道，在公共突发事件之下，更应当充分发挥基础通信业的巨大价值，但目前通信基础设施和网络建设仍不能满足人们日益增长的使用需求，具体表现为：

（1）通信基础设施有待优化

与自然灾难性事件相比，疫情突发并未对通信设备和网络造成显著的物理性伤害，但由于全社会都依托远程办公、娱乐、社交、电商、视频等信息化手段降低疫情对生产、生活的影响，有时导致局域甚至全网的网络拥塞，对快速部署、即时运维也带来了巨大挑战。因此，亟须融合 5G 等先进数据传输技术，依托网络优化和信息通信技术设施优化空间布局，真正形成无所不在的信息高速公路；同时，需要加速云信息基础设施部署，强化云网端的资源调度能力与应急保障能力，技术上充分发挥 AI 的智能化运维与快速部署能力。

（2）通信大数据价值有待挖掘

这次疫情对运营商的大数据分析和处理提出了更高的要求，即以运营商的信令数据、计费数据、用户登记数据等为基础，提供基础的人口流动监控和疫情态势预测服务，包括重点人员实时定位与动态监控、重点区域人流监控、高危涉疫人员的轨迹分析，并结合政府、公众数据全面提升疫情防控的大数据支撑能力。同时，运营商需要进一步加强数据安全隐私保障机制，在关键环节利用防攻击、防泄露、防窃取等安全防护技术手段，确保充分保护数据安全及个人隐私。

（3）运营商业务数字化水平有待升级

疫情凸显了互联网的社会服务功能，也折射出运营商发展的转机与挑战。运营商应抓住“宅经济”的重要窗口期，大力发展 5G 和双千兆业务，把握“边缘网关 + 智能路由 + 智能家居控制中心”三融合的入口优势，打造差异化场景和业务形态。依托通信加密、专用通道等技术，围绕“安全”核心能力，建立安全可靠的远程类业务，成为政府远程指挥调度和信息传递的“盾牌”。强化通信勘察设计、运营维护等传统业务的智慧化升级，延伸战“疫”状态下的服务末梢，有效缓解基层网格化防控以及“最后 100 米”的通信服务需求。

2）政府部门方面

依托多年来的信息化建设，政府部门快速反应，积极应对。从信息公开、辅助决策，到远程医疗、AI 监控等新技术应用，再到政务事项不见面办理，体现了政府信息化建设成就，但同时也暴露出了以下一些潜在的弊端：

（1）对城市治理现代化认识不足

部分地区智慧城市、数字政府建设重硬件轻软件、重投资轻实效、重概念轻内涵，追求“大而全”，但缺乏对城市治理体系和治理能力现代化的高度认知，背离了城市让生活更美好的初心使命。在建设过程中，政府没有综合考虑当前需求、长远需求和基础支撑力，建设路线和里程节点不清晰，大量任务式项目快速堆砌，实际使用中却逐渐僵化或废弃，无法体现政府应有的城市治理职责。

(2) 应急指挥平台功效不足

全国各地“指挥中心”“城市大脑”等应急指挥平台的热潮，整体来看重展示轻决策、重数据汇集轻核心算法，在预警、调度、应急指挥方面缺乏有效的模型算法来支撑政府决策。同时各业务条线的专业指挥平台之间缺乏横向联动和纵向调度，缺乏顺畅的信息共享机制和渠道，导致疫情控制期间应急物资调度、信息舆论疏导、公共安全监管等一度停摆，无法形成覆盖全域的应急指挥体系和协同处置能力。

(3) 信息化载体效能不足

多地政府已建立了大量“大数据”“云计算”等平台载体，但数据治理方式低效、社会数据汇聚不足、平台开放兼容性不高，导致无法撬动各方资源，未能发挥应有作用。政府云平台大都是封闭的“私有云”，难以实现短时间内弹性扩容，因此在疫情控制期间业务量暴增时，系统宕机时有发生。一些社会创新应用系统由于兼容性问题，难以及时在政府系统中加载，导致政府无法聚合社会力量，实现管理能力快速提升。

3) 传统企业方面

协同办公和复工复产、远程营销和服务、生产和运营管理中的数字化方案得到广泛认可和采纳，各类远程、云端工具的需求骤增，但数字化解决方案的丰富性和功能性与企业实际需求还存在一定差距：

(1) 员工远程协同和复工复产对企业流程重构带来挑战

为了实时精准地掌握员工的身体健康状况和工作状况，众多企业需要远程会议、在线考勤、在线招聘等数字化解决方案，并与企业内部信息化系统嵌入对接。因此，需要对员工招聘、培训、办公等业务进行线上流程重构，并满足疫情之下员工通勤、工作餐无接触预订等临时业务流程的创建，这给普通企业信息化系统的快速迭代带来一定挑战，给信息化解决方案提供商提出更高的响应要求。

(2) 客户数字化营销和服务中的大数据能力有待提升

为了确保疫情控制期间的平稳过渡，众多企业采取营销协同管理平台、线上直播、在线客户服务、电子商务等多种线上线下结合手段，多接触点洞察新客户需求，深挖老客户价值，提升客户体验。然而，对线上营销服务中积累的数据价值尚未得到充分挖掘，难以积极快速地推进业务模式转型，更难以为应对未来趋势而提前布局。

(3) 企业生产和运营管理数字化转型的投资回报尚不明朗

财务机器人、电子采购、智能制造等数字化工具能够有效降低疫情给企业生产带来的巨大损失，特别是劳动力密集型的制造型企业，依托工业互联网平台等新技术将实现机器与机器之间、人与机器之间的高度协同，提高生产效率、降低成本。然而转型之初的大规模投资以及无法立竿见影的效益提升，使得众多中小企业望而却步[9]。

4）公众方面

“无接触”“不见面”“零聚集”的疫情防控要求之下，公众的基本需求场景发生了巨大的变化，暴露出智慧城市、智慧应用发展中的诸多不足：

（1）顶层规划与公众需求相脱节

智慧城市顶层规划华而不实，公众的底层基本需求没有得到充分认识和合理满足。投资动辄千亿元的“智慧城市”顶层规划若无法充分关注公众的基本需求，不能扎根基层、为民所用，现代化治理的战略理念也终沦为空中楼阁、纸上谈兵。

（2）基层数据与政府决策不相融

在数据治理方面，数据采集重上层轻基层、数据平台重汇聚轻算法、数据共享重口号轻实践的弊端，未能给政府决策、指挥调度、城市运转提供真实有效的支撑，使得智慧城市成为形象工程、“花瓶”工程。

（3）先进技术与需求场景不紧密

人工智能、区块链、数字孪生等新兴 ICT 技术成为智慧城市建设的噱头，在实际应用中存在“为了用技术而用”，而非遵循实际的需求导向，导致城市在高科技的外壳下仍然低速、无序运转。

（4）焦点应用与价值落地不匹配

智慧城市应用层面所涉及的行业领域追求大而全、广而泛，应用之间多处于松散状态，缺乏协同效用，同时在部分关键应用功能上纵深不足，未能充分体现智慧城市的实用性价值。

6.4.3　新 ICT 数字化战“疫”应用模型

6.4.3.1　模型构建思路与原则

以需求为导向：能够及时有效地满足疫情下的新需求，解决新问题。

适用的灵活性：实现新 ICT 与需求应用场景的多种适配性。

技术的动态性：统筹分析技术特征，考量技术先进性、成熟度、适用性及技术演进等因素。

兼顾社会因素：充分考虑社会因素的制约和相关诉求。

6.4.3.2 数字化战“疫”应用模型

笔者结合疫情影响下的新需求变化以及新 ICT 的分类，对需求应用场景和技术特征进一步画像，探寻需求和技术之间的逻辑关系，构建数字化战“疫”应用模型（图 6-13），以期在“数字中国”和智慧城市建设背景下，为政府、企业等相关方在应急或突发事件发生时提供相关的借鉴和路径选择，从而更好地满足社会需求。当然，所构建的数字化战“疫”应用模型，对常态化的日常应用，也有一定的适用性[8]。

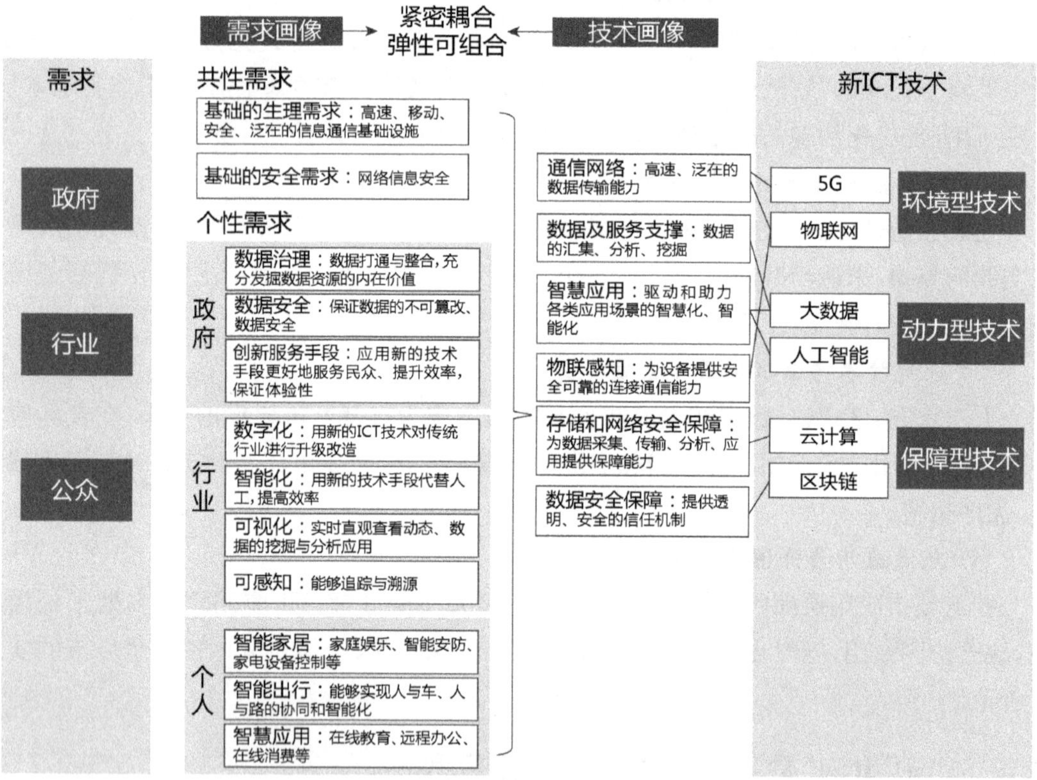

图 6-13 数字化“战”疫应用路径模型

通过本模型分析，可见新 ICT 产业化与实际需求之间存在非常密切的关系，具体体现在以下两个方面。

（1）新 ICT 与需求紧密耦合

本模型梳理出目前各方的信息化共性需求和个性需求，并对需求进行归纳整合，结合新 ICT 的特征画像，二者之间进行协同以找到最优解。共性的生理需求需要通信网络保障，映射并匹配 5G、物联网等环境型技术；共性的安全需求需要存储和网络安全及数据安全保障，映射并匹配云计算、区块链等保障型技术；政府、行业和个人的各类智慧应用个性需求，则更多需要智慧应用、物联感知、数据及服务支撑等方面的保障，映射并匹配大数据、人工智能等动力型技术，同时也涉及部分环境型技术和保障型技术。

（2）新 ICT 与需求的映射组合是弹性灵活、可动态调整的

需求与技术之间不是完全一一对应的，可以根据需求进行菜单式组合，以技术的融合更好地满足各类需求的实现。同时随着智慧城市的发展和政府、行业、个人需求的变化，对新技术的需求也会有所变化，可实时进行动态调整，以保证匹配最合适的新 ICT。

6.5　新 ICT 对数字经济产业化的路径研究

6.5.1　新 ICT 应用路径研究

6.5.1.1　宏观层面，打造新 ICT 产业化新模式和新路径

新 ICT 产业化与新技术的发展阶段紧密相关，大致可以分为基础研究阶段、技术应用阶段、产业集群阶段三个阶段，不同发展阶段的数字产业化路径和驱动模式有所差异，推动产业化发展的相关主体也不相同，具体见表 6-3。

表 6-3　新 ICT 发展的不同阶段

新 ICT 发展阶段	基础研究阶段	技术应用阶段	产业集群阶段
驱动模式	研发机构驱动型	企业驱动型	政府驱动型
相关主体	大学、科研机构及部分研发能力强的科技企业	实力强的重点或龙头科技企业	各级政府部门
实现载体	新技术实验室、研究中心、工程中心等	孵化企业、各类智慧应用产品和解决方案等	特色智慧小镇、特色智慧园区、产业开放平台等
重点任务	发挥科研优势，通过人才、资金等研发资源投入，推动新技术研发和创新	发挥龙头企业的引领和带动作用，与社会需求紧密结合，推动新 ICT 在不同场景下的应用和落地	以各类园区、特色小镇等为载体，打造数字产业集群，增强区域数字产业发展规模和竞争优势
实现目标	基础技术研究走在前列，关键核心技术取得突破	新 ICT 及其融合赋能产品，形成数字化应用，满足社会需求，打造数字化企业品牌	数字化产业规模发展

通过以上分析，可以将新 ICT 数字化产业的基本路径总结为图 6-14，即通过研究机构、龙头企业、政府等主体驱动发展。不同的发展阶段，有不同的发展路径和驱动机理。研发机构通过新技术实验室、工程中心等多种方式研究新技术，并通过产学研合作进行研究成果转化；龙头科技企业将新 ICT 与产品研发深度耦合，以智慧化应用深度融合等方式进行技术的应用，并通过企业孵化进一步裂变各类新技术引领的创业团队和企业，在深化新技术应用的同时，不断丰富产品形态和数字产业生态；各级政府则搭建各类载体、平台，通过优化产业生态环境等途径，加速数字化产业集群布局，抢占数字产业先机，提升数字产业竞争优势。

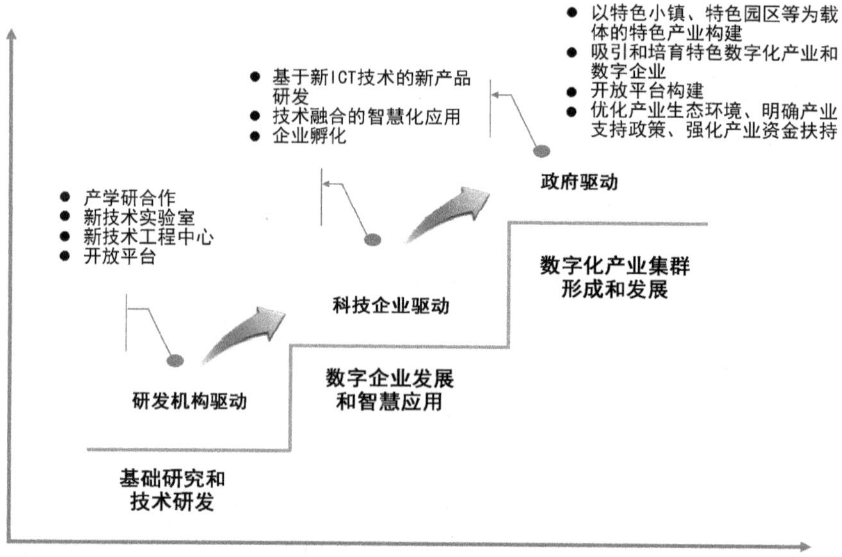

图 6-14　新 ICT 数字化产业路径

6.5.1.2　微观层面，新 ICT 融合赋能，培育数字化应用新“硬核”

从数字化应用角度看，此次疫情暴露出的共性需求以及存在的需求满足短板，都需要借助新 ICT 来为其赋能，以进一步提升政府在决策指挥、智能调度、民生服务等方面的数字化治理水平。要不断深化交通、物流等重点行业智慧应用建设以及传统企业的数字化转型升级，并更好地满足公众在线上消费、智能出行等方面的智慧化需求，助力未来智慧城市建设更好地实现以人为本的目标。

(1) 从政府层面看

疫情防控过程中，智慧城市及政务信息化发挥了重要的作用，同时暴露出来的问题，如数据壁垒、信息孤岛、新技术的工具理性大于技术理性等，都将促使政府对信息化的建设理念、建设重点和新技术应用要求等方面进行重新思考。

(2) 从行业层面看

提供线上服务是大势所趋，大数据、互联网、人工智能、区块链等新技术与行业深度融合，让传统行业不断提升效率，创造出更多价值；以新 ICT 为支撑的信息化能力也将真正成为企业核心竞争力，促使越来越多的传统企业进行数字化转型升级。

(3) 从公众层面看

丰富多样的互联网智慧应用通过非接触方式满足了大众各类需求，如生鲜配送、外卖餐饮、线上教育等，大众充分感知到线上服务的必要性、便利性以及实用性，这些都离不开 5G、云计算等作为支撑和保障；互联网线上服务的便利体验，将对政府信息化服务提出更高要求，促使政府信息化建设提档升级。

不同领域的应用场景和需求立足点不一样，新技术的数字化应用路径也不尽相同。现从政府、行业、公众三个层面，以及需求的应用场景、核心诉求、发展趋势三个维度来分析研究新技术的应用路径，具体见表 6-4。

表 6-4　新技术的数字化应用场景及路径

	应用场景	核心诉求	发展趋势	新 ICT 应用
政府	政府治理、社会服务	进一步提高政府治理能力，推进政府治理体系和治理能力现代化，实现政府数字化管理和智慧化治理； 进一步提高人民群众对政府公共服务的满意度，更好地满足人民日益增长地对美好生活的需要	不断深化数字政府建设，以平台为抓手，以数据为支撑，实现以服务为导向的智慧化治理	价值提升：大数据 基础保障：云计算 探索推进：区块链
行业	各类智慧应用，包括智慧物流、智能交通、智慧旅游、智慧教育、智慧社区、智能制造等	行业：用新技术赋能，提升行业的效率和效能，创造出更多价值，提升客户感知； 企业：应用智慧手段降低成本，提高响应速度，打造企业的核心竞争优势	新技术与行业将加速深度融合； 传统行业和企业的数字化转型将是大势所趋； 市场响应速度将成为信息化市场竞争制胜关键	强化应用：5G、物联网 探索推进：区块链、人工智能
公众	涵盖民众衣食住行等日常需求的方方面面，包括线上购物、在线教育、远程医疗、智能出行等	生理需求：信息通信基础设施保障、智慧交通、智慧电力等； 安全需求：网络信息安全、平安社区、平安校园等； 归属需求：远程办公、在线教育等； 尊重需求：信息公开、舆情管理等； 自我实现需求：智慧治理	线上经济已经成为一种趋势和公众的一种习惯； 新技术所带来的体验性、便利性等将越来越被看重； 安全性成为必须考量的因素	强化应用：5G、物联网 基础保障：云计算

6.5.2 新 ICT 推动数字经济发展过程中亟须解决的关键问题

数字经济在疫情防控和经济恢复中的巨大作用受到广泛认可,但未来的进化发展仍然存在一些关键问题亟须解决。

(1) 产业数字化的转型路径不清晰

数字化转型早已成为中国企业将外部压力变为自我变革动力的首要选择。通过本次疫情,更多的传统企业看到了数字化的优势,数字化转型的意愿更加强烈。但在实际推进过程中,往往因缺乏清晰的数字化战略和转型指导造成巨大阻碍[9]。埃森哲《2019 中国企业数字转型指数》报告指出,只有 9%的领军企业依托数字化转型创新的业务或服务模式,新业态营收超过总体营收的 50%,而绝大部分传统企业不知如何利用数字技术改善经营。同时,对大数据、人工智能等新 ICT 的使用多以硬件项目形式仓促开展,并没有充分了解技术的实际应用场景和需求,对数字经济的发展并无益处。

(2) 对数据资源的本质规律认识不足

数据资源已成为当前的重要生产要素,其内涵特征和在生产、消费等过程中的发展规律与传统生产要素存在巨大差异。但是,由于对数据资源特有的本质规律尚未形成深刻认识,导致对数据进行权属界定带来困难,而权属界定是数据隐私保护和数据共享开放的前提。因此,在数据权属、数据壁垒破除、数据隐私保护的方式和机制方面亟须推进体系化研究和路径探索。

(3) 新 ICT 的部署与应用需求相脱节

数字经济的快速发展驱使数字基础设施的外延扩展,5G、数据中心、AI 研发平台等都被纳入此列。随着数字基础设施的部署规模加大,其供给能力大幅提高。但新技术的应用场景仍以传统领域为主,与技术特性高度匹配的拳头级应用明显不足[10]。同时,对于此类数字基础设施的未来需求规模、应用场景、成熟规律的研究和预测仍然不足,建设与应用存在脱节。

(4) 监管能力和数字经济发展速度不匹配

数字经济在催生新业态新模式的同时,引发了“平台垄断”“数字寡头”等新的市场失灵现象,数据密集型企业滥用技术优势和用户资源垄断市场定价,内部管理混乱,“二维码”经济诈骗、“大数据杀熟”、个人信息非法爬取、算法歧视等利用新技术犯罪的案件层出不穷,社会利益受到严重侵害。现有的市场监管主体对数字经济的认识存在不足,对数字犯罪行为难以认定,对隐蔽性较强的破坏市场秩序行为存在监管空白[11]。

6.5.3　新 ICT 助推数字经济发展的策略建议

(1) 提高新技术支撑能力，加快基础设施构建

目前，新 ICT 仍有诸多核心关键环节有待突破，应大力鼓励科技研发相关各方加强协同合作，推进新技术新装备专业试验场所建设，在通用型芯片、系统型软件、物联传感器等关键共性技术，5G、人工智能等热门技术的商业应用场景，以及量子通信、6G 等前沿技术研发方面，进行大胆创新和探索，构建数字经济创新的核心能力。同时，进一步加快 5G、工业互联网等信息基础设施的布局，并从城市向农村扩大，城乡结合全面共享数字经济发展的网络基座[12]。

(2) 继续夯实传统产业基础，培育数字经济转型人才队伍

一方面，通过外部引入或本地培育方式，加快数字化程度较高的产业项目落地，并推动传统产业的加速改造，与现代服务业和数字技术深度融合。另一方面，积极营造“大众创业、万众创新”的数字经济格局，鼓励科研院所对数字经济转型人才的培养，促进新技术科研成果的市场化，并对传统产业从业人员进行数字素养提升培训，为其做好行业转型的技能和心理准备[13]。

(3) 积极布局数字技术产业，加强创新行为的规范引导

加大数据资源存储、计算相关的数据基础产业投资和政策引导，解决数据有效开放共享所需的机制体制问题，充分利用政府、企业、公众的海量数据，为数字经济加速发展提供坚实的数据产业基础。积极规范和引导数字经济的新模式新业态，使其向良性方向发展，如以政策引导有效破解网约车监管问题、以经济引导加快 ETC 的推广应用、以归属感引导“宅经济”的社区管理等[14]。

(4) 加强数字化治理，持续优化数字经济发展环境

充分运用信息化手段，提高现代化治理能力，从政府主导的单向治理向多元参与的协同共治转变，从线下治理向线上线下结合治理转变，以适应数字经济智能化、网络化、协同化的要求。加强网络安全防护手段、平台的创新和机制、体制的建立，推进信息安全产业的提速发展，加强大数据、区块链等安防产品开发，保障个人用户的隐私安全[15]。

(5) 探索数字经济制度建设，提高社会价值认同

积极贯彻国家在电子商务、信息安全等方面的法律法规，加强传统行业层面的数字化转型规则制定，探索数据高效安全流通的法规制度和机制化流程。同时，充分发挥社会价值认同在数字经济高质量发展中的重要作用，在监管中重视社交、艺术等高层次需求，积极引导科技向善的核心价值共识。

参考文献

[1] 彭寿. 发挥新一代信息技术引领作用助力构建“双循环”新发展格局[J]. 网络安全和信息化,2021(1):4-6.

[2] 王咏. 构建5G产业生态[J]. 中国电信业,2018(12):14-17.

[3] 肖旭,戚聿东. 产业数字化转型的价值维度与理论逻辑[J]. 改革,2019(8):61-70.

[4] 李伟. 深度参与新工业革命　加快新旧动能转换[J]. 中国发展观察,2018(S2):7-9.

[5] 李晓华. “新经济”与产业的颠覆性变革[J]. 财经问题研究,2018(3):3-13.

[6] 刘淑春. 数字政府战略意蕴、技术构架与路径设计:基于浙江改革的实践与探索[J]. 中国行政管理,2018(9):37-45.

[7] 熊鸿儒. 我国数字经济发展中的平台垄断及其治理策略[J]. 改革,2019(7):52-61.

[8] 王咏. 把握战“疫”契机,新ICT技术赋能数字经济加速进化[J]. 中国电信业,2020(3):34-36.

[9] 何帆,刘红霞. 数字经济视角下实体企业数字化变革的业绩提升效应评估[J]. 改革,2019(4):137-148.

[10] 陈晓红. 数字经济时代的技术融合与应用创新趋势分析[J]. 中南大学学报(社会科学版),2018,24(5):1-8.

[11] 陈强远,林思彤,张醒. 中国技术创新激励政策:激励了数量还是质量[J]. 中国工业经济,2020(4):79-96.

[12] 荆文君,孙宝文. 数字经济促进经济高质量发展:一个理论分析框架[J]. 经济学家,2019(2):66-73.

[13] 赵剑波. 新基建助力中国数字经济发展的机理与路径[J]. 区域经济评论,2021(2):89-96.

[14] 黎文靖,郑曼妮. 实质性创新还是策略性创新?:宏观产业政策对微观企业创新的影响[J]. 经济研究,2016,51(4):60-73.

[15] 余明桂,范蕊,钟慧洁. 中国产业政策与企业技术创新[J]. 中国工业经济,2016(12):5-22.

[16] 何迪. 以新型智慧城市建设促进数字经济发展[J]. 科技经济市场,2019(10):84-86.

第 7 章 未来发展趋势及对政府、行业发展建议

加快数字经济发展，加快新技术在全经济领域的推广和普及应用，推动互联网、大数据、人工智能和实体经济深度融合，不仅有利于加快实体经济的转型升级，催生新业态新模式；有利于通过数据要素与资本、人才等传统生产要素的叠加倍增，促进传统动能改造升级和新动能培育壮大，加快国家创新体系建设，不断增强国家经济创新力和国际竞争力；有利于推动经济发展质量变革、效率变革、动力变革。

发展数字经济是加快形成以国内大循环为主体、国内国际双循环新发展格局的需要。以要素的数字化为手段，畅通经济流通，加速各种体制机制障碍的破除，推动市场公正公平竞争，激发企业主体活力，通过虚拟产业集群、产业互联网、平台经济等各类新业态新模式，赋能各类中小企业融通发展，降低中小企业运行成本，促进各类市场主体加速融合和重构组织模式。

发展数字经济是推动经济发展动力变革、构建创新型国家的需要。加快云计算、大数据、区块链、AI 等和传统经济的融合，构建以数字化、互联化、平台化为特点的新经济发展运行模式，能够更好地吸引各类创新要素集聚，拓展创新渠道，支撑大众创新、创业；有利于更好地激发市场竞争活力，促进产品服务迭代升级，加速市场主体优胜劣汰；有利于更好地维护市场统一，拓展国内国际市场，挖掘市场深度需求。

7.1 国内各阶段政策演变特征

当前，世界正处于百年未有之大变局，面对全球复杂多变的国际形势和国内繁重艰巨的改革任务，我国高度重视数字化发展战略，先后出台“互联网 + ”行动计划、电子商务政策措施等一系列重大战略和行动，大力推动数字经济在各个阶段的高质量发展，因此，我

国数字经济一直处于较为良好的发展态势[1]。总的来看，国内对新技术及数字经济的政策历程大概可以分为政策启动阶段、政策扩展阶段和政策成熟阶段。

（1）第一阶段：政策启动阶段（2015—2016年）

这一阶段的政策主要以促进“互联网+”融合应用为抓手。“互联网+”政策的出现，代表我国已经深刻地意识到“互联网+”融合应用对促进实体经济发展、催生业态创新方面的作用。通过互联网与各个领域的深度融合，优化了传统经济要素效率，重塑了业务流程体系，培育了平台经济、共享经济等新模式。2015年3月，李克强总理提出“互联网+”的政府工作行动计划，旨在推动移动互联网、云计算、大数据、物联网等产业发展用以带动现代制造业的升级改造，促进电子商务、工业互联网和互联网金融健康发展。

（2）第二阶段：政策扩展阶段（2016—2017年）

这一阶段数字经济逐步上升为国家战略，中央各部委以及相关省市均密集出台数字经济发展的政策文件。2016年10月，中共中央政治局进行第36次集体学习时提出，要加强信息基础设施建设，推动互联网和实体经济深度融合，加快传统产业数字化、智能化，要做大做强数字经济，拓展经济发展新空间。2017年12月，习近平总书记在中共中央政治局第二次集体学习时的讲话中指出，要加快发展数字经济，推动实体经济和数字经济融合发展。

（3）第三阶段：政策成熟阶段（2018年至今）

这一阶段的主要特征是数字经济上升到国家战略，从中央到地方均密集出台数字经济相关政策。2020年11月，中共中央发布《中共中央关于制定国民经济和社会发展第十四个五年规划和二〇三五年远景目标的建议》提出了发展数字经济，推进数字产业化和产业数字化，推动数字经济和实体经济深度融合，打造具有国际竞争力的数字产业集群等一系列举措。重点省市出台数字经济配套政策：一是我国各级地方政府积极出台数字经济相关发展规划，加强数字经济的战略引导。广东省经济和信息化委员会发布了《广东省数字经济发展规划（2018—2025年）》，山东省政府发布《数字山东发展规划（2018—2022年）》，北京市制定促进数字经济发展的“1+3”政策，发布《北京市促进数字经济创新发展行动纲要（2020—2022年）》《北京市关于打造数字贸易试验区的实施方案》等规划，要求构建数字驱动发展新方式、增强新一代信息技术产业新能级、建设数字基础设施新体系、探索制造业数字化新路径、激发服务业数字化新活力、培育数字经济融合新动能、打造政府数字治理新模式、构筑数字经济发展新格局。二是建设国家数字经济创新发展试验区，打造我国数字经济创新发展的标杆。2019年10月，河北省（雄安新区）、浙江省、福建省、广东省、重庆市、四川省等 6 个国家数字经济创新发展试验区接受授牌，启动试验区建设工作。各试验区着力推动数字经济创新发展，有力地支撑了经济的高质量发展。

7.2　重点区域政策各有侧重

从 31 个省/市/自治区的数字经济相关政策汇总可知，大部分地方政府均在近几年颁布了新的政策规划。当前，我国数字经济发展呈现区域一体化的发展趋势，因此本书特地选取了长三角、京津冀、珠三角、川渝地区等数字经济发展较好的省/市，梳理并汇总分析其出台的相关规划、行动计划政策(表 7-1)。

表 7-1　我国主要区域数字经济发展目标汇总

区域	省/市	发展目标
京津冀	北京	“十四五”时期数字经济增加值年均增速 7.5%左右
	天津	到 2023 年，数字经济占国内生产总值(GDP)比全国领先
	河北	到 2025 年，全省电子信息产业主营业务收入突破 5 000 亿元
长三角	上海	到 2025 年，上海的数字经济发展目标主要有数字经济增加值力争达到 3 万亿元，占全市生产总值(GDP)比重超过 60%；2035 年，成为具有世界影响力的国际数字之都
	浙江	2023 年，浙江将培育超百亿元数字企业 40 家，新增智能工厂和数字化车间 150 家，力争数字经济核心产业增加值增长 10%；到 2027 年，数字经济核心产业增加值超过 1.6 万亿元
	江苏	到 2025 年，数字经济核心产业增加值占 GDP 比重达到 13.5%左右
	杭州	“十四五”时期实现数字经济核心产业增加值占 GDP 比重超过 30%
	南京	到 2025 年，数字经济核心产业增加值占地区生产总值比重超过 10%
珠三角	广东	到 2025 年，广东数字产业集群营业收入将超过 10.7 万亿元
	深圳	预计到 2025 年，数字经济核心产业增加值占 GDP 比重预期为 31%
	广州	到 2025 年，数字经济核心产业增加值占地区生产总值比重达到 25%
	佛山	2035 年全市数字经济总体规模达 2 万亿元
川渝	重庆	力争到 2025 年全市数字经济核心产业增加值占 GDP 比重达到 14%左右
	四川	到 2025 年，全省数字经济总量超 3 万亿元、占 GDP 比重达到 43%
	成都	力争到 2025 年全市数字经济核心产业增加值占 GDP 比重达到 14%左右

（1）珠三角地区：在全国率先布局数字经济政策

珠三角地区是我国最早布局数字经济的地区之一。早在 2003 年电子商务等业态萌芽阶段，广东就出台了《广东省电子商务认证机构资格认定和年审管理办法（暂行）》，旨在促进电子商务的发展。具体来看，广东省作为全国数字经济发展先行地区，2018 年出台《广东省数字经济发展规划（2018—2025 年）》，明确提出 2022 年数字经济规模达 7 万亿元，占 GDP 比重接近 55%，是明确提出数字经济目标规模最大的省份。此外，深圳的数字经济发展顶层设计也比较完备，深圳市重点扶持大数据、云计算、区块链、信息安全、人工智能等新业态，提出到 2022 年信息传输、软件和信息技术服务业营业收入突破 8 000 亿元，软件业务收入突破万亿元。广州市政策更侧重于新基建、智慧城市、智能制造、数字流通等方面。

（2）长三角地区：数字经济政策体系较为完备

长三角已构建较完备的数字经济政策体系，浙江、江苏、上海两省一市分别根据自身产业发展特点，出台了一系列的细分领域的政策文件。如浙江省在 2003 年就发布了《数字浙江建设规划纲要（2003—2007 年）》，旨在全面推进全省国民经济和社会信息化建设。随后，陆续出台《浙江省人民政府关于进一步加快电子商务发展的若干意见》《浙江省数字经济促进条例》等政策，近年来，浙江提出了数字化改革方案，数字经济发展政策设计基本成熟。从规划规模来看，杭州、南京两个城市 2022 年数字经济规模超过万亿元，领先于其他地级城市。

（3）京津冀地区：以北京为核心多维政策发力

京津冀以北京为首，以北京为发展的核心引擎，近来数字经济发展增速明显，截至 2020 年 9 月，北京数字经济增加值占 GDP 比重超过 50%，位居全国第一。从政策体系来看，北京的政策具备较为明显的先行示范性。2020 年 9 月，北京市制定了促进数字经济发展“1 + 3”政策，包括 1 个纲领性文件和 3 个重要发力点，将从打造数字贸易试验区、建设数据跨境流动安全管理试点、设立北京国际大数据交易所 3 个方面先行先试探索数字经济发展的新路径和突破口。此外，天津市出台了《天津市促进数字经济发展行动方案（2019—2023 年）》，助力“天津智港”建设，助推质量变革、效率变革、动力变革“三大变革”，到 2023 年，数字化转型成为实现天津高质量发展的主导力量，数字经济占 GDP 比重全国领先。河北省印发了《河北省数字经济发展规划（2020—2025 年）》，其中提出到 2022 年，大数据创新应用体系基本形成，制造业数字化转型取得突破性进展，区域上重点支持雄安新区、京津冀大数据综合试验区发展。

(4) 川渝地区：以试验区为抓手构建地区特色政策体系

川渝地区数字经济政策体系建设起步较晚，但在 2019 年以后速度明显加快，重庆、成都、达州、宜宾、眉山等城市均发布了数字经济政策。其中《四川省人民政府关于加快推进数字经济发展的指导意见》明确提出："加快发展大数据、人工智能、5G 等数字经济核心产业，支持产业数字化转型、数字化治理、智慧社会建设等。"从规划的目标规模来看，到 2022 年，四川省、重庆市数字经济总量目标分别为 2 万亿元和 1 万亿元，总体规模在我国四大城市群中的省级(含直辖市)层面相对较低。

7.3　典型地区发展各具特色

31 个省/市/自治区数字经济发展各具特色，结合各自优势和结构转型特点在数字经济要素流通机制、新型生产关系、要素资源配置、产业集聚发展模式等方面开展大胆探索，充分释放新动能[2]。本书选取福建省、浙江省、上海市、北京市等地区作为数字经济特色区域，分别作为数字产业基础、数字融合应用和数字经济政策引领等方面的区域发展样板，为各地发展数字经济提供广泛思路。

表 7-2　数字经济特色区域重点文件列表

地区	文件	说明
福建	《福建省做大做强做优数字经济行动计划(2022—2025 年)》	站在新起点，要加快突破数字关键核心技术，实现数字技术和实体经济、居民生活、社会治理深度融合
浙江	《浙江省数字经济促进条例》	全国首部促进数字经济发展的地方性法规
上海	《推进上海经济数字化转型 赋能高质量发展行动方案(2021—2023 年)》	重点围绕经济"四量"转型示范路径，推动存量增效、增量创新、流量赋能、质量引领，将聚焦 12 个专项行动、40 项重点任务，集中突破 100+关键技术形成 100+标准化算法产品、培育 100+智能硬件产品，打造 50+市值超百亿的流量型企业等
北京	《北京市数字经济促进条例》	条例规定了数字产业化的技术、产业方向和企业发展目标，列举了数字化转型提升的产业领域及推动措施，还专章规定了具有北京特色的智慧城市建设，并对强化数字安全、弥合"信息鸿沟"等进行了制度设计

(续表)

地区	文件	说明
广东	《广东省数字经济发展指引 1.0》	是全国首个推动数字经济发展的指引性文件，是落实广东省数字经济促进条例的施工图，旨在为全省的数字经济发展提供指导性的建议和案例参考
江苏	《江苏省数字经济加速行动实施方案》	明确江苏将聚力打造形成数字基础设施一流，技术创新能力突出，产业生态体系完善，融合应用成效显著，新技术、新业态、新模式蓬勃发展的数字经济发展新格局
贵州	国务院印发《国务院关于支持贵州在新时代西部大开发上闯新路的意见》	赋予贵州的战略定位之一是“数字经济发展创新区”，新国发 2 号文件明确要支持贵州推进国家大数据综合试验区和贵阳大数据科创城建设，培育壮大人工智能、大数据、区块链、云计算等新兴数字产业

7.3.1 福建省：以“数字福建”建设经验开展特色领域探索

福建省是数字中国、数字经济的重要起源地，数字经济发展指数始终位列全国前列，特别是数字基础设施、数字政策环境、核心数字产业等各项指标均有不错的成绩。扎实的数字经济基础和良好的数字经济政策环境，为福建数字经济发展提供了强大助力。近年来，福建省不断推广“数字福建”20 年建设经验，深化政务数据与社会数据融合应用，围绕“数字丝路”、智慧海洋、卫星应用等开展区域特色试验。

(1) 建设数字丝路信息枢纽

聚焦“一带一路”相关区域国家的信息化建设需求，围绕与“一带一路”沿线国家和地区在信息化领域的交流合作，福建省从强化信息互联互通枢纽功能、建设国际经贸合作信息化平台、建设人文交流信息化纽带等三个方面发力，加大数字基础设施建设力度、建设国家离岸数据中心(平潭)、建设“海丝”空间信息港、建立丝路网络安全协作机制、促进“丝路电商”合作、建设“丝路智慧口岸”、建设“数字丝路”经济合作试验区、建设华侨华人数字化公共服务平台等。目前，福建省已征集筛选了 51 个“数字丝路”建设项目纳入实施方案，总投资额超过 500 亿元。

(2) 打造智慧海洋交互平台

福建省移动依托高品质网络平台和业界领先的智能中台体系，积极探索 5G、大数据、AI 等新技术与海洋场景的结合点，打造智慧海洋全业务交互平台，积极聚合生态，进一步为数字福建的建设和智慧海洋发展贡献力量。2019 年 3 月以来，福建移动在惠安海域部署了泉州首批覆盖海面的 5G 基站，开始了以智慧信息化手段服务海洋管理、环境监测等工作的探索。2019 年 4 月，5G 无人监测船完成首航，实时将船只巡航视频、监测图像、检测数据回传，改变了传统的人工巡航和环境检测监管模式，极大降低了水质监测成本，缩短了采样时间和操作难度，同时提升了安全性。

(3) 打造“海丝”卫星互联互通枢纽

福建省依托卫星产业的特色优势，积极从数字政务、乡村振兴、智慧城市、闽台融合和海天丝路 5 个方面实施“卫星 + ”示范应用工程。目前，福建省卫星产业初步建立了以企业为主体、行业应用为导向、公共平台为支撑、产业延续为承载的功能格局。统计数据显示，福建省直接从事卫星应用的企业有 100 多家，涵盖从芯片设计、移动电话、车船载导航设备到地理信息应用测绘等各个环节。

7.3.2　浙江省：以全面数字化改革创新推进数字经济生态繁荣

浙江省作为我国数字经济发展的领先地，在数字创新要素、数字基础设施、数字政策环境等方面都位列全国前列。良好宽松的数字经济发展环境、充足的研发投入和创新活力为浙江数字经济发展提供了强劲动力。具体来看，浙江省的互联网电商具有先发优势，支付宝、共享单车等业态蓬勃发展，从政策体系来看，浙江省已经将数字经济列为全省的一号工程，加快构建以新经济为引领的现代化经济体系，在全国数字经济发展的浪潮中走在领先地位。

(1) 以数字经济“一号工程”为牵引，构建较完备的数字经济政策体系

近年来，浙江省政府非常重视数字经济发展，从顶层设计到企业培育都走在全国数字经济发展前列。2019 年，浙江省继续深入数字经济“一号工程”的主要目标和重点工作：组织设立 100 亿元数字经济产业基金，打造 100 个“无人车间”“无人工厂”，扶持 100 个数字骨干企业，推进 100 个数字化重大项目，实施 100 个园区数字化改造。

(2) 数字经济融合发展实现换道超车

与沪苏两地相比，浙江省的制造业整体偏弱，但互联网经济更加发达。浙江省更注重数字经济赋能传统制造，推动浙江制造向智能制造转型与升级，这也是基于浙江当前的发展实际与特点，整合优势资源所进行的发展路径选择。浙江省委省政府把企业上云作为推动企业数字化转型的切入点，作为实施数字经济“一号工程”的重要组成部分，“云上浙江”建设如火如荼。2019 年新增上云企业 8.84 万家，其中制造业占 47.79%；累计上云企业已达到 37.78 万家，按下了企业数字化转型的快进键。

（3）以数字技术创新引领长三角一体化发展

浙江省率先开展 5G 商用、完成 IPv6 网络改造，已经在无人驾驶、智慧港口等领域实现落地应用，提升了湾区的货物贸易能级，同时还联动长三角区域内的众多港口和自贸区的发展，进一步推进数字长三角的探索与建设。此外，浙江智慧海洋建设渐成格局，正引领“蓝色经济”步入快速发展通道。从企业情况来看，浙江省涌现出一批如中裕仪器、同博科技等具有海洋特色的数字经济企业，在卫星通信导航、船舶设计、船用电气等产品领域得到较好发展。从产业结构来看，已经形成以车船仪器仪表、微特电机、海洋软件及信息服务业、电子元器件、应用电子为主的海洋电子信息产品结构体系。

7.3.3 上海市：引领城市数字化转型全国标杆

上海市的数字经济发展已经进入了全面数字化转型阶段，上海市在国内城市数字化转型方面已走在全国前列。一直以来，上海政府高度重视数字化、网络化、智能化对城市的引领作用，特别是近两年，从数字基础设施和数字政府两个方面发力，成为引领城市数字化转型的全国标杆，在国家网信办发布的《数字中国建设发展报告（2018 年）》中，数字基础设施建设成为全国第一。

（1）“一网通办”助力上海政务数字化

上海市的“一网通办”经验作为经典案例被写入联合国发布的《2020 联合国电子政务调查报告》。在全球城市电子政务评估排名中，上海位列前十位，“一网通办”作为上海市首创的政务服务品牌，先后两次写入国务院政府工作报告，通过多年的改革和深入推进，上海市“一网通办”总门户个人实名用户已超过 2 921 万，法人用户超过 208 万，平台接入事项 2 341 个，累计服务人次超过 21.87 亿，累计办件量超过 6 042 万件，“全程网办”能力达到 84%，“最多跑一次”能力达到 95%。通过专用电子政务云中托管的大数据中心，上海市可以获得来自 50 个机构的 16 000 多个数据来源和 140 亿个数据点，并提供 1 000 多种电子服务。在 2019 年，上海市处理了约 5.4 亿个数据请求。

（2）“一网统管”加速城市运行系统互联互通

“一网统管”囊括城市运行、事件响应、平安城市、生态环境等诸多领域。上海市依托电子政务云，加强各类城市运行系统的互联互通，全网统一管理模式、数据格式、系统标准，形成统一的城市运行视图，推动硬件设施共建共用，加快形成跨部门、跨层级、跨区域的协同运行体系。疫情控制期间，上海市利用“一网统管”实现重点旅客精准布控，防止境外疫情输入。同时，“一网统管”为上海市应对突发情况、实时响应、跨层级联动做出了较大贡献。

（3）打造新一代信息基础设施标杆城市

上海市率先形成全球综合性大科学设施群雏形，率先建成具有国际影响力的超大规模城市公共数字底座，率先构建一流的城市智能化终端设施网络。到 2022 年底，推动上海市新型基础设施建设规模和创新能级迈向国际一流水平。2018 年，上海市在嘉定区开展试点工作，探索以数据驱动社会治理、城市管理、公共服务和产业发展的新路径。嘉定区在原有传统的信息基础设施主要是光纤、光缆、路由器、服务器的布局，现往下延伸到感知层，将传感器等感知设备作为基础设施。同时，整合政府、行业服务的传感设备与各条线数据。目前，共接入 57 种 16.6 万个社会治理类传感设备，每日汇集数据超 900 万条；通过整合 6 个单位和 9 个街道社区 14 万条政务数据，形成了城市级物联基础设施的“数据一片湖”。

7.3.4　北京市：以创新资源激发数字经济活力

北京市凭借政治、区位、产业、人才等多方面先天的优势，成为我国数字经济创新资源重要的集聚地，也是全国数字经济发展和数字化转型重要的策源地。2021 年，北京市出台《北京市关于加快建设全球数字经济标杆城市的实施方案》，明确提出形成开放领先的新型数字社会生态，率先构建面向未来的数字经济新体系。

（1）打造数字产业化的创新策源地

创新资源作为北京市得天独厚的优势，其研发投入高居全国第一，高端人才、技术等创新要素为北京市数字经济发展的创新提供了源源不竭的动力，因此在人工智能、互联网新业态等多领域成为全国的创新策源地。2019 年，北京市人工智能企业超过 480 家，位居全球第一，人工智能算法、基础软件、基础硬件、芯片等多个核心领域均具有显著优势。此外，在区块链发展方面，北京是较早布局区块链的少数城市之一，作为全国科技创新中心，对区块链技术和产业的布局有显著的先发优势。北京市的区块链企业数达 189 家，位居全国第一，区块链研究机构数量全国领先，先发优势显著，后续发力空间大。在互联网方面，互联网产业综合实力强劲。我国市值前 30 位的互联网企业中，11 家企业位于北京，培育了美团、京东、百度等头部企业，同时字节跳动、猿题库、VIPKID 等独角兽企业迅速崛起。北京市拥有京东方、联想、小米、中芯国际等国内电子信息制造业领军企业，同时，五大电信运营商总部均在北京市。软件和信息技术服务业领先全国。2019 年，产业持续保持两位数增长，实现营业收入 1.3 万亿元，占全国比重的 23.0%；全行业实现增加值 4 783.9 亿元，占全市 GDP 比重为 13.5%。

（2）倡导先行先试，打造产业数字化的方案输出地

北京市通过政策引导、资金支持、优化服务、营造生态等手段，强化工业互联网高端供给，打造国家级工业互联网发展高地。基础支撑方面，建立工业互联网标识解析国家顶级节点、国家顶级节点指挥运营中心，接入航天云网、中检溯源等 17 个二级节点，标识注册量 22.68 亿，全国第一。平台赋能方面，东方国信、用友、航天云网入选 2019 年工信部十大跨行业跨领域工业互联网平台，入选数量全国领先。积极推进顺义、海淀、朝阳、石景山国家新型工业化产业示范基地建设，打造赋能中心和典型示范，布局平台和安全领域。服务业数字化水平处于全国领先位置，众多领域实现先行先试引领全国、服务全国。金融科技示范引领作用强，国家级金融科技示范区获得多项国家政策支持，率先开展金融科技创新监管试点。信息化与教育加速融合。疫情中，北京市服务国家中小学云课堂资源建设，占国家云课堂课程总数 95%以上，有力支援全国停课不停学。商贸服务数字化探索引领全国。2020 年 1—5 月，全市限额以上批发零售业、住宿餐饮业网上零售额为 1 408.9 亿元，同比增长 19.1%。合同、发票等商务凭证数字化探索全国领先。2020 年 3 月，北京市停车场收费已接入市税务局区块链电子发票系统，实现收费、开票自动一体化。2020 年 11 月，北京市率先推广使用电子劳动合同，与纸质合同具有同等法律效力。依托丰富的科技与人力资源，以及物联网、北斗导航、智能设备等在农业中的应用经验，赋能国家现代化农业建设。北京市具有全国数量最多、技术先进的农业数字化科研机构与企业，加大培育力度，持续输出农业数字化方案。建成农业智能装备全国科技创新中心，推动农业物联网和智能装备的研发与产业化，形成了覆盖全行业的物联网示范集群。

7.3.5 广东省：以数字经济产业集群为依托打造科创中心

广东省 2019 年数字经济指数为 85.56，排名全国第一位。其中，核心数字产业、数字融合应用及数字经济需求指数排名全国第一，数字创新要素、数字政策环境指数位列全国前五。均衡的产业、技术、人力、政策及需求基础，一方面不断扩大广东省的数字经济需求，另一方面提升数字经济供给能力，供给需求两侧共同推动广东省数字经济发展。依托粤港澳大湾区国际科技创新中心等主要载体，加快探索数字经济创新要素高效配置机制，有力支撑粤港澳大湾区建设。

（1）数字产业集群优势突出

在“珠三角”制造业中，珠江东岸的深圳、东莞、惠州等地电子信息制造业基础十分雄厚，是全国信息产业最强的区域。在工业和信息化部2022年11月公布的45个国家先进制造业集群名单，广东省的深圳市新一代信息通信集群、东莞市智能移动终端集群等7个先进制造业集群入选，成为广东建设制造强省的有力抓手，更是代表国家参与全球竞争合作的广东“选手”。近年来，广东省正加快步伐对标全球打造数字经济产业中心。在广州建立的人工智能与数字经济试验区，有超过240个重大项目入驻签约，项目总投资额超5 800亿元。在珠江南岸建立的琶洲核心片区（含广州大学城）已引入腾讯、阿里巴巴、唯品会等一大批引领世界数字经济发展趋势头部企业。此外，整体空间布局上，建设了“双核一廊两区”（“双核”即广州、深圳两市，“一廊”即广深科技创新走廊，“两区”即“珠江三角洲国家大数据综合试验区”和“中国制造2025国家级示范区”），并发挥其辐射引领和带动示范作用，在“双核”周边打造若干科技特色小镇，如华为终端总部基地——华为欧洲小镇，承载华为大学、研发中心、中试中心等研发创新功能。

（2）数字技术创新动能强劲

广东省紧盯技术前沿，培育创新要素。广东省重点发展集成电路、新型显示技术、4K电视、区块链等新一代信息技术产业，形成引领数字经济发展的重要支柱。重点发展5G通信技术，广州开发区、广州高新区在全国率先推出“新基建10条”。积极建设网络空间科学与技术、先进制造科学与技术等领域实验室，为数字经济发展提供有效支撑。全面实施“珠江人才计划”“粤海智桥计划”和“高层次特殊人才支持计划”，引进数字经济高层次紧缺人才。推进粤港澳大湾区国际科技创新中心建设，构建数字经济可持续发展的科技成果转移转化服务体系，实施数字经济领域关键核心技术攻关行动。

7.3.6 江苏省：制造业大省的数字化转型样板

江苏省拥有扎实的制造业产业基础，数字化、智能化成为江苏制造业高质量发展的关键抓手。近年来，江苏省先后出台了智能制造、大数据、工业互联网、数字经济等一系列政策文件，推动增长方式从要素驱动向创新驱动转变。

（1）聚焦智能制造发展方向

深入研究数字技术与先进制造业深度融合的发展意见，支持苏州市吴江区、无锡市惠山区、徐州市经济技术开发区等地开展省级智能制造示范区建设，企业两化融合发展水平指数达61.4，位居全国第一。累计培育省级智能车间1 055个、智能工厂30家、智能制造服务领军机构68家，11个智能制造解决方案供应商项目获国家立项，占全国18%。

（2）加快构建工业互联网基础设施

江苏省积极推进工业物联网基础设施建设，全面推进工业互联网平台应用创新中心和国家顶级节点灾备中心建设，聚焦先进制造业集群，推进产业、区域及工业互联网建设。同时积极培育工业互联网产业生态，不断培育引进工业互联网咨询、运维等相关产业，在预测性维护、新产品开发与测试、产业链协同、产品质量检测、生产管理调度以及企业上云等方面形成了成熟可推广的实施经验。

（3）统筹推进智慧江苏建设

江苏（无锡）车联网先导区成为全国首个国家级车联网先导区，车联网产业迈出重要步伐。聚焦疫情暴露出的智慧城市建设薄弱环节，江苏省在促进社会治理体系和治理能力现代化建设领域，重点打造 10 项引领性信息化工程和 50 项重点行业示范项目，集中支持一批与老百姓生活息息相关的智慧江苏标杆项目。同时，聚焦生活类、公共服务类、行业类及新型信息产品四大重点领域，扩大和升级信息消费，不断满足人民群众日益增长的信息消费需求。

7.3.7 贵州省：中西部地区的换道超车

贵州省作为全国最早布局大数据产业的省份之一，在大数据、云计算等领域具有先发优势。通过宽松的产业政策和气候优势，吸引了苹果、高通、腾讯、华为、阿里巴巴、富士康等众多世界知名大数据企业纷纷落户贵州，同时通过应用带动，培育了一批如云上贵州、货车帮、白云山科技等本土大数据企业，初步形成了大数据产业集群，形成数字经济的“贵州现象”。贵州省也成为全国首个获批建设的国家大数据综合试验区。

目前，贵州省已经形成了以贵阳和贵安新区为主体的国家级试验区，同时贵州省积极在大数据立法、数据交易、数据安全等领域积极探索、先行先试，通过高通、货车帮等充满市场和想象空间的企业外引内联，对全国大数据产业发展起到示范、引领作用。为了从顶层制度设计方面为大数据发展提供政策支持，贵州省先后在大数据立法、大数据应用、大数据管理、大数据与实体经济深度融合等方面作了创造性的探索和实践。这些从政策和制度层面上的探索和实践，成为贵州大数据发展创新文化的重要组成部分，为大数据产业的发展提供了肥沃的土壤。

随着数字经济的进一步升级，贵州省正通过在各行各业大力推行“大数据 + ”深度融合，以应用为核心，深化云计算、量子通信、人工智能等新一代信息技术在实体经济中的创新融合，运用大数据手段推进全产业链、全生命周期以及企业研发、生产、销售、服务各环节优化重组，持续改造提升传统产业，不断培育壮大新业态，促进实体经济向数字化、网络化、智能化转型。

7.4　数字经济发展趋势研究

党的二十大报告深刻阐述了党和国家推进中国式现代化过程中数字经济发挥的重大战略作用。习近平总书记强调，要充分发挥海量数据和丰富应用场景优势，推动数字技术和实体经济深度融合，赋能传统产业转型升级，催生新产业新业态新模式，不断做强做优做大我国数字经济。工业和信息化部公开的统计数据显示，我国数字经济规模从 2012 年的 11 万亿元增至 2021 年的 45.5 万亿元，总量稳居世界第二，年均复合增速达到 15.26%，占 GDP 的比重从 21.6%提升至 39.8%，正在全面深刻地影响我国经济社会发展。

7.4.1　数字经济发展趋势研究框架

基于数字经济的内涵和外延，本书构建了五大维度的数字经济发展趋势研究框架（图 7-1）。①产业数字化通过激发全领域的数字化需求场景，创新商业模式，从而倒逼产业结构调整，促进产业结构优化升级；②数字产业化是数字经济的核心部分，是大数据、云计算等数字技术的市场化发展，进而促进新业态的产生；③数字技术为传统产业转型提供了必要的技术支点，是产业转型升级的技术动力；④数字新基建为数字技术创新应用和市场化发展提供场景和土壤；⑤数字经济生态围绕应用场景建立多主体高效协同安全可靠的技术生态，形成核心竞争优势。从这五大维度出发，基于我国社会经济发展特点，对数字经济发展趋势进行分析展望[3]。

7.4.2　产业数字化趋势

(1) 数字化转型向县域和中小企业下沉

县域工业经济在我国工业体系中占据半壁江山，“一镇一品”“一村一品”产生了大量的小商品隐形冠军。近几年，受国际形势影响，传统产业发展放缓，但部分隐形冠军基于产业互联网开启突围，以空间地域的产业集群为单位推进整体数字化转型，逐渐形成一批“数字化产业带”。数据显示，我国已形成近 3 000 个数字化产业带，数字化产业带每增加 1%的供应商，线上规模能增加 3.4%。数字化产业带以中小企业为主力军，构成了中国工业数字化转型的产业基础。同时，中小企业的“数据意识”逐步觉醒，从营销环节向企业

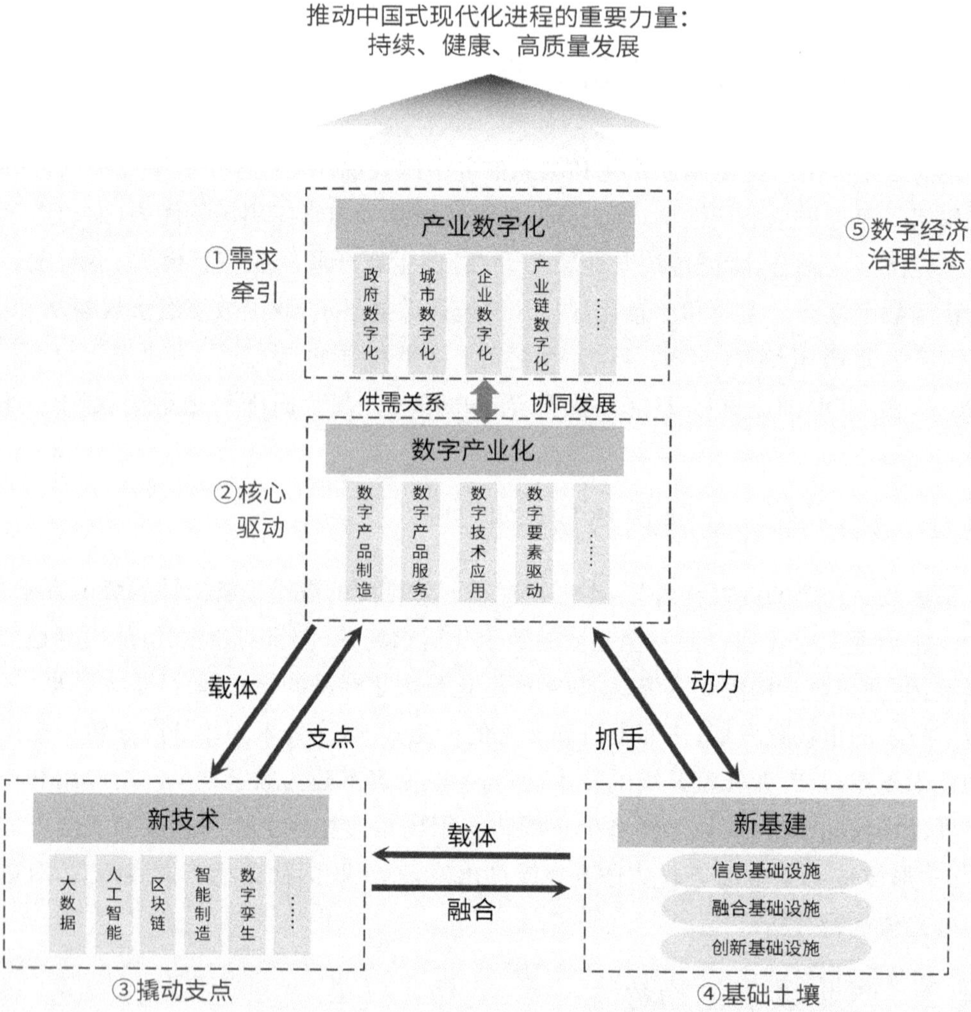

图 7-1　数字经济发展趋势研究框架

经营全链条展开，加速推进数据要素化和数据变现增值[4]。

未来，数字化原生型中小企业将加速涌现，凭借特色性竞争优势在数字经济领域找到自身发展空间，并向“专精特新”“独角兽”型实体企业发展。数据将成为中小企业的核心资产，扩展数据来源、做大数据规模、提高数据质量、提升分析能力、充分释放数据要素价值，将成为中小企业健康发展的迫切需求。

（2）数字化场景动态优化全面加速突破

数字化场景是产业数字化的“牛鼻子”，已成为全社会推动数字经济的重要抓手。在数字化场景发展过程中，日益呈现出多技术协同融合、数据智能决策、提高流程效率、沉浸体验丰富、付费享受数字化服务等特点。随着数字技术与各行业领域的业务流程、组织架构、商业模式深度融合，数字化场景在各个环节加速突破，在助力传统产业智能化升级、增强生活服务业态新兴体验、赋予公共服务精准精细等方面不断创造出更多的高价值应用[5]。

未来，数字化场景建设将更加注重以用户为导向，建立用户体验—体验反馈—场景优化的迭代机制。针对规模化共性需求，可通过全面采集需求并进行大数据用户画像，开发建设更符合现实需要的场景；针对个性化程度较高、变化较快的需求，可开展同步建设、同步使用、同步优化，使场景应用更富生命力、更可持续。

（3）平台经济发展转为以信用为核心

我国“十四五”规划纲要在数字产业化章节中强调要“促进共享经济、平台经济健康发展”。平台经济作为数字产业化的重要承载形式，是数字经济的重要发展方向。在消费互联网高速发展的 20 年，信息服务、电子商务、交通出行、餐饮外卖、金融服务等领域开创了多样化的互联网平台经济[6]。然而，由于缺乏相应的监管措施，近年来平台经济出现了数字技术滥用的情况，大数据杀熟、算法垄断等现象时有发生。2022 年 10 月召开的中央经济工作会议更是明确强调，要加强对平台企业的监管，保障消费者信息、财产安全。

未来，互联网平台经济发展思路或将发生转变，单纯以流量、价格为核心的竞争战略将转向以信用为核心的平台战略，信息服务、电子商务、交通出行、餐饮外卖、金融服务等领域都会进一步加大信用体系建设力度。以电子商务平台为例，如何建立一个连接高品质供需双方的信用网络，形成一套数字信用体系，将会是核心竞争力所在，电商平台也将从拼价格、拼流量进一步向拼信用、拼质量、拼服务转变。

7.4.3　数字产业化趋势

（1）数据服务产业更具特色

“十四五”规化以来，各级政府部门针对政府数据的开放共享问题逐步进行规范，并出台相关政策文件促进社会数据开放和融合应用。随着这些政策的落地，已涌现出一大批第三方数据服务产业，专门从事数据采集、汇聚、治理、分析、登记、确权、交易等全链条数据服务。作为数据服务产业的关键载体，全国多地建立了各种类型、不同规模和商业模式的数据交易所，但在建立基础环境土壤和时机上往往差别很大[7]。

未来，随着数据要素市场建设步伐的加快，各类市场主体对数据资产化加速认可，数据交易所将逐步出现分化。真正意义上能够成为服务全国的数据交易所将会是少数，而绝大多数都会发展成特色聚焦的数据交易平台，为行业内实体经济模式创新和地方转型发展服务。

（2）数字产品国产可替代将迎来高速增长

当前，我国数字经济、智慧城市等发展如火如荼，其生态基础建立在欧美 IT 企业的软硬件产品上，如 CPU（英特尔、AMD）、操作系统（微软、苹果）、办公软件（Adobe、Office）、数据库（Oracle）等。虽然国产软硬件自主研发的脚步从未停止，但与国外同类型产品的生态建设差距依然明显。随着数字产业规模扩大，信息安全黑天鹅事件逐渐引起重视，自上而下完成自主可控的软硬件国产化替代成为主流共识。

国家提出的“2＋8＋N”体系，“2”指党政，“8”指金融、电力、电信、石油、交通、教育、医疗、航空航天关键领域，“N”包括其他如工业、物流在内的消费市场。目前，党政部门设备自主可控基本实现，金融和电力部门开展国产可替代比较深入，市场需求和政策支持双重加持下，信息技术创新有望成为下一个经济增长点，对于数字产品制造业、数字产品服务业、数字技术应用业的利好力度空前。

7.4.4 数字技术趋势

（1）科研技术创新体制加速优化

《科技体制改革三年攻坚方案（2021—2023 年）》强调要优化科技力量结构，发挥企业在科技创新中的主体作用，推动形成科技、产业、金融良性循环，加速推进科技成果转化应用。当前，我国量子计算、人工智能发展居于全球领先水平，而核心工业软件、高端芯片制造的技术沉淀不足，面临“卡脖子”的窘境[8]。

在数字经济时代，互联网头部企业掌握了海量数据资源这一生产要素，同时具备敏锐的市场洞察力、丰富的商业化经验，能够充分挖掘应用场景，细化需求，推动人工智能、元宇宙等信息技术商业化以及应用模式的创新，实现以业务场景为驱动的技术落地和快速迭代，占据数字经济发展高地。高校和科研机构科研力量雄厚，学术氛围浓郁，没有商业竞争的压力，进而可以潜心从事信息基础技术的研究，夯实数字经济底座。科研管理模式将转变为企业、高校和科研机构优势互补的新型创新机制，企业创新主体地位开始落实。

（2）数字技术工具属性凸显

在数字经济渗透到千行百业，并与之深度绑定的背景下，从业者利用具有某种特有属性的数字技术解决跨学科问题成为一种普遍现象。区块链因其不可篡改性和去中心化的特点被应用于银行与金融业；拟合程度良好的人工智能算法可以进行医学图像检测，为患者提供初步诊断；融入物联网技术的城市信息模型（City Information Modeling，CIM）能够搭建数字孪生模型，已在众多智慧城市建设实践中证明了其可靠性[9]。

伴随着数字经济内涵的日渐丰富，数字经济的边界逐步扩展，人工智能、区块链、云计算、大数据等作为基础性的接口工具被广泛应用于生命科学、材料与化学等自然科学领域，在涉及经济、民生、金融的社会科学领域研究中也发挥了不可替代的作用，充分释放技术潜能。数字技术作为基础性工具的属性日益凸显，融入可以提供面向具体问题，以用户为导向的方法和途径，形成了数字科学与其他学科加速交叉融合的新局面。未来人工智能技术将嵌入日常生活的各方面，无形中深刻地改变生活方式，成为撬动世界经济社会体系基础重塑的支点。

7.4.5 数字新基建趋势

（1）数字基础设施建设与行业应用场景创新更加紧密

伴随数字经济蓬勃发展及其作为拉动经济增长新引擎的作用加速凸显，国家和地方政府高度重视，数字新基建持续升温，从单向赋能支撑到现代基础设施体系全面融合发展[10]。我国数字基础设施建设成绩斐然，据工业和信息化部统计，截至2022年底，全国5G基站总数达231.2万个，卫星互联网布局成效显现，"东数西算"建设正式启动。牢固把握数字新基建发展脉络，准确研判发展趋势，抢抓发展战略机遇，成为相关产业各方推动数字化转型升级的关键。

未来，随着数字化转型不断深入，数字基础设施将与行业应用场景创新进一步融合，进而实现基础设施的价值最大化。在高端装备、汽车、能源、交通等领域，将涌现出更具市场盈利价值的工业互联网平台。基于算力网络的数据安全变得极为重要，共享分布式数据存储模式将会出现新突破，从而建立更加安全、自主可控、公平的网络数据空间，全国各地将更加重视对城市云计算能力和算力体系的建设。

（2）数字基础设施与多类型基础设施协同发力

随着我国步入新发展阶段，基础设施要服务于高质量发展，基础设施建设不能再单纯地以投资拉动经济增长为唯一目标，而是要全面布局，兼顾经济效益以外的社会效益等诸多方面的影响。而随着数字新基建战略意义获得社会广泛认同，其已进入与传统基建体系谋划、整体协同阶段，融合化发展趋势将加快。

未来，数字新基建将聚焦"立足长远、适度超前、科学规划、多轮驱动、注重效益"战略要求，融合到产业升级的基础设施需求中，与城市、农业农村、安全、创新等基础设施互联互通、共建共享、协调联动。同时，在数字新基建初步成型的基础上，必须立足于国家战略安全，主动服务社会经济发展需要，跨多个基建领域协同发力，大幅提升综合效益。

7.4.6 数字经济生态趋势

（1）数字经济安全体系云上部署弹性调度

数字经济时代，网络安全体系面临诸多挑战，如在满足国家一系列网络安全要求的前提下有效全面应对数据窃取与破坏、供应链投毒、勒索攻击等新威胁；5G、云化、数字化等创新技术应用要求网络安全体系建设需要更加具有弹性，做好同步防护同步保障等。

未来，我国需要一个弹性架构安全体系快速响应新的挑战。通过建设云安全集中管理系统，将多种安全设备转化为安全功能单元，统一集中部署在安全资源池，并集中部署在云上，可适应不同云计算环境。安全能力由统一安全平台进行统一管理调度，能够快速部署和弹性扩展。安全资源池趋向于采用开放式架构，可扩展新安全能力，如数据安全和零信任，甚至是第三方的安全能力，可适应不断变化的新安全场景。通过大数据安全分析能力，统一收集和分析安全设备产生的安全数据，以及云平台所产生的日志和配置数据，通过外部威胁情报、运营实践输入，综合采用知识图谱和 AI 技术进行机器学习，可快速识别和响应新威胁。

（2）数字经济风险防控趋于智能化

党的二十大强调要"完善产权保护、市场准入、公平竞争、社会信用等市场经济基础制度，优化营商环境"。近年来，我国加强统一部署，不断创新数字治理体系建设，积极应用数字技术发展监管科技、提升数字监管能力，以数字化的公正监管推动我国数字经济逐步走向更加开放、健康、安全的生态环境[11]。与此同时，地方数字治理能力也百花齐放，涌现出一批有利于数字经济突破发展的地方数字治理典型，并进而推动数字治理能力的整体提升。

未来，围绕区域经济风险监控、双碳目标监管、平台经济反垄断、数据资产管理等领域，监管科技呈现更广泛的应用场景，驱动被监管机构由被动式、响应式监管到主动式、包容式合规转变，积极提升合规管理能力。在风险防控方面，面对人民群众日益增长的风险控制需求同风险控制手段效能之间的矛盾，越来越多的科技机构和服务机构开始利用数字技术谋求解决之道，各类风险控制智能化成为大势所趋。依托人工智能、机器学习、云计算等技术，数字科技风险防控企业将深化科技赋能，将传统风险控制升级为数字科技风险控制。

7.5　新 ICT 产业化未来发展趋势及建议

（1）5G 技术产业化分析

5G 技术、设备产业链可大致分为基础设备层、网络传输层、终端应用层及配套支撑层（包括支撑组成 5G 网络的关键技术、设备）。网络传输层指由电信运营商运营的泛在 5G 网络，运营商在此基础上演化出全新的竞合关系，并积极开展差异化探索。终端应用层指依托 5G 生态进行服务下沉，或由细分领域的第三方专业运营商提供的专业化运营服务，为各个行业领域的应用提供专业化支撑，主要涉及车联网、工业互联网、智能终端、超高清视频、云游戏等各个应用领域（图 7-2）。

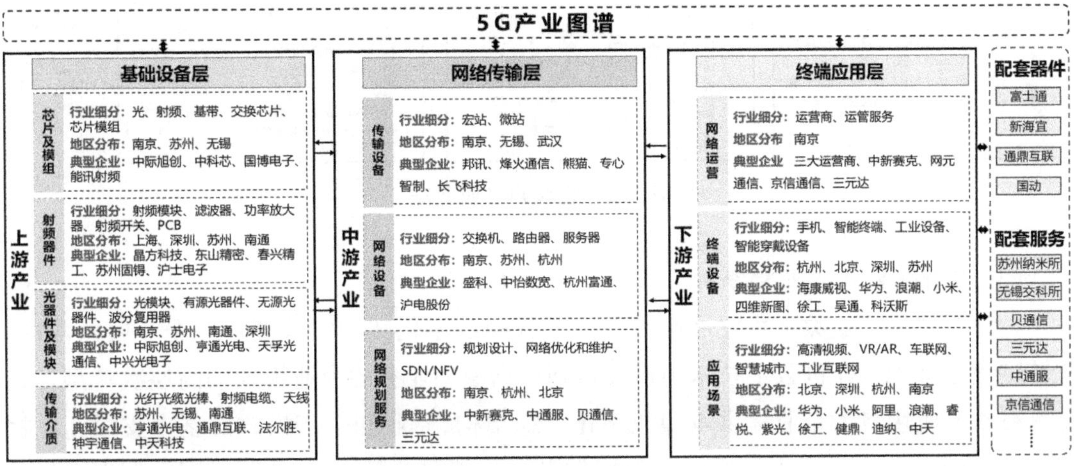

图 7-2　5G 产业图谱

（2）物联网技术产业化分析

从应用需求来看，我国的物联网技术的发展是以应用为先导，存在着从公共管理和服务市场到企业、行业应用市场，再到个人家庭市场逐步发展成熟的细分市场递进趋势。从标准体系看，物联网标准体系是一个渐进发展成熟的过程，将呈现从成熟应用方案提炼形成行业标准，以行业标准带动关键技术标准，逐步演进形成标准体系的趋势。从集成创新看，随着技术的成熟，支持不同设备接口、不同互联协议、可集成多种服务的共性技术平台将是物联网产业化发展的主流趋势。物联网整体产业链可以分为 3 个层级，分别是感知层、网络层及应用层。其中感知层作为物联网架构的基础层面，主要是达到信息采集并将采集到的数据上传的目的。网络层则包含通信网络、应用开发平台、设备管理平台、系统及软件开发等重点环节。应用层是物联网与行业专业技术的深度融合，与行业需求结合，实现行业智能化（图 7-3）。

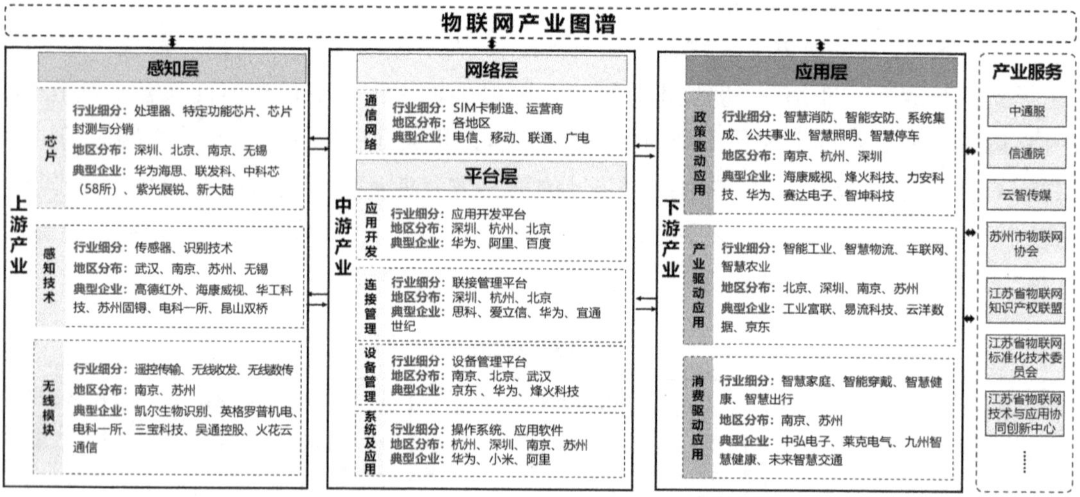

图 7-3 物联网产业图谱

（3）云计算技术产业化分析

云计算技术产业数字化发展必然伴随全社会数字化转型的浪潮。在企业层面，数字化转型被定义为以先进数字技术为途径达到数据驱动业务的商业模式的高层次转型。云计算技术的应用将为企业提供重塑数字化组织结构、商业和生产模式的基本支撑。在社会层面，当前，全社会正进入新的数字化转型阶段，消费互联网、产业互联网等催生大量计算需求，云计算作为一种低成本、可灵活配置的服务提供模型，将迎来更丰富的应用场景与更广阔的发展空间。云计算根据服务模式和部署方式可以分为 IaaS、PaaS、SaaS 三种类型。IaaS 层向用户提供处理、存储、网络以及其他基础计算资源，PaaS 层向用户提供开发语言和工具，SaaS 层向用户提供在云基础设施上的应用程序（图 7-4）。

（4）人工智能技术产业化分析

人工智能技术从谋求单点技术的突破，转型向场景化综合生态发展，逐渐从视觉、语音、机器学习转向供应链物流、生活消费等领域的软硬件解决方案，共性技术的集成服务

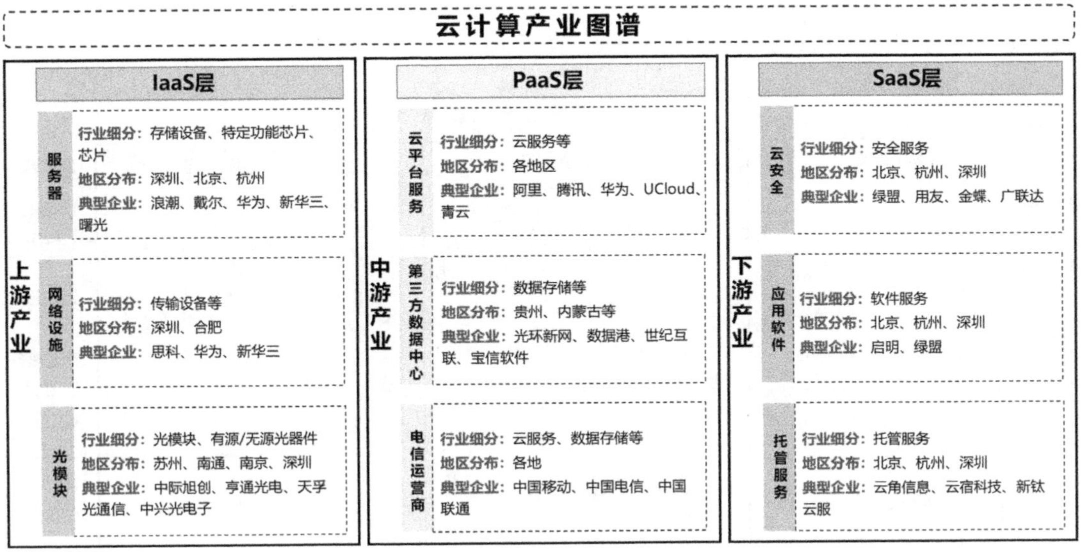

图 7-4　云计算产业图谱

平台成为人工智能技术发展的热点。此外，智能计算产业成为人工智能技术发展的重点方向，面向深度学习的大规模分布式计算平台不断成熟，云智能服务、公共智能超算中心、自建数据中心等多种计算供给模式逐步形成。同时，围绕智能计算芯片的软件工具开始从基础计算向场景计算转变，头部智能芯片企业开始构建面向差异化场景的软硬一体平台，实现底层芯片、编程框架、行业算法库、细分场景研发平台等全栈高效整合。从产业链环节来看，人工智能包含基础资源层、技术架构层、应用服务层，其中基础资源层主要包含人工智能终端感知、数据采集和计算分析环节；技术架构层主要包括一些通用技术提供商、算法模型和操作系统；应用层服务主要包含各类人工智能应用（图 7-5）。

（5）区块链技术产业化分析

区块链具有数据不可篡改、公开透明、可追溯等特征，正在成为解决全产业链参与方互相信任的基础设施——打造信用价值网络。区块链产业链主要包括硬件基础设施层、服务层和应用层，其中应用层包含各行业产业链，上下游之间存在着供应链金融服务、存证、业务协同、支付等业务痛点，而个人用户更关注食品安全可追溯、个人隐私保护、金融等业务体验流畅简洁且可靠等。社会层面，政府等各级监管机构也需要在司法监督、仲裁、审计监管等领域借助区块链技术提升其治理水平。区块链技术在金融应用中诞生，目前金融依然是区块链技术应用最广泛也最契合的场景，特别是在身份识别、数据确权、信用管理、价值流转、交易清结算等方面。随着技术的深入、应用面的拓宽，区块链如何赋能传统产业，将成为区块链技术应用的焦点（图 7-6）。

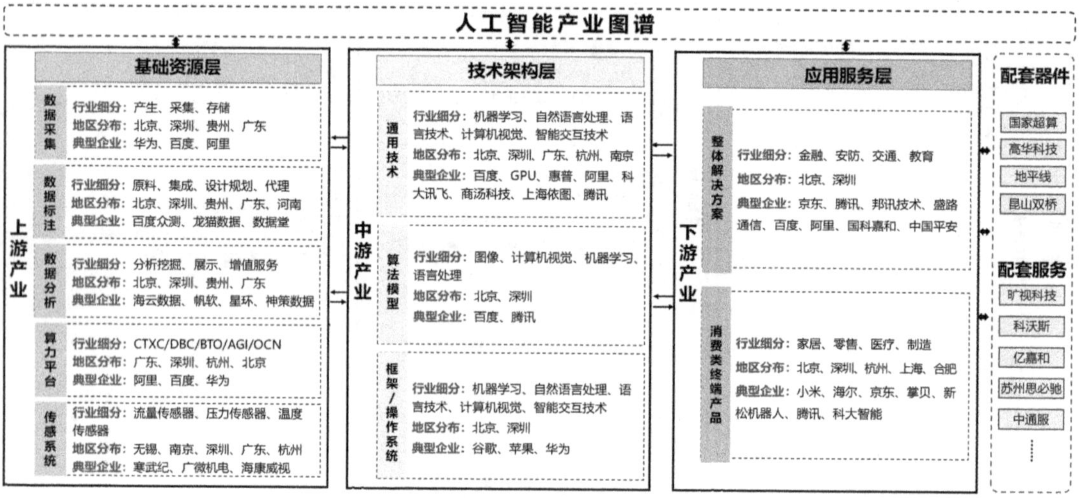

图 7-5　人工智能产业图谱

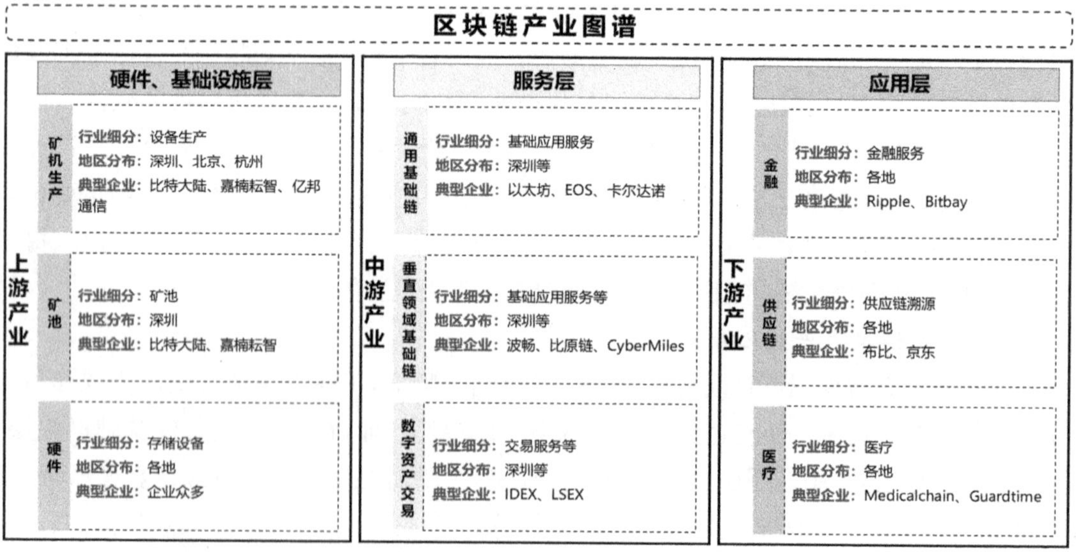

图 7-6　区块链产业图谱

7.6　新 ICT 的培育与产业化发展建议

(1) 培育创新主体的协同创新能力

技术融合发展高度依赖于不同技术领域创新主体的协同创新活动，而内部研发能力与外部研发网络资源则是高校、企业、科研机构等创新主体协同创新能力的两项关键要素。因此，要围绕创新主体的内部研发能力和外部研发网络资源采取措施，为不同技术领域的协同创新活动开展提供有效支撑。首先，科技研发人才是创新主体提升内部研发能力的关键战略资源。一方面，针对交叉学科、融合性技术领域，要建设多层次、创新型的高校人才培养体系，扩大科技研发人才的有效供给；要实施“新工科”人才培养项目，探索以国家重大战略需求为导向的基础研究型人才的新型培养模式，打造上规模、多层次、多样化的科技研发人才市场。另一方面，交叉学科、融合性技术领域原创性、探索性、颠覆性的基础研究存在技术不确定性高、产业化前景不明等特征，这将导致其在人才市场中难以形成有效的价格信号，造成“市场失灵”的窘境，因此，需设计长期导向的人才激励政策，引导科技研发人才向相应的创新主体流动，从而促进创新主体在交叉学科和技术融合的早期发展阶段培育协同创新能力。其次，要设计实施以网络资源拓展为导向的公共服务功能，发挥信号传递效应，减轻创新主体、研发团队在成员搜寻过程中的信息不对称，推动创新主体建立正式或非正式的外部网络关系以提升其协同创新能力。最后，小型创新主体，包括小企业和小型科研团队，是开展原创性、探索性、颠覆性科技研发活动的重要力量，但是，相对于大型创新主体，它们通常面临研发人才短缺、外部网络资源瓶颈等挑战，需面向小型创新主体，设计精准的人才引流策略和网络关系拓展平台，帮助小型创新主体搜寻匹配合适的研发人才与协同创新伙伴，提升其协同创新能力。

(2) 构建多目标结合的融合性技术领域的财政资金投资组合

近年来，我国政府高度重视科技研发活动，主要面向国家战略目标和重大社会经济需求，集中力量攻关基础研究短板和科技产业化瓶颈，助力我国科技实力取得飞跃式发展。但是，以技术融合为核心特征的第四次产业革命提出了新的挑战，国家科技财政支出的布局需进一步优化。技术融合的肇始、发展与扩散，既有赖于创新主体进行原创新、探索性、分散试错式的知识整合，也有赖于创新主体对重点、热点交叉学科和融合性技术领域的拓展性研发活动。因此，国家科技财政支出的布局既要加大对前期积累的丰富热点、重点技术领域的投入，也要持续关注原创性强但相对冷门的技术领域。此外，在布局规划不同技术领域的科技财政投入强度时，需同时考虑技术领域的融合强度和融合宽度，兼顾长期与短期发展目标。为了应对可能存在的不确定性，需构建一个融合性技术领域的国家科技财政投资组合，这个投资组合的重点投资对象应既有新兴融合性技术领域，也有中长期持续发展的融合性技术领域。

（3）打造以融合为核心特征的新型产业集群

第四次产业革命所带来的技术变革浪潮将向电子信息产业、人工智能、大数据、物联网等产业全面扩散。未来的产业边界将不断模糊，而一系列互补性强的技术领域集群将同时支撑多个新兴关联产业在一定时空范畴内共生发展。面对新的发展趋势，要坚持战略性、系统性的视角，围绕融合力强的技术领域，推动一系列关联度高、互补性强的技术领域融通发展，打造宽口径的技术领域集群；并以此为基础，培育多个关联度高、区域空间聚集的新兴产业，借助其规模经济与范围经济刺激多个关联产业价值链融通、交叉、裂变、增殖，形成融合式发展的大体量新型产业集群。与此同时，快速发展的数字技术展现出了极强的融合力与关联度。因此，可引导人工智能技术、量子计算技术、新一代芯片制造技术等相关的政府科技计划、国家实验室、创新基地等项目合理选择空间布局；并围绕这些科研平台，创新区域产学研合作机制，引导多类型的创新主体结合区域性人才和基础设施优势开展信息技术与纳米技术、工程技术、制造技术、生物技术的深度交叉融合，推动原创性、颠覆性技术创新的涌现，并鼓励其向关联技术领域扩散，从而催生一系列新兴关联产业共生式演进，形成以融合为特征的新型产业集群，为区域经济增长和产业结构升级形成长期中坚力量。

7.7 新 ICT 与数字经济融合促进发展建议

推进新技术与数字经济的融合发展，需要发挥我国新型举国体制的优势（图 7-7），聚焦人工智能、5G、半导体等核心领域从国家战略层面落实和提高关键核心产业的科技创新能力，实施一批重大工程、重大项目。优化研发布局与产业选择的组合，进一步引导与关键核心产业有关的高校、科研院所、企业、地方政府等主体形成信息反馈、资源

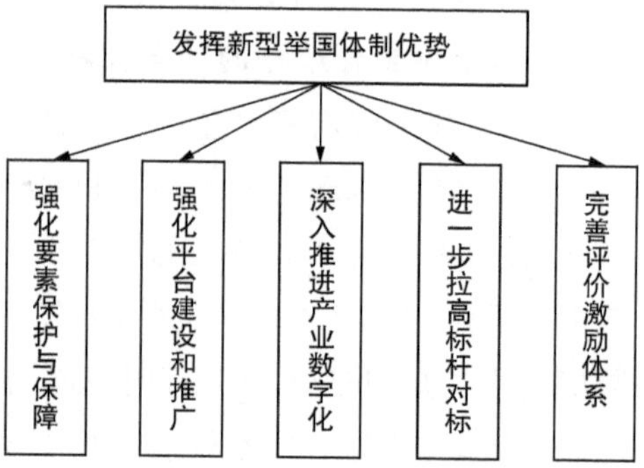

图 7-7　新技术与数字经济融合促进发展建议

共享、科技研发等多层次、全方位的新型科技创新合作关系，合力推进国家重点实验室、国家重点工程中心以及产业创新高地的建设。

（1）要素：强化要素保障与保护

一是强化人才保障。关注关键核心产业的国际顶尖人才研究合作项目，对标发达国家同级奖励水平，提高研究奖励额度。引入股权、分红等多元化分配方式，推行产权成果收益按劳分配常态化。对于急需的海外尖端人才、领军人才，建议进一步放宽永久居住权认证规定，在落户、购房、购车、子女就读、配偶就业等方面采取扶助措施。在积极引进海外科技人才的同时，大力推动本土高校与科研院所人才培养方式的革新，充分发挥“海外引进—学科建设—人才培养”模式功效。二是资金保障。数字产业化企业是资本密集型的，对资本的需求大，要完善风险投资体系，发挥经济实力优势，引导产业投资基金更多投向“芯”“魂”“屏”等关键而短板的领域，撬动更多海外资本参与，适时扩大数字经济相关的基金额度及支持面。鼓励金融机构为中小市场主体实施数字化转型提供定向金融支持，坚决落实中央“房住不炒”政策，形成资金向实体经济、数字经济流动的政策导向。三是数据保障。进一步鼓励各省/市/自治区构建信息资源共享开放体系，加速推进政府数据开放标准建设，建立部门数据不共享负责机制，形成覆盖全面、统筹利用的数据共享大平台，及时制定数据资源的确权、流通、交易、保护等相关制度，明晰数据产权，健全市场发展机制，引导数据有序流通。

（2）载体：强化平台建设和推广

一是夯实特色小镇建设。围绕集成电路、数据算法、云计算、人工智能、区块链等软硬件重点领域形成一批国家级、省级的数字化、高等级特色小镇，让特色小镇成为科技资源的集聚地、科技创新的小高地，以特色小镇驱动各类科技园区高质量发展。二是打造平台型企业。以技术壁垒和用户规模为核心形成的寡头垄断是全球数字经济竞争的显著特征，在产业竞争生态化趋势下，精心培育一批数字经济航母级平台型企业是必要的，要加速形成富有吸引力和竞争力的数字经济生态圈。三是力推工业企业上云平台。数字经济发展的重要突破口是工业云平台，IBM、微软、甲骨文、Ayla、亚马逊、苹果、Rolls-Royce、SAP、GE、西门子及商飞、富士康、沈阳机床集团、海尔、三一重工、广东美的、陕五集团等国际国内优秀企业相继开启工业云平台。要着力攻关一批工业技术软件和工业控制系统、虚拟仿真和虚拟制造及智能数控系统等云服务产业体系，开放研发设计、生产制造、检验检测、工程服务等公共资源，支持规模以上企业特别是省内骨干龙头企业进行数字化改造，降低中小微企业数字化转型成本。

(3) 赋能:深入推进产业数字化

一是深化制造业数字化。制造业是实体经济的主战场,我国经济转型升级的一个重要路径就是要推动制造业与数字技术的深度融合。从消费互联网主导转向产业互联网主导,进而靶向全球制造业体系。研究数字化转型所需要的关键共性技术,所有这些共性技术由政府购买,向全体企业开放,促进制造业向柔性化、智能化转变。二是探索农业数字化。重点聚焦在地理地块构造、土壤微量元素、环境保护监测、育种养殖种植等方面实现数字化,形成全流程、全周期,可存储、可度量、可复用、可追溯的平台,搭建国家级统一的农副产品大数据中心,依托数字示范基地推广数字植物(育种)工厂、数字牧场,实现农村复兴、农业增效、农民增收。三是优化战略规划指引。借鉴美、欧、日等发达国家(地区)的做法,对实施数字经济发展战略制定全系统、可操作的时间表、路线图和任务书,下达给各地。如德国在《工业 4.0》发布后,短时间内就发布《工业 4.0》的实施指南,指南内有详细的实施细则,具有很强的操作性。随着新旧动能加速转换,数字经济的深度发展,各类要素资源被大量激发,业态间的"跨界"互通加速,将会产生更多的创新服务、应用场景和商业模式。届时,数字经济的红利将点亮中国经济的未来,赋能经济高质量快速发展。

(4) 对标:进一步拉高标杆对标

在理论与实践上突破摩尔定律,勇于探索核心技术的"无人区",实现信息技术迭代更新,提升数字经济的核心产业能级,推动我国数字经济发展与全球创新坐标系的精准对标。一是建立技术价值评估体系。效法美国、日本、欧盟等世界先进经验,进一步引领开放全国新格局,适时建立全球数字技术价值评估体系,以便于国内企业或政府部门借助超大规模市场优势,整合全球创新资源,使引进的先进技术物有所值。二是完善产权制度。理论决定方向,制度保障运行。把握世界创新趋势和国家重点战略,化解"民粹主义"思想,破解"小农经济"的研究方式,通过建设跨国研发机构,建立技术战略联盟,由自我发展向更加注重整合利用全球创新资源转变,塑造"史诗级"科技文化氛围,建立技术经纪人制度,推动实体经济研发、设计,促进品牌和产品走向世界。

(5) 考核:完善创新评价激励体系

坚持以科技创新评价体系为导向,激励引导自主创新的动力和潜力。创新分类实施不同类型、阶段的科研项目、工程、课题等差异化考核方式,明确基础研究优先的考核导向,在社会经济发展可承受的前提下,包容科技创新风险及失误。强化高校在新技术领域的研发自主权,最大程度上激发科研人员的活力和积极性,鼓励多学科、多领域的交叉探索和科研合作,提高重大基础领域联合攻关的协同性和实效性。大力倡导社会资本进入科创投资领域，逐步放宽国家有关重大科创项目的参与资格，强调政府投资的价值导向、资源整合作用，健全和完善政府投入为主、社会多渠道投入为辅的投资机制，进一步营造良好的科创投资环境。

参考文献

[1] 何伟，孙克，胡燕妮．中国数字经济政策全景图[M]．北京：人民邮电出版社，2022.

[2] 郭雨晖，汤志伟，翟元甫．政策工具视角下智慧城市政策分析：从智慧城市到新型智慧城市[J]．情报杂志，2019，38(6)：201-207.

[3] 王咏，朱剑宇，张海峰．数字经济发展框架和趋势研究[J]．信息通信技术与政策，2023(1)：2-6.

[4] 阿里研究院，中国市场学会．数字化产业带：增强产业韧性与活力[R]，2022.

[5] 吴静，张凤．智库视角下国外数字经济发展趋势及对策研究[J]．科研管理，2022，43(8)：32-39.

[6] 赵俊湦．数字经济发展趋势及我国的战略抉择[J]．中国工业和信息化，2022(9)：68-71.

[7] 孟雪，郝文强．面向数字经济发展的政府数据开放价值创造系统建构与运行机制研究：基于创新生态系统的理论分析[J/OL]．情报杂志，2023，42(2)：134-141(2022-11-30)[2022-12-18]．https：//kns. cnki. net/kcms/detail/61. 1167. G3. 20221128. 1447. 002. html.

[8] 马有才，玄子伟．高新技术产业发展研究演进、热点与趋势展望[J]．科技与经济，2022，35(2)：101-105.

[9] 丁明磊．推动新技术产业化规模化应用[J]．国家治理，2021(9)：37-39.

[10] 张智杰，郝园．“新基建”背景下的数字经济发展趋势研究[J]．网络安全和信息化，2022(6)：16.

[11] 陈秀英，刘胜，沈鸿．建设统一大市场视域下中国数字经济高质量发展的推进方略[J/OL]．新疆社会科学，2022(6)：7-9(2022-11-28)[2022-12-19]．https：//kns. cnki. net/kcms/detail/65. 1211. f. 20221124. 1051. 002. html.